人生若只如初见：

纳兰容若词传

（清）纳兰容若\著

聂小晴　泉凌波\编

中国华侨出版社

图书在版编目 (CIP) 数据

人生若只如初见：纳兰容若词传/（清）纳兰容若著；聂小晴，泉凌波编.—北京：中国华侨出版社，2016.7

ISBN 978-7-5113-6133-2

Ⅰ.①人… Ⅱ.①纳… ②聂… ③泉… Ⅲ.①纳兰性德（1654～1685）—生平事迹②纳兰性德（1654～1685）—词（文学）—诗歌欣赏 Ⅳ.① K825.6 ② I207.23

中国版本图书馆 CIP 数据核字（2016）第 159796 号

人生若只如初见：纳兰容若词传

著　　者：（清）纳兰容若
编　　者：聂小晴　泉凌波
出 版 人：方　鸣
责任编辑：雪　珂
封面设计：韩立强
文字编辑：李翠香
美术编辑：张　诚
经　　销：新华书店
开　　本：720mm×1020mm　1/16　印张：20　字数：400 千字
印　　刷：北京中振源印务有限公司
版　　次：2016 年 8 月第 1 版　2019 年 3 月第 2 次印刷
书　　号：ISBN 978-7-5113-6133-2
定　　价：59.00 元

中国华侨出版社　北京市朝阳区静安里 26 号通成达大厦 3 层　邮编：100028
法律顾问：陈鹰律师事务所
发 行 部：（010）56288244　　　传　真：（010）56288194
网　　址：www.oveaschin.com　　　E-mail：oveaschin@sina.com

如果发现印装质量问题，影响阅读，请与印刷厂联系调换。

纳兰容若其人其事其词

　　纳兰性德，原名纳兰成德，顺治十一年甲午农历腊月十二日生于京师，是日为公历 1655 年 1 月 19 日。1655 年三月，清朝圣祖玄烨出生，如果以旧历计，与成德同龄。二人日后的亲密关系，冥冥中似乎早已有了定数。

　　成德之父明珠是年二十岁，任銮仪卫云麾使。成德之母觉罗氏，英亲王阿济格正妃第五女，她是在顺治八年嫁于明珠的，后被封为一品诰命夫人。纳兰家族十分显赫，隶属满洲正黄旗，是清朝初年满族中八大姓氏里最风光、最有权势的家族，也就是后世所称的"叶赫那拉氏"。

　　追溯纳兰家的兴盛起源，要说到成德的曾祖父。成德的曾祖父名叫金台石，是叶赫部贝勒，其妹孟古，于明万历十六年嫁给努尔哈赤为妃，生皇子皇太极。这之间的关系令之后的纳兰家族与皇室有了紧密的联系。这场联姻使得纳兰家族的势力节节攀升，当到了纳兰成德出生的时候，纳兰家族在清王朝已经是权贵之家了。可以说，纳兰成德一出生就被命运安排到了一个天生贵胄的家族中，他是衔着金汤匙出生的富贵公子，注定了一生荣华富贵、锦衣玉食。但命运弄人，这样一个贵公子，却偏偏是"虽履盛处丰，抑然不自多。于世无所芬华，若戚戚于富贵而以贫贱为可安者。身在高门广厦，常有山泽鱼鸟之思"。

　　成德在二十一岁的时候，皇子保成被立为太子。因为与东宫太子名讳相重，为了避嫌，便将成德改为了性德。性德，字容若，号楞伽山人。下文为了方便阐述，一概以容若相称。容若的才思敏捷、文采斐然，这似乎是天生就具有的灵气。他从小聪明过人，读书过目不忘，数岁时即习骑射，十七岁入太学读书，为国子监祭酒徐文元赏识，推荐给其兄内阁学士、礼部侍郎徐乾学。后容若十八岁参加了顺天府的乡试，考中举人，十九岁又准备参加会试，本来是信心满满、十拿九稳的事情，但却因为自身突然犯病，身体不适，而无法上场考试作罢。

容若的悲剧命运也似乎是与他的天生富贵一起注定的，上天总是公平的，他给予你一样东西，必然也会收回一样。容若拥有令全天下男子都艳羡的财富与门第，但却有着一个孱弱的身体，他自幼身患寒疾，这难以根治的疾病总是会时不时爆发，折磨容若。

所以，容若性情中忧郁淡漠、伤感悲情的一面也是可以理解的。因为自身的疾病，容若在青春大好的年华，有相当一段时间是在病榻上度过的，所以，容若的词作中，总是充满了无聊悲凉，甚至有些戚戚然的情绪。

不过这些都无法遮掩容若在清朝词坛的光芒，作为一个后起之秀，容若在词的造诣上渐渐无人可及。清朝初年的词坛景象较为不景气，好的词作者并不多，词坛一片寂寂无声之景象，容若犹如一颗新星，在清初词坛掀起轩然大波。在当时词坛中兴的局面下，他与阳羡派代表陈维崧、浙西派掌门朱彝尊鼎足而立，并称"清词三大家"。年纪轻轻就鼎立词坛，容若的才华不容小觑。更主要的是，容若是满族显贵，他并没有接受过系统的汉文化，但却能够将汉文化掌握，并且运用得如此精深灵动，这才是容若最让人称奇的地方。

容若的词清新隽秀、哀感顽艳，颇近南唐后主。纵观容若的词风，清新淡雅间又不乏真情实意，虽然多是哀婉抒情之词，但却并不艳俗，反倒是清新脱俗，不流于坊间一些低俗之作，有着自己独特的风格和特色。

作为一个满族人，容若对汉文化的学习不遗余力，他早年就勤读诗书，为汉族文化与满族文化的融会贯通打下了很好的基础。之后，在容若的青年时期，他发奋研读，并拜徐乾学为师。在名师的指导下，容若的文化功力日渐深厚，而且，在拜师学习的这几年期间，他还主持编纂了一部1792卷编的儒学汇编——《通志堂经解》，受到了皇帝的赏识。这一举动为容若日后在朝廷的发展赢得了一个头彩。不但如此，容若还熟读经史子集，并且还把读书过程中的见闻和学友传述记录整理成文，用三四年时间，编成四卷集《渌水亭杂识》，其中包含历史、地理、天文、历算、佛学、音乐、文学、考证等方面知识。可见容若有着相当广博的学识，爱好也十分广泛。

在容若二十二岁的时候，他再次参加进士考试，并以优异成绩考中二甲第七名。这次的成绩让容若得到了康熙皇帝的赞赏和青睐，康熙皇帝后来授他三等侍卫的官职，之后不久升为二等，再升为一等。御前侍卫是很风光的，可以常伴帝王身边。容若相貌堂堂，文才武略都很了得，而他当了御前侍卫后，更是经常随着康熙一起南巡北狩，游历四方，遍访大江南北，走访塞外山河要塞。时常与康熙皇帝一同参与重要的战略侦察，或者陪同皇帝唱和诗词，译制著述，这样的生活简直是羡煞人了。

可是容若却并不满足，他虽然有着奇才，却并不留恋官场，作为诗文艺术的奇才，他在内心深处是厌倦官场庸俗和侍从生活的，他无心功名利禄，只想获得自由，过饮酒作诗、无拘无束的生活。

可惜世事难两全，多次受到恩赏的容若难逃圣恩，纵使他有归隐之心，家族也难以成全他的心愿。为了自己家族的荣耀和发展，他也只有做自己并不愿意做的事情，留在自己并不愿意留的地方。所幸的是，上天还是眷顾容若的，他二十岁的时候，娶两广总督卢兴祖之女为妻，赐淑人。是年卢氏年方十八，"生而婉娈，性本端庄"。成婚后，二人夫妻恩爱，感情笃深，美满的婚后生活给容若的人生多少带来一些安慰。

他在此期间的词作也大多风格明亮，偏于柔美温情。可惜好景不长，婚后三年，卢氏死于难产。爱妻的离去，给容若精神上带来了巨大的伤痛，从此他"悼亡之吟不少，知己之恨尤深"。作为情深意重的男子，容若很长一段时间都无法从卢氏的死亡阴影中挣扎出来，这段时间写下了大量的悼亡诗，祭奠他和卢氏之间的情感。古时男子当以事业为重，儿女情长并不是很被看重，所以，容若的这番悲情，无人能懂。

这一腔的愁绪，容若无处可诉，只有倾诉于诗词之中，高产的词作还有高质量的诗词，让容若著称于世。二十四岁时，他把自己的词作编选成集，名为《侧帽集》。后来因参透世事，又改名为《饮水集》。他的词作非常之多，后人在他原有词作的基础上，进行增遗补缺，共 342 首，编辑一处，名为《纳兰词》。

流传后世的《纳兰词》可以说是容若短暂一生的心理写照，期间悼亡词中不乏传世之作，一首《采桑子》就是范例。

谢家庭院残更立，燕宿雕梁。月度银墙，不辨花丛那辨香。

此情已自成追忆，零落鸳鸯。雨歇微凉，十一年前梦一场。

张任政的《饮水词·丛录》中写道："后之读此词者，无不疑及与悼亡有关，并引以推证其悼亡年月。余近读梁汾《弹指词》有和前韵一首，词云：'分明抹丽开时候，琴静东厢。天样红墙，只隔花枝不隔香。檀痕约枕双心字，睡损鸳鸯。孤负新凉，淡月疏棂梦一场。'观上二首，咏事则一，句意又多相似，如谓容若词为悼亡妻作，则闺阁中事，岂梁汾所得而言之。"

沉重的精神打击使得容若在悼亡词中一再流露出哀惋凄楚的不尽相思之情和怅然若失的怀念心绪。后来容若又续娶官氏，此前又有侧室颜氏，都与她们感情平和，虽然没有太多的深情，倒也是举案齐眉、相敬如宾。

关于容若的爱情，值得一提的还有两个人，一人是容若从小定情、青梅竹马的表妹，二人成婚之前，表妹被选入宫，成为皇妃，这段初恋的夭折，也令容若一度萎靡不振，伤心欲绝，不过这段历史在史书中并无太多记载，更多还是出现在野史上，所以，难以断定真伪，仅能作为一个参考。还有一人便是江南才女沈宛，此人字御蝉，浙江乌程人，著有《选梦词》。容若三十岁时，在好友顾贞观的帮助下，结识江南才女沈宛。此女美丽聪慧、知书达理，更重要的是她与容若有着惺惺相惜之情感，容若对她十分珍爱。

不过美好的爱情总是不能长久，容若是满族贵胄，而沈宛只是一个民间普通汉女，门第的悬殊令二人无法最终结合。沈宛随同容若在京城共同生活过一段时间后，容若迫于家庭压力，一直不能将沈宛接入家中，而沈宛也因为懂得容若的难处，便忍痛离去，回归江南。二人之间这段有始无终的爱情故事，成为千古绝唱，令人哀婉。

作为才子，容若的爱情生活一直是人们津津乐道的话题，但由于历史记载偏少，许多史料都是以讹传讹，终不可考。

除了对爱情执著外，容若对友情也是十分执著，在交友上，容若最突出的特点是其所交"皆一时俊异，于世所称落落难合者"。容若不流于俗世，他的朋友不论门第，不论出身，也不论功名，只要是有才气的有志之士，与容若志同道合之人，都被容若视为好友，以今生知己对待。他的许多朋友都是不肯落俗之人，多为江南汉族布衣文人，如顾贞观、严绳孙、朱彝尊、陈维崧、姜宸英，等等。容若对待朋友十分真诚，感情真挚，从无虚假。他真诚地对待每一份友情，为朋友两肋插刀，不仅仗义疏财，而且敬重他们的品格和才华，不会小看和低视他们。

这使得容若拥有许多朋友，当时无数的名士才子都追随在他身边，而容若也对他们十分礼遇，照顾有加。当时容若居住的渌水亭（现宋庆龄故居内恩波亭），就因为文人骚客雅聚而著名，容若招徕文人雅士的这一举动，在无形之中也促进了康乾盛世的文化繁荣。

容若作为一个年纪轻轻的满族人，能够令诸多满腹才学的汉人都为之钦佩，他是有着自己的过人之处的。容若的词作有着汉文化的底蕴，还有满族人自身所带着的不羁、无拘无束的风格，令词风清新自由，不拘于一格。容若对李煜十分赞赏，他曾说："花间之词如古玉器，贵重而不适用；宋词适用而少贵重，李后主兼而有其美，更饶烟水迷离之致。"此外，他的词也受《花间集》和晏几道的影响。

在诸多词风的影响之下，容若写出了自己的词风，并被万千人效仿。究其原因，无非也就是上面谈到的那几点。容若出身于主流上层社会，却是一生都在躲避上流社会，这让他自身充满了矛盾的焦点。

容若的一生，无不是后人关注与研究的。他落拓无羁的性格，以及天生超逸脱俗的秉赋，加之才华出众、功名轻取的潇洒，都与他出身豪门、从小锦衣玉食、功名利禄轻而易举到手成了鲜明的对比。一些男子苦苦追寻的东西，容若嗤之以鼻。而寻常男子毫不在乎，或者说是稀松平常的自由与感情，却是容若求之不得之物。世间之事就是如此奇特，想要的不会给你，不想要的却无法逃避。

这样的情形，构成了容若内心一种让常人无法体察的矛盾感受，他承受着巨大的心理压力和压抑情愫。爱情来了又散、家庭的不理解，以及挚友们纷纷生离死别，这些境况，让容若本就脆弱的内心，受到了一次又一次的伤害。而原本就孱弱的他，也终于在不公的世道面前妥协了，他的寒疾再次乘虚而入，在容若对人生几乎了无希望的时候，侵入他的体内。容若病倒了，而他这一病却是再也没能够从病榻上起来。

抱病的容若于康熙二十四年暮春，在病榻上与好友一聚，一醉，一咏三叹，然后便一病不起，七日后于五月三十日溘然而逝。度过短短三十一载的岁月，生命在容若这里如此之轻，又如此之重。

一生挣扎于富贵与自由、家族与爱情之间的容若，历经悲观心态，走完了人生之路，而他留给后人的除了无尽的哀叹与惋惜之外，还有那部宝贵的《纳兰词》。纳兰词作现存342首（一说349首），内容涉及广泛，包括婚姻爱情、友谊分离、家庭思索、边塞江南、咏物咏史及杂感等方面。虽然词作本身的眼界并不算很开阔，高度上也无法与唐宋那些大词人相比，但他的每一首词都是缘情而旖旎，道出了极为真挚的情感。这让后人沉浸在他的词作中，无法自拔，近代著名的学者王国维就给其极高赞扬："纳兰容若以自然之眼观物，以自然之舌言情。此由初入中原未染汉人风气，故能真切如此。北宋以来，一人而已。"况周颐也在《蕙风词话》中誉其为"国初第一词手"。

可见容若词作的影响力之大。不过，后人虽然热捧纳兰词，但却未必能够真懂纳兰词中的真含义。容若好友曹寅在《题棟亭夜话图》中就哀叹道："家家争唱饮水词，纳兰心事几曾知？"

是的，纳兰词虽然流传天下，容若的词名虽然遍及天下，可是人们在争相诵读纳兰词的时候，容若那"如鱼饮水，冷暖自知"的心事究竟又有几人懂得？容若这位相府的贵公子、皇帝身边的大红人，写入词中的点点斑驳心情和刻骨铭心的愁苦，谁人又能真的懂得？只怕是容若的亲生父亲明珠，也难以懂得。

容若享尽了别人眼中的快乐，而他自己内心，却是无法体会到快乐的真谛。容若死后，纳兰家族似乎也失去了生机，随后便日渐衰落。政治间的权力争斗无声无息，却是无比凌厉，纳兰家族最终落没在了这场争斗中。所幸的是，容若早逝，没有看到自己的家族落入尘土中，被人遗忘。这也算是不幸中的幸事了。多年以后，乾隆晚年，和珅为了博得圣上龙颜一悦，献上了一部《红楼梦》，乾隆读罢后良久，掩卷长叹一声："书中所写，不正是明珠的家事吗？"世事无常，容若最终还是逃离了最残忍的惩罚，没有亲眼目睹家族中道衰败，不然那时，他又该何去何从呢？

本书收录的纳兰容若的词，是对他一生情感的真实写照。书中所附原文、笺注、典评等栏目，从多角度将词作的主题思想、创作背景、词人境况以及词作的意境、情感全面地展示出来。同时，同词情词境相契合的人物画像、山水景物以及情景图等，通过多种视觉要素的有机结合，达到"词中有画，画中有词"的艺术境界。

轻轻翻开这本书，透过近二百首婉丽隽秀、明净清婉、感人肺腑的小令长调，仿佛能看到那个拥有着绝世才华、出众容貌、高洁品行的人站在那里，散发着一股遗世独立、浪漫凄苦的气息，华美至极，多情至极，深沉至极，孤独至极。一个才华横溢、欲报效国家而早早离世，一个因爱而陷入爱的旋涡中挣扎的多情男子，都尘封在这本《人生若只如初见：纳兰容若词传》里。

目录

纳兰容若词作赏析

纳兰容若传

楔子

　　清顺治十一年，十二月十二日，大雪已经落了好几天，把整座北京城都给笼上了一层银白色的幕帏，千里冰封，连紫禁城金黄色的屋顶也都被雪白的雪给覆盖住了，宫殿变得像是雪塑冰雕一般，褪去了往日的巍峨雄伟，带上了一些别样的晶莹洁白。

　　覆雪的屋顶蜿蜒着，从紫禁城一直延伸到四周的寻常民居上、花木上，在寂静的夜里勾勒出连绵起伏的曲线。

　　在这些被大雪覆盖住的屋顶下面，有一处寻常的宅子，和其他官员的宅子相比，并没什么特别之处，一样的青砖青瓦，一样三进三出的四合大院。

　　昨夜下了一夜的雪，雪珠儿拉拉扯扯连绵不断，直到快天亮的时候，才缓缓停了，雪光透了上来，乍一看，就像是已经天亮了一样。

　　天际开始有了一些光芒，蓝色琉璃般的曙色渐渐亮了起来，薄薄的，透明的，从雕花的窗棂间像是有生命似的钻到屋里，缝隙间隐隐有着一丝儿清冷之气，带着新雪的气息，缓缓飘散在屋内如春的暖意之中。

　　屋子里点着红泥火炉，炉中的红炭大部分都已被烧成了灰，只有些火星儿间或一闪。绸帏低垂，把暖炉带来的暖意都给笼在了金装玉裹之中，一室皆春。

　　兴许是累了，仆役们要么斜靠在墙壁上，要么就低着头，都抵不住浓浓的睡意，在打着瞌睡。

　　描金绣纹的罗帐内，明珠夫人——英亲王第五女觉罗氏正沉沉地睡着，秀美的脸庞上还带着重重的憔悴之态，身旁，则躺着她刚出生还不满一天的孩子——纳兰容若。

　　对全家人来说，这个孩子的降生，代表着满族最显赫的八大姓之一的纳兰氏，有了正式的继承者！

　　而尚在沉睡中的孩子，完全不知自己已经降生到一个与皇室有千丝万缕关系的天皇贵胄之家，从此富贵荣华，繁花似锦；更不知在今后的岁月中，他的名字，总会与"词"联系在一起，且被后人们赞为"清朝第一词人"。

　　家家争唱饮水词，纳兰心事几人知？

　　在他短短的三十一年人生之中，他家世显赫，他仕途亨通，他名满天下；而他更有着爱他的妻子，仰慕他的小妾，还有才貌双全至死不渝的情人，心意相通的朋友。对历朝历代怀才不遇最终郁郁而亡的无数人来说，他已经算得十分的幸运，简直就像是上苍的宠儿，来到这人间，体验一番红尘颠倒、人世沧桑。

　　也许正因为是如此吧，上苍终究舍不得让自己的宠儿离开太久，只不过匆匆三十年，就再度把他召回到自己的身边，留下一些隐隐约约的传说，在风中耳语着，述说着他与那几位女子缠绵悱恻的爱情，与知己相濡以沫的友情，还有他内心不为人知的痛苦——

　　不是人间富贵花，却奈何生在富贵家！

　　他流传至今的349首词，清丽哀婉，仿佛能挑动人心中最深处的那根弦，颤动不已。

　　人生若只如初见。

　　王国维有评——

　　"北宋以来，一人而已！"

第一章

诞生　谁怜辛苦东阳瘦

　　纳兰性德，原名成德，字容若，号楞伽山人，武英殿大学士明珠长子。现存词作349首，刊印为《侧帽集》《饮水集》，后多称《纳兰词》。

　　其词哀婉清丽，颇有南唐后主遗风。

　　"桐花万里丹山路，雏凤清于老凤声。"

　　顺治十一年甲午，农历腊月十二日，纳兰容若降生于京师明珠府邸。

　　第一次见到纳兰容若这个名字，是在我很小的时候偷偷看梁羽生的武侠小说时。那时年纪小，似是而非，也未必就能把小说给看懂了，可当眼中突然出现"纳兰容若"四个字的时候，不知为何，小小的心弦竟为之轻轻颤动了一下。

　　也许是因为那四个字组合起来，有种奇妙的、仿佛画一般意境的音节吧？

　　字简单，并不生僻，一旦组合在了一起，却给人一种美妙的感觉，令人不禁心驰神往。

　　那有着这样一个美丽名字的少年公子，该是怎样的风度翩翩、宠辱不惊？该是怎样的谦谦君子、温润如玉？

　　瞻彼淇奥，绿竹猗猗。有匪君子，如切如磋，如琢如磨。

　　几千年前那些善良的人们，在《卫风·淇奥》中赞道："有匪君子，如琢如磨，如圭如璧"，便是对翩翩君子们最恰到好处的描写。

　　君子当如玉。

　　君子当翩翩。

　　君子当是浊世佳公子，来于世，却不被世俗所侵。

　　而千年前的人们又怎么会预料得到，在千年后，竟有一位出生在冬季大雪纷飞之时的少年，仿佛是那传世的诗篇中走出来的一般，翩翩来到我们的眼前。

纳兰容若，自此，风容尽现，带着他与生俱来的绝世才华，仿佛天际翩然而落的一片新雪，带着清新的气息，缓缓地、缓缓地坠入这尘世间。

那时，他还只是个小名"冬郎"的少年，浑然不知自己今后的命运，注定要在金装玉裹的锦绣堆中惶惶然荒芜了心境，纠缠在理想与现实的隔阂中来回地碰撞着，而与几位女子缠绵悱恻中，终是痛苦了自己的心，情深不寿。

而那时，他也只是像所有的年轻人那样，在暮春时节，看落花满阶，带着少年天真的眼波流转。

看天下风光，看烟雨江南，看塞外荒烟，夜深千帐灯。

那时，少年不羁。

那时，少年得志。

第一节　纳兰家世

有这样一种人，他似乎生来就该被我们所钟爱，小心翼翼地呵护着，不吝于用最美好的词汇去描述着他的形象，去赞美他无以伦比的才华。

仔细想来，纳兰容若不正是如此？

即使他早已辞世几百年，我们依旧乐于用这世上无数美好的形容词，去形容他，去想象着他那短暂的一生。

浊世翩翩佳公子，当是最恰当的描述了。

纳兰容若是满洲正黄旗人，父亲鼎鼎大名，正是康熙年间名噪一时的重臣明珠，官居内阁十三年，"掌仪天下之政"，倒是完完全全当得上"权倾朝野"四个字，只可惜这么个长袖善舞的人物，在官场中也免不了经历荣辱兴衰、起起落落，在他晚年的时候，被康熙罢相，一下子从官界的顶峰狠狠摔了下来。

总之这一下摔得够惨，很多关于他的资料就都因此湮没不详了，反正家破人亡那是免不了的。而和他同样鼎鼎大名，只不过是

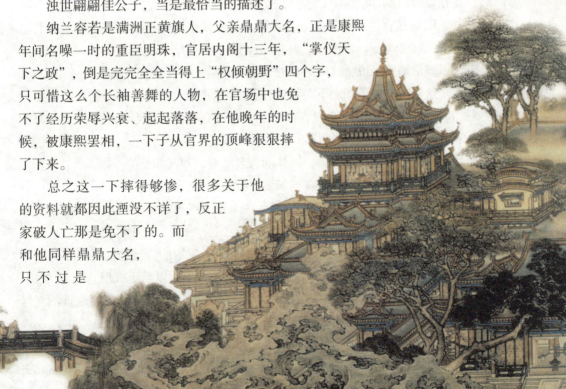

在另一个范围有名的儿子纳兰容若，却因为过世得早，反而避过了眼睁睁看着自己的家在一夕之间从云端跌入谷底的悲剧。

在北京的西郊有一块《明珠及妻觉罗氏诰封碑》，上面记载的，就是这位曾经权倾一时的明珠的仕途经历，从一开始的云麾使，逐步升到太子太傅、英武殿大学士兼礼部尚书，完全称得上是平步青云、扶摇直上，甚至可以说得上是飞黄腾达。

这样一位在官场之中长袖善舞的人物，自然不可能是庸碌之辈。

根据记载，明珠在平定三藩、统一台湾、抗御外敌等重大事件中，都是相当关键的角色，若非最后跌了那狠狠的一跟头，未尝不会继续风光下去。

和电视剧《康熙王朝》中演的稍微有点不一样的是，现实中的明珠，与阿济格的女儿成婚，倒可以说是冒了很大风险的。

阿济格是多尔衮的哥哥，战功赫赫却没什么政治头脑，最后落得个被囚禁的下场，儿女们赐死的赐死，贬为庶人的贬为庶人，这样的姻亲关系，对明珠来说，肯定是不能帮助他在官场中步步高升、一路青云直上的。当然，如人饮水，冷暖自知，以当时明珠一介卑微的小侍卫来说，能"高攀"上阿济格的女儿，到底是怎么想的，也只有明珠自己知道了。

反正在以后的岁月里，两口子还是把日子给过了下去。

在外，明珠在官场中游刃有余；在内，觉罗氏把家操持得妥妥当当，让自己的丈夫毫无后顾之忧。

若是以政治婚姻来说，这样的相处也未尝不是一种美满。

而就在这样的"美满"之下，纳兰容若出生了。

对当时的明珠与觉罗氏来说，他们也完全没有料到，这个出生于寒冬腊月的孩子，未来将会被赞誉为"清朝第一词人"吧？

明珠与纳兰容若，一对父子，同样的大名鼎鼎，却又如此的不同。

一个在官场长袖善舞，一个在词坛游刃有余。

纳兰容若永远也不明白，父亲是怎么在无数人虎视眈眈中一步一步毫不犹豫而又铁腕地攀爬到顶点的位置，一人之下万人之上，在百官之中呼风唤雨。

就像明珠永远也不可能明白，自己为儿子精心规划的，已经铺设好了的那条通往鲜花与荣誉的道路，为什么儿子却是如此的不情不愿以至于抗拒。

想来想去，只能说，因为他们毕竟是不同的人吧？虽然有着最为亲近的血缘关系，但生长环境不同，成长之后自然也就不同。

这也是古往今来，天下的父母与孩子之间最难解决的一个问题。

没有父母敢说自己百分之百地了解自己的孩子，也鲜有孩子会尝试着主动去了解父母。事实上，对孩子来说，尤其是年纪稍微大一点的，处于青春期的孩子，能够不和父母处处对着干就已经很好了。

当然，要是假想一下纳兰也跳着脚和父母逆反的画面，我是想象不出来，但可以确定的是，纳兰容若确确实实选择了一条与他的父亲截然不同的人生道路。

他把他的才华、他的天分在诗词上尽情地发挥了出来，淋漓尽致。

第二节　"性德"之名的由来

1655 年 1 月 19 日，也就是顺治十二年甲午，农历腊月十二日，纳兰容若生于京师明珠府。

那时候，他父亲明珠才二十岁，风华正茂，为这个孩子，取名叫成德。

纳兰成德。

其实纳兰一直都是叫"成德"，只是在他二十多岁时为了避皇太子的名讳，才改名叫"性德"，也只用了一年而已。

但是在人们约定俗成的观念中，更喜欢叫他"纳兰性德"，以至于本名反倒鲜有人知晓了。

那我们也不妨约定俗成一下，还是用那个人们都十分熟悉的名字来称呼公子吧！

纳兰降生之后，他的父亲明珠就为他起名叫"成德"。

"成德"二字，在古代典籍里面出现的次数不少。

南宋朱熹《论语集注》："言学者当损有余，补不足，至于成德，则不期然而然矣"；《宋史》中也有言："惟俭可以助廉，惟恕可以成德"；《易经》中更说："君子以成德为行，日可见之行也。"

同样是"成德"两字，意义却各有不同，究竟当时明珠是想到了哪一句才会给儿子起名"成德"的，至今无人知晓，只是"成德"成了纳兰的名字，一直沿用了下来。

但不管是哪句，至少有一点是可以猜到的，明珠是希望自己的孩子长大之后能当真如"成德"二字一样，成为一名君子。

天下的父母，都是望子成龙的，从古到今，从皇侯贵族到贩夫走卒。每一个孩子的降生，都会带给父母新的希望，而名字，就是父母给予孩子的第一个祝福，也是期望。

纳兰倒是一点儿也没辜负父亲的好意。

如今说起纳兰，用到最多的句子，就是"浊世翩翩佳公子"。

"公子"常见，古往今来最不缺的大概就是这"公子"了，上到几十岁下到几岁，泛滥的程度大概可堪比现在的"美女帅哥"俩词儿。只要稍微有点人模人样，走上大街，生理性别为男性的，可能都能被叫作"公子"。但是古往今来，够得上这资格的，还当真是屈指可数，到了现代，一说起这几个字，人们脑海中条件反射出现的，大概就是纳兰性德这个名字了。

古人的习惯，除了姓名之外，还会给自己起字，所谓"名字"是也。纳兰身为一名汉文化的真正仰慕者，也自然而然地给自己起了字，就是"容若"。所以严格说起来，纳兰名"成德"，字"容若"，只是有时候他也会效法汉人的称谓，以"成"为姓，署名"成容若"，他的汉人朋友们也大多用"成容若"这个名字来称呼他。

不过有一个名字，却算得上是容若父母的专属，那就是他的小名——"冬郎"。

也许是因为出生在冬季的关系，容若的小名唤作"冬郎"。

看着这个名字，让人想起另外一位"冬郎"来。

"冬郎"除了是容若的字之外，也是唐朝诗人韩偓的字，李商隐曾经写过一首七绝赠与韩偓，其中有两句"桐花万里丹山路，雏凤清于老凤声"，便是"雏凤清声"一词的由来。而韩偓是著名的神童，吟诗作文一挥而就，才华横溢，所以说，大概明珠也有把自己儿子比作那神童韩偓的意思吧？

究竟明珠有没有这么认为，那就是天知地知了。

不过最常见的解释，还是因为容若在寒冬腊月出生，所以才起了这么个小名儿。

纳兰容若是满洲正黄旗人，算得上是根正苗红的"八旗子弟"。

在大多数人的观念中，说起"八旗子弟"，大概脑海里浮现出来的第一个画面，就是《唐伯虎点秋香》里面四大才子招摇而过，摇晃着扇子"妞，给爷笑一个！不笑？那爷给你笑一个"的场景，尤其是到了清朝后期，那更几乎等同于纨绔子弟的代名词。

若是纳兰容若也是这般模样，想必也就不会有王国维的"北宋以来，一人而已"的高度评价了。

也许是因为那时候清朝入关不久，一些坏的习气还没沾染上，所以纳兰容若这个"八旗子弟"，表现出更多的是——一种正面的清新的气质。

据说他最早的诗词记载，是在他十岁的时候。

十岁已经能成吟，由此可见明珠夫妇对纳兰容若的教育是很下工夫的，后来更是请来名士大儒顾贞观做纳兰容若的授课师傅，也让容若从此有了一位亦师亦友的忘年之交。

据说有一首词《一斛珠·元夜月蚀》，是他十岁的时候所作。

星球映彻，一夜微褪梅梢雪。紫姑待话经年别。窃药心灰，慵把菱花揭。

踏歌才起清钲歇。扇纨仍似秋期洁。天公毕竟风流绝。教看蛾眉，特放些时缺。

如今看来，这首词若说是个十岁孩子写的，词风又未免显得太过成熟了一些，而且用典颇多，从"紫姑""窃药"，到"踏歌"等，颇有些风流之态，十岁的孩子，当真能写得出来这样的词吗？

这确实是一个值得疑惑的问题。

不过，我们的纳兰公子是出了名的自小聪敏，读书过目不忘，也说不定当真有可能写出一首成熟的词来，这首词究竟是不是纳兰十岁时候写的，各有各的说法，但是，在那些言之凿凿说此词为纳兰容若十岁所写的笔记记载中，大多会大肆渲染地描写当年那年仅十岁的稚子是如何出口成吟的。

于是我们就不妨窃喜一下，至少这也算是一种对纳兰容若——冬郎才华的肯定吧！

只不过说起神童，很多人都会想到王安石笔下的《伤仲永》，再有天赋又如何？若得不到学习机会与正确的引导，最终也只能是"泯然众人矣"。

好在身为父母的明珠夫妇，对儿子的教育从来都是毫不放松的，所以我们才能见到纳兰容若那些清丽美妙的词句，而不是哀叹着，惋惜着，伤容若。

第三节　幼有词才

冷香萦遍红桥梦，梦觉城笳。月上桃花，雨歇春寒燕子家。

箜篌别后谁能鼓，肠断天涯。暗损韶华，一缕茶烟透碧纱。（《采桑子》）

如果说纳兰容若一辈子都没经历过一丁点儿的挫折，那就是骗人了。

人生在世，不如意事常八九，帝王尚且有烦恼，更何况寻常人家？

所以天之骄子的纳兰容若，也不可避免地遇到了挫折。

那一次是康熙十二年，癸丑。

纳兰容若十九岁。

十七岁时纳兰容若就入了太学，国子监祭酒徐文元十分赏识他。

十八岁，纳兰容若和其他莘莘学子一样，参加了顺天府的乡试，毫无悬念就中了举人。

有时候看到这里总会忍不住想到另外一个著名的"举人"来。

范进考了一辈子的试，生活穷困潦倒，一直考到五十四岁才中了个秀才，后来终于中了举人，竟是欢喜得发疯了，挨了岳丈胡屠夫一巴掌才清醒过来。

虽然是小说家言，不过从有八股文考试起，难道不是有无数个"范进"，一辈子就只想着能考取功名，然后全家都鸡犬升天吗？

"太宗皇帝真长策，赚得英雄尽白头。"

自隋唐开始的八股文考试，让古往今来千千万万读书人都一头栽了进去。考了一辈子的试，考到白发苍苍依旧是个童生的人，也不知有多少。连宋代文豪苏洵都曾发出过"莫道登科易，老夫如登天"的感慨，其难度也就可想而知了。

而纳兰容若与那些白头童生们相比，他已经是十分幸运而且出众了。

年仅十八岁就中了举人，在其他人眼中，无疑是该羡慕与嫉妒的。

所以，连老天爷都觉得他太顺利了，该受点挫折，于是纳兰容若在十九岁准备参加会试的时候，突然得了寒疾，结果没能参加那一年的殿试。

自然榜上无名。

在纳兰的一生当中，这大概可以算是他第一个小小的挫折了吧？

他没能参加那次殿试，待病好之后，是后悔呢，还是并不以为意呢？从他淡泊名利的性格上来看，大概有很大的可能是后者。

无论如何，纳兰容若并没有参加这一次的殿试，在其后的两年中，他一边研读一边还主持编撰了一部儒学汇编——《通志堂经解》，更编成了《渌水亭杂识》。

闲暇的时候，他依然继续着自己的诗词。

这一年，他写了几首《采桑子》，各有不同，其中一首，便是："冷香萦遍红桥梦，梦觉城笳。月上桃花，雨歇春寒燕子家。箜篌别后谁能鼓，肠断天涯。暗损韶华，一缕茶烟透碧纱。"

不知为何，纳兰容若身在北京，可他的词，却总隐隐透着一股江南三月的气息，从他的词里，能看到的是江南的小桥流水、杨柳明月，字里行间流露出来的，是月夜下二十四桥氤氲的蒙蒙水汽，婉转而又清新。

也许容若前生是自江南雨巷中翩然走来的少年公子，撑着伞，缓缓走过时光的流转。

在某一天夜里，他刚刚结束了当天的编撰工作，月上中天，府里的其他人早已歇息了，他也吹灭了蜡烛，关上房门，向自己的寝室慢慢走去。

途中，经过蜿蜒曲折的长廊，穿过小巧精致的别院，在扶疏的花木中穿梭而过，分花拂柳间，花木深处，一缕淡淡的、虚无缥缈的香气就在夜色中缓缓地氤氲，一丝儿一丝儿地转进容若鼻里。

那是不知何处飘来的一缕冷香，在这漆黑的深夜中仿佛是从梦境中飘散出来的一样，带着冷冷清清的味道。

那是谁的梦呢？

纳兰容若不由得停下了脚步。

银白色的月亮高高悬挂在夜空中，柔柔的月光洒了下来，给寂静的院子镀上了一层银白色。院子里的花木在月光的照耀下，都像是笼了层银纱一般。

青石板的地面还微微有些湿润，那是不久前才下了一场小雨，润润的。空气中那淡淡的冷香也越发显得清新了，花木也更加青翠。

早晨就盛开了的桃花被雨水打掉了一些，还剩下一些在枝头上，继续颤巍巍地开放着，含羞带怯，在清冷的夜色里带来一丝儿娇俏的意味。月亮高挂在树梢之上，像一只妩媚的眼，静静地看着春雨过后的满树桃花，满庭落芳。

不知什么地方隐隐传来箜篌的乐声，若有若无，和着那股淡淡的冷香，浸着夜的冷清，在清新的空气中慢慢地、宛转地飘散着。

容若凝神听着，细细分辨，却听不出来是哪里传来的乐声。

也许是哪家的女子，在思念着离家的丈夫吧？

那若有若无的箜篌声里，或许寄托的，就是那痴情的女子苦苦等候的相思之情。

箜篌别后谁能鼓，肠断天涯。

纳兰容若静静地听了许久，也在院子里停留了很久。

那箜篌声不知何时缓缓地消失了，夜重新宁静下来。

容若这时才继续往前缓步走去。

走向自己的寝室。

室内，侍女们早已掌了灯，静候着公子回来。

窗边的几案上，一缕茶香幽幽地、婀娜地飘散，绕过几案，从碧青色的窗纱间透了出去，与窗外的夜色融为一体。

有时候我想，纳兰容若十九岁那年因急病而不能参加殿试，对他来说，未尝不是件幸运的事情。至少，他能有几年的时间去做自己喜欢的事情，编撰书籍，吟哦诗词，而不是在官场中渐渐地消磨掉他天生的才华。

可是，这也只是后人的胡乱揣测罢了。

他当时到底是如何想的，如今谁又能说得清楚呢？

那年，容若不过十九岁。

十九岁，以现代人来说，大概还在教室里挥汗如雨，一门心思准备着各项考试的年纪；要不就是在玩着网游，聊着QQ，在网络上消磨着青春。

可容若的十九岁，已经在主持编撰《通志堂经解》与《渌水亭杂识》。

也许以当年的观点来看，十九岁，已经算得上是个成年人了，所以他也相应地承担起了自己年纪应该承担的责任。

编撰着书籍，同时学习着，为几年后的又一次殿试作好准备。

只是，在空闲下来的时候，他心心所念的，还是自己所喜爱的诗词吧。

所以，在这样一个月上中天的夜晚，那一缕幽幽的冷香，那一缕淡淡的乐声，才会让素来"以自然之眼观物，以自然之舌言情"的容若，有感而发，从而写下这首《采桑子》吧？

只是，在他心目中，暗损了韶华的，究竟是什么，如今已经不得而知。

只有那词里清新的气息，在幽静的夜色中飘然而来，让人口角噙香。

桃花羞作无情死，感激东风，吹落娇红，飞入闲窗伴懊侬。

谁怜辛苦东阳瘦，也为春慵，不及芙蓉，一片幽情冷处浓。（《采桑子》）

乍一看，这首词就像是一首普普通通的描写桃花的诗词。

不过中国的文人们向来有借物喻情的习惯，我们在从小到大的语文学习中，对课本上出现的古诗词，总是会从字句解释翻译，再到中心思想与作者所要表达的情怀，然后就是一篇完整的关于诗词的翻译。

我们也不妨这样尝试一次。

之前已经说过，这一年，纳兰容若十九岁，刚刚经历了人生中的第一次重大打击。

说他完全没有沮丧，没有失望，那也未免太过于神化纳兰容若了，所以，我想，那个春天，纳兰必然也是有些郁郁寡欢的。

心境的失落，自然也让他目中所见，不可避免地带上些沉抑的色彩。

"桃花羞作无情死。"

在纳兰容若的眼中，桃花并不仅仅是单纯地开在春季的植物而已，他看到的，更多是桃花的多情，桃花的羞涩，桃花的落寞。

已然是活生生的一般。

在中国古代的文学中，桃花常常被用来当作感情的象征。最有名的，当属唐朝诗人崔护的"去年今日此门中，人面桃花相映红。人面不知何处去，桃花依旧笑春风"。

诗里，那位让诗人念念不忘的美丽女子，正如桃花一般，美丽，却也漂泊，不知在何年何月，已经不见了踪影。正如张爱玲笔下那月白色衣衫的女子，在几经漂泊辗转，年老之后回忆起年轻时对门的那位年轻人，会忍不住轻轻地说道："于千万人之中遇见你所遇见的人，于千万年之中，时间的无涯的荒野里，没有早一步，也没有晚一步，刚巧赶上了，那夜没有别的话可说，唯有轻轻地问一句'噢，你也在这里吗？'"

在不知不觉间，桃花隐隐有了一种悲剧的味道，虽然是美好的象征，却也散发着"人去楼空"的凄凉与惆怅，弥漫着悲凉的伤感。

美丽，却也凄婉。

在容若的笔下，桃花也正如之前无数歌咏它们的诗词一般，带着淡淡的忧伤味道。

花开花落，天道循环，可是容若笔下的桃花，却是那么的多情，仿佛有着灵性的精灵一般，眷恋着春天。如此多情的桃花，却也是那么害怕寂寞，在春雨纷飞的季节，羞于如此落寞地死去，跌落枝头，满庭落芳。

《红楼梦》中曾有黛玉葬花，把那满地的落花都细细地扫进绢袋里，然后埋于土中，随岁月化去。在纳兰容若的眼中，那无奈从枝头落下的桃花，心有不甘，却并未随之落入沟渠之中，而是被东风缓缓吹进窗间，与窗前相倚之人陪伴。

于是，纳兰容若笔锋一转，便是"感激东风"，让桃花"飞入闲窗"，来陪伴自己。

那时，纳兰容若心情怎样呢？正如词中所言，"飞入闲窗伴懊侬"，是懊侬的，烦恼的。

他是贵族公子，少年得志，少年成名，在无数人的眼中，是令人羡慕的，这样的天之骄子，怎么可能还会有着烦恼？

但他偏偏很烦恼。

至于他当时在烦恼的，究竟是什么，已无从得知，总之，当他见到被东风吹到窗前的桃花瓣时，却是想到了，这从枝头被吹落的桃花，恰恰是东风送来与自己做伴的、无声的伴侣。

接着，纳兰容若又自叹"谁怜辛苦东阳瘦"。

东阳，指的是南朝时候的美男子沈约，他曾经出任东阳太守，于是世人皆以"东阳"称之。南朝向来有以瘦为美的风尚，再加上沈约是出名的美男子，于是"东阳瘦"竟成流行的风流之态。而这里纳兰容若用东阳沈约自比，倒也颇为得体。

他与沈约倒是蛮多相似之处，都以才情为世人仰慕。纳兰容若在这里用"东阳瘦"的典故自比如今愁闷孤寂的心态，倒也贴切。

可以想象，当时的纳兰容若，大概是病情还未痊愈，看着窗外繁花似锦春意盎然，自己却只能被困于这病榻之上，心情自然不免有些烦闷，孤寂之下，当然会对这些不请自来的伙伴格外珍惜了。

桃花多情，像是知道了他如今孤寂的心情，于是借东风一程，特地飞入窗前，与人为伴，可落英缤纷，像是在无声地告诉自己，春天即将过去了。

只是，却不及芙蓉，一片幽情冷处浓。

这里的幽情，究竟是指谁的情愫呢？不得而知，只是纳兰容若颇有自比"不及芙蓉"的意思，大概是指"李固芙蓉"的典故。

相传唐代李固落第后在巴蜀遇到一位老妇人，预言他次年会在芙蓉镜下及第科举，第二年李固果真金榜题名，而金榜上恰有"人镜芙蓉"四个字，后来这一典故就被称为"李固芙蓉"。而容若的这句"不及芙蓉，一片幽情冷处浓"大概也是写他在无奈错失殿试机会之后的懊恼之情吧？

但年后，纳兰容若再度参加了殿试，金榜题名。

只不过在当时，纳兰容若开始有些郁闷，所以才会写下"桃花羞作无情死"的句子，更自比东阳，"谁怜辛苦东阳瘦"。

整首词里，有着一股淡淡的懊恼之意，却在字里行间显得清新，而且一如既往的温婉。

纳兰词以小令见长，虽然如今我们都习惯将"诗词"二字连起来说，俨然一个词语，但是在古代，"诗"与"词"的待遇，是大不相同的。

写诗，向来被看成是文人立言的正途，大概是因为诗的格律与平仄要求严谨，从而正好符合古代礼教的规范，于是诗才是正途。而填词，向来被"正统人士"看成是小道，没什么地位。也许是因为词本身就是一种比较通俗的艺术形式，是流行在市井酒肆之间的，所以大多数都比较绮丽浮华，笙歌燕舞、花前月下，但撇开那些糟糠之作，好的词却都不约而同地透着股清冷的味道，更不乏雄浑之作，只是因为词这种艺术形式的诞生来自市井之间，所以向来被正统的文人们所看不起。

而纳兰容若却偏偏在这"被正统文人看不起"的词上面，大绽光华。

第二章

初恋 一生一代一双人

"一生一代一双人，争教两处销魂。相思相望不相亲，天为谁春？"

康熙六年丁未年，纳兰容若十三岁。

也就在这一年的七月，康熙皇帝亲政。

康熙七年，纳兰府迎来了三年一度的选秀，纳喇氏入宫。

纳兰容若是以"清朝第一词人"的称号扬名的。

后人对他也颇多推崇，有赞其为"国初第一词手"的，也有赞他"纳兰小令，丰神炯绝"的，而最多的，还是说其"《饮水词》哀感顽艳，得南唐二主之遗"，尤其是在《词话丛编》中，对纳兰词颇多赞扬。

当然，也有一些批评的声音，陈廷焯的《白雨斋词话》就明确地这样说道："容若《饮水词》，才力不足。合者得五代人凄婉之意。"

想来，也许是因为他的词大多以花前月下的题材为主，所以给人比较小气的感觉，虽然也偶有雄浑之作，不过终究还是显得视野并不很宽阔，也就难怪有后人会说他的词略显局限了。

撇开这些不谈，光是说他的《饮水词》，确确实实清丽美妙，初读，颇有后主的感觉，再读，便是妙不可言。

也因为纳兰词中的那些对感情与心境的细致描写，很多

人都不免对这位豪门公子的感情生活有了兴趣。

"八卦"乃是人类的天性，谁都抵抗不住自己的好奇心，所以狗仔队才会有如此旺盛的生命力，堪比"小强"。之所以我们乐于见到八卦，尤其是名人的八卦，火得一塌糊涂，也可以说是因为其在很大程度上满足了观众们的猎奇心理。

而有着"清朝第一词人"美誉的纳兰容若，有着权臣公子身份的纳兰容若，不消说，也会有不少人关注着他的八卦。

从古到今皆然。

第一节　青梅竹马

根据记载，纳兰有妻子卢氏，妾颜氏，后来卢氏病故，便续弦官氏，还有著名的江南才女沈宛，这些算是时人笔记上明确记载了的，不过在野史中，不少人言之凿凿地说，其实纳兰还有个心爱的表妹，后来被选进了宫里，劳燕分飞，纳兰一直念念不忘。

纳兰和他这位传闻中的"表妹"，后人研究说，也许这便是《红楼梦》中贾宝玉与林黛玉的原型。

当初乾隆在看过《红楼梦》之后，曾说过这样的一句话："此乃明珠家事作也。"明珠家与曹家有着相似的荣衰经历，难免会有人认为，明珠是"贾政"的原型，那么纳兰容若，自然就是"贾宝玉"的原型了。

至于那位传说中的表妹，大概也就因此而"诞生"了吧？

又说，这位表妹才貌双全，与纳兰容若青梅竹马两小无猜，倒是公认的男才女貌，一双璧人。

那时年少的纳兰容若，还有那位美丽的少女，若是就这么一直青梅竹马下去，大概成亲也是顺理成章的事情了。

但是，现实总是残酷的。

如果这位"表妹"当真是存在的，那么按照当时的规矩，凡到选秀女之年，一般是三年一次，家里有十三岁到十五岁少女，而且是嫡亲女孩儿的旗人家庭，都必须先参加选秀，只有落选后，才能自行婚配，这是一种强制性的制度，所有的旗人家庭都不能拒绝。

所以，纳兰容若的表妹就这样被选进了皇宫之中。

以她的家世、相貌、才华，大概落选的可能性也蛮小，而结果一点也没有意外，她果真被选中了，宫门一入深似海，从此萧郎是路人。

纳兰容若当时是什么样的心情，大概能猜得到，总之是念念不忘。据说是为她愁思郁结，无论如何都想再见一面，后来伪装后混进了宫里，终于才与自己的表妹见到最后一面。

当然，这只是传说，并没有任何的史料依据，但纳兰的这桩似是而非真假莫辨的感情，或者说是初恋，在后人的猜想中，逐渐变得朦胧而美丽起来，带着"此事古难全"的遗憾，演绎出无数的版本。

电视剧《康熙秘史》中，钟汉良扮演的纳兰容若，与石小群扮演的表妹惠儿，便是青梅竹马的一对儿，后来惠儿被选进宫里，阴差阳错之下更被选为康熙的妃子，从此两人顿成陌路。而在其他的演绎纳兰容若的电视剧中，不管中间过程如何的不同，结局都是一样的，那才貌双全的少女不得已进了皇宫，从此与情投意合的表哥天各一方，徒留无数遗憾。

夕阳谁唤下楼梯，一握香荑。回头忍笑阶前立，总无语，也依依。
笺书直恁无凭据，休说相思。劝伊好向红窗醉，须莫及，落花时。（《落花时》）

曾有人说过，少年时代的感情是最纯洁的，因为那时双方都还年少，脑中还不曾被世俗的柴米油盐酱醋茶给充斥，才可以全心全意地，在心里装着另外一个人，没有任何目的，只是完完全全地想着对方，依赖着对方。

我想，容若与小表妹也该如是吧？

因着家世的关系，两家来往较多，容若与小表妹年纪相仿，自然而然地就很快熟络起来。

郎骑竹马来，绕床弄青梅，同居长干里，两小无嫌猜。

唐代大诗人李白的这首《长干行》，写的可不就是容若与他的小表妹？

不管最后的结局是怎么样，至少当时，少男少女们是完全没有想到未来的变数的。

在纳兰容若大概四五岁的时候，他除了读书之外，还多了一样功课，那就是骑射。

满族人入关之后，面对着辽阔的中原，面对着博大精深的中原文化，他们自豪却又自卑着，羡慕的同时却又恐惧着。

自豪的，是这一望无垠的江山社稷终究被他们所统治。

自卑的，是因为很清楚自己可以用刀剑打下江山，却不可能继续用刀剑统治一个高贵的文明。

羡慕的，是绵延几千年包罗万象的中原文化，给他们带来一个全新的视野。

恐惧的，却是害怕自己这少数者最终和历史上无数的异族一样，被中原文明强大的同化能力湮没。

所以，统治者一再强调着"祖宗家训"。

祖祖辈辈都是以骑射讨生活，打下了这片江山，所以八旗子孙们必须保持骑射的传统，不可有丝毫的懈怠。

居安思危。

他们羡慕着却又恐惧着几千年绵延不断的中原文化。

纳兰容若那时候不过是个几岁的孩子，对于"骑射"背后的含义，他未必明白。只不过觉得是在自己喜欢的读书之外，又多了一样功课而已。

他也没觉得自己有什么不同。

当时旗人刚入关没多久，尚且保持着旺盛的斗志，所以八旗的子弟们也都是个个舞刀弄棒、弓马娴熟。所以小纳兰也和其他人一样，在读书之余，还要挤出时间来习武。

或者说，是在习武的空暇，挤出时间来读书。

也许因为父亲明珠是朝廷里难得的几位支持汉文化的人之一，更因为父亲精通汉语，纳兰从小耳濡目染，也对汉文化产生了浓厚的兴趣。

在习武之余，他像海绵一样吸收着一切能够接触到的文化。

在这方面，明珠的开通与赞成，也让纳兰在年复一年中逐渐地文武双全起来，而不是和其他的八旗子弟一样，弓马娴熟，却对汉文化一无所知，甚至连汉语都不大会说。

所以说，纳兰容若后来以词扬名，也并非没有道理的。

如今说起他，很多人条件反射地都会想到纳兰的文，但事实上，当时的纳兰，是名副其实的文武双全的。

与其他的旗人子弟相比，纳兰容若便显得太优秀了。

文，他享有赞誉；武，他是皇帝身前的御前侍卫，负责保护皇帝的安危，谁能说他武艺不好呢？只是在漫长的学习岁月之中，纳兰渐渐地发现，骑射变成了不得不完成的任务，而读书，才让他真真切切地感觉到快乐。

文武之道一张一弛，在骑射与读书之间，纳兰究竟比较喜欢哪一个，谁也说不清，只是，旗人的武，与汉人的文，就这样奇妙地在纳兰身上，达到了一个最好的融合。

纳兰容若一直都记得，那是一个阳光明媚的午后，自己正和以往一样，在武术师傅的教导下，学习着武术的基础。

蹲马步对一位四五岁的孩子来说，未免太枯燥了，而且是那么的辛苦，换作别家娇贵的小公子，只怕早就受不了号啕大哭起来。

但小小的容若却咬着牙忍耐了下来。

因为他记得父亲曾经严肃地对自己说过，骑射乃是旗人之本，祖辈们靠骑射打下了江山，你身为旗人，怎么可以不习骑射？

马步不知蹲了多久，小纳兰也不禁觉得膝盖开始酸起来，有点支撑不住了，又不敢撒娇不练，正在咬牙苦撑的时候，长长的走廊上，母亲婀娜地走了过来，唤他今天就到此为止，家里来客人了。

纳兰容若连忙去沐浴更衣，跟随母亲去前厅，迎接客人，这时候，他才看到，原来是自己那位久已闻名却一直不曾见过的小表妹，来家做客了。

在电视剧《康熙秘史》上，小表妹的全名叫作"纳喇惠儿"，与明珠一个姓氏，都是"纳喇"氏，那我们也不妨就当纳兰的小表妹就是纳喇氏吧。

总之，小小的纳喇惠儿就这样在明珠府里住了下来。

那时候，年幼的小表妹并不知道，自己进京的目的，是为了等她长到花季妙龄的时候，被父母送进宫里去。

在纳兰容若之后，明珠夫妇很久都不曾再有过孩子，所以在当时，小小的纳兰容若是没有弟弟或者妹妹的。也许是因为自己长期都被人当成弟弟一样的照顾，所以对这位小表妹，纳兰容若表现出很大的好奇心来。

而更让他感到惊喜的，是这位年纪比自己还小的妹妹，居然也对汉人的文化颇感兴趣，两个孩子兴趣相投，很快就熟络了起来。

与纳兰容若不一样，小表妹身为女孩儿，堂而皇之地可以不用去学习骑射，所以她能够安安心心地坐在书房内，听着授课先生的讲解，专心地聆听，只不过偶尔，一双黑漆漆亮晶晶的大眼睛，也会悄悄地从窗缝间偷看正在专心习武的表哥。

她也是旗人子孙，自然知道习武骑射是男孩子必须学习的功课，在授课师傅重重地一声咳嗽下，又忙不迭地把目光收了回来，专心在自己眼前的白纸黑字上。

孩子总是在一天天长大。

不知不觉间，幼童变成了少年，容若变得英俊洒脱，器宇不凡，而原本雪娃儿似的小表妹，也出落得亭亭玉立，俨然一朵含苞待放的鲜花一般。

大人们瞧在眼里，都暗自欣慰。

以小表妹的才貌双全，一旦选秀进了宫，再加上娘家的支持，还愁不能在皇宫之中找到立足之地吗？

他们暗地里打着如意算盘，却全然忽略掉了，或者说是刻意忽略掉了少年容若与小表妹之间那淡淡的萌动，只是以为，那不过是两个孩子一起长大的兄妹之情而已。

当时的少年纳兰与小表妹，又哪里会预

料到，未来，竟然是如此的残酷。

年少的他们，大概根本就不曾想过以后的事情。

纳兰容若年长了一些，就和其他人一样，列席在八旗战士们的阵营里，和周围无数年纪相仿的年轻人一样，是一位年轻的战士。

这天，少年纳兰从军营里回来，沐浴更衣过后，拜见了父母、姑姑等人，却未见到表妹的身影，有些困惑，又不好明问，只得悻悻然往内堂走去。

走着走着，他突然发现，自己的脚步，竟是在不知不觉中走向表妹居所的方向。

夕阳西下，精致的绣楼掩映在繁花绿树之中，仿佛也带着少女的娇羞，在昏黄的阳光中，镀上了一层淡淡的金色。

也许是心有灵犀，当纳兰容若刚走到楼下，表妹惠儿也正从楼梯上款款地走了下来。

四目相对，皆是一怔，旋即都笑起来。

纳兰容若想问表妹为何之前没在前厅，但怎么想都不知该从何问起。向来机智灵变的他，不禁有些讪讪起来，看着表妹那双明亮的眼睛，更是说不出来了。

少年纳兰再聪明，也猜不透女孩子的心思。

甚至连小表妹自己，也未必说得明白。

她不知道为什么当快到表哥回家时辰的时候，自己会突然开始在意起仪容来，见镜子里的人儿左不顺眼右不顺眼，一会儿觉得头发散乱了，一会儿又觉得早上插的那支簪子与身上的衣裳不搭配，所以，一反常态，并未和往常一样去前厅迎接归家的表哥，而是在自己的闺房内细细地重新梳妆，直到自己满意了，才走出闺房，哪知刚一下楼，却见表哥正在自己的绣楼前踌躇不前。

小表妹本是有些忐忑，可见到表哥迟疑的模样，竟忍不住笑了起来。

见到小表妹忍笑的神情娇憨可爱，纳兰容若越发觉得讪讪起来，想分辩些什么，但你看着我我看着你，竟谁都无话可说，于是便忍不住"噗嗤"一声笑出来。

一笑，两位年轻人顿时不复之前的羞涩与尴尬。

惠儿和往常一样走到表哥身边，一双乌溜溜的大眼睛看向纳兰容若，大概是想说些什么吧，最后却是脸微微一红，就径直往前走去。

纳兰容若急忙跟了上去。

两个年轻人也不知低声说了些什么，间或传来一阵银铃似的笑声。

纳兰容若后来写了一首《落花时》，也许是这段无忧无虑的美妙时光在他的记忆里实在印象太深，所以在词中这样写道："夕阳谁唤下楼梯，一握香荑。回头忍笑阶前立，总无语，也依依。"

写的，分明就是年少时与表妹两小无猜的画面。

从词中我们可以看得出来，当时的少年纳兰与表妹，是如何的情投意合，在他们这一双年轻人的眼中，这世间任何事物都是美好的，当然，还有两位年轻人之间那纯真的感情。

夕阳下，美丽的少女缓缓步下绣楼，细白柔嫩的手就藏在精致的袖子里，有些犹豫，又有些含羞带怯，像是想要朝面前的少年伸去，但因着少女的矜持，迟疑着，但对方却已经伸手握住了少女的香荑。

双方相视而笑，多么美好的画面。

想必纳兰容若也是想过，若是能真的执子之手，说不定就当真可以与子偕老了吧？

可现实的无情，却让他"与子偕老"的美好愿望，从此变成了虚空泡影，只能在自己的笔下，抒发着对这段有始无终的懵懂感情的惋惜。

休说相思。

若相思刻骨，如何才能不说？如何休说？

第二节　一生一代一双人的原型

一生一代一双人，争教两处销魂。相思相望不相亲，天为谁春？

浆向蓝桥易乞，药成碧海难奔。若容相访饮牛津，相对忘贫。（《画堂春》）

有多少人最先牢记的纳兰容若词，便是这一句"一生一代一双人"。

很多时候，被感动并不是因为一篇被华丽的辞藻修饰得天花乱坠的文章，也许就只是那么一句话。

简简单单的一句话。

"一生一代一双人"，那是一对天造地设的璧人，天作之合，当不为过。

而纳兰容若笔下的那"一双人"，指的又是谁呢？

既是一双，定是一对恋人，其中一人，毫无怀疑，自然是纳兰容若，另外一人，大概便是少年容若的初恋纳喇氏了。

那时候，纳兰容若也正年少，而惠儿也是位青春年少的美貌少女，两人才貌相当，正是典型的"一生一代一双人"。

对于将来的命运，纳兰容若与惠儿尚未知道，未来会如此残酷地给他们开了这样一个大大的玩笑！

对一对相互倾心的少年恋人来说，那个时候，大概世界上所有的一切，在他们的眼中都是充满了朝气而美丽的吧？没有阴霾，只有灿烂的阳光；没有世俗的侵扰，只有单纯的世界。所以，纳兰容若与纳喇氏，就像全天下所有情窦初开的少年少女一样，带着年轻人特有的单纯，全心全意地，享受着他们的爱情。

都说少年时候的感情是最单纯的，友情如是，爱情何尝不是这样呢？

纳兰容若一直清楚记得，那是一个阳光明媚的午后。

碧空如洗，蓝得仿佛透明一般，阳光从枝蔓间洒了下来，在地面上投出斑驳的光影。

紫藤花的藤蔓下，纳兰容若就那样随意地躺着，也许是读书读累了，他用几本书枕在脑袋下，闭着眼，小憩着。

耳中传来轻轻的脚步声，纳兰容若听出那脚步声是谁，却不睁眼，只是依旧装睡，但脸上抑制不住的笑意却泄露了真相。

果然，那轻柔的脚步声在耳畔停了下来，随之传来的，是少女轻轻的笑声，仿佛清风一般，接着，几朵花瓣就掉到了纳兰容若的脸上，痒痒的。

这下子，纳兰容若再也无法继续装睡，只好睁开眼睛，满脸笑容，看向那正俯身看着自己的少女。

那时候紫藤花正当花期，一串一串，或淡或浓，在阳光下仿佛紫水晶的瀑布一般，而那娇俏的少女就正立于紫藤花瀑之下，一身淡绿色的衣裙，就像是画中的人儿，活生生地站在自己面前。

那天两人聊了一些什么，说过一些什么，早已在记忆里模糊了，只有小表妹婀娜的身影，还有漂亮的面孔上那纯净的笑容，在脑海里深深地烙下了影像，在每当回忆起来的时候，就带着紫藤花的香气涌了上来。

表妹的笑容是那么的清楚，以至于在以后的岁月中，每当回想起来，会清楚

到觉得原来回忆也是一种残忍。

当那天，父母、姑姑把自己和表妹都叫了过去的时候，见到满屋子的长辈，还有长辈们脸上那种严肃的神情，纳兰容若心中，就隐隐有了不妙的预感。

与他同样心思的，自然还有惠儿。

也许是属于女性的那种特有的敏感，也可以说是第六感，让惠儿潜意识里觉得，即将发生的事情，会完完全全地、彻彻底底地改变自己未来的命运。

这样的预感让惠儿不禁轻轻咬住了唇，担心地看了看表哥后，便看向了自己的母亲。

果然，长辈们接下来的话，让纳兰容若与惠儿都清楚地明白了一件事，无法回避的一件事。

小表妹已经到了选秀的年纪。

那时候的旗人少女，每一位都会得到一次"选秀"的机会，这是属于旗人少女的特有的"福利"。

通过"选秀"，也许就能一夕之间飞上枝头变凤凰，然后全家鸡犬升天。

那时候的明珠，尚未成为康熙最器重的大臣，又因为先祖的关系，对自己在朝廷中的前途，是有些惴惴的。

纳兰明珠的祖父金台什，是叶赫部的贝勒，后来被清朝的开国皇帝努尔哈赤给斩杀。他的儿子尼雅哈、德勒格尔归顺了努尔哈赤。而明珠，正是尼雅哈的第二个儿子。

对于自己的出身，明珠一直担心会影响到自己的仕途，而娶了阿济格的女儿为妻，这对天生就是个政治动物的明珠来说，不能不说是个冒险的选择。

阿济格虽然是努尔哈赤的儿子，又军功赫赫，贵为英亲王，却在残酷的政治斗争中落了下风，最后被收监赐死，家产也被悉数抄没。

大概正因为如此，当时只不过是个小小大内侍卫的明珠，才有机会"高攀"上爱新觉罗氏，成为皇亲国戚之一。

在纳兰容若少年的时候，父亲在朝中的地位虽然正在不断地上升，可并未完全稳固，所以，父亲需要再找一条渠道，来把自己的家族和爱新觉罗家族牢牢地联系在一起，从而达到自己稳固地位的目的，而这样的渠道，莫过于让自己家族的少女成为康熙皇帝的后宫妃子一途，是最好的选择。

于是从很早之前，他们就已经安排好了小小的惠儿的命运，如今眼见其已经长成了娇俏美貌的妙龄少女，即使在京城同龄的旗人少女之中，也是出类拔萃的人尖儿，这般的人才，在选秀之中，毫无疑问会胜出。

这时候，纳兰容若与小表妹才第一次清楚地认识到，横在他们之间的，是多么残酷的现实。

家族的利益当然被放置在了第一位，所有的一切，都必须为此让路！

包括两小无猜的爱情！

于是在多年之后，我们看到了这样的一阕词。

一生一代一双人，争教两处销魂。相思相望不相亲，天为谁春？

浆向蓝桥易乞，药成碧海难奔。若容相访饮牛津，相对忘贫。

也许我们还该说，"不是冤家不聚头"，这是《红楼梦》中贾母形容林黛玉与贾宝玉的话，如今看来，岂不也正是说的纳兰容若与惠儿？一双天造地设的佳人，却因为残酷的世事而最终有缘无分。

于是，这样天造地设的"一生一代一双人"，却是"争教两处销魂"。

心心相印的一对恋人，只能分居两处，互相思念着，如何不销魂？更加残酷的是，两人之间并非是永远的相离，也不是从此天涯海角，连一面都见不到，相反，是近在咫尺。

"相思相望不相亲"，这是对一双互相深爱的恋人来说，最残酷的惩罚了吧？

彼此能够相望，彼此相思着，却不能相亲，何等的残忍！

如果当真爱有天意，那么，那灿烂的春光又是为谁而来呢？

怨不得纳兰容若会在上阕词的最后一句，几乎是从自己心底喊出这四个字——"天为谁春"！

我们仿佛能够看到这样的画面。

当纳兰容若最终与小表妹再度见面的时候，早已是斗转星移，物是人非。

昔日娇羞的少女，已成为了皇帝后宫之中的妃嫔，给家族带来了另外一种荣耀。

也许是省亲，也许是因为入宫庆贺，总之，纳兰容若终于再一次见到了自己的表妹，那记忆中的少女。

可是，见到了又如何呢？

四目相对，千言万语，最终只能化为他与她之间深深的凝望。

不敢说，不敢讲，纵有千样相思，万般心事，也只能深深地隐藏在自己的心里，在眼神交汇的瞬间，讲述着自己的心意。

纳兰容若写词，善于用典，在这首词里面也不例外。

这首《画堂春》的下阕中，开首的两句，便是两个典故。

浆向蓝桥易乞，药成碧海难奔。

两个典故，一是裴航乞药，二是嫦娥奔月。

裴航乞药是出自唐人笔记里面裴航蓝桥遇仙女云英的故事。

传说裴航为唐长庆间秀才，游鄂渚，梦得诗："一饮琼浆百感生，玄霜捣尽见云英。蓝桥便是神仙宫，何必崎岖上玉清。"裴航买舟还都路过蓝桥驿，遇见一织麻老妪，航渴甚求饮，妪呼女子云英捧一瓯水浆饮之，甘如玉液。航见云英姿容绝世，因谓欲娶此女，妪告："昨有神仙与药一刀圭，须玉杵臼捣之。欲娶云英，须以玉杵臼为聘，为捣药百日乃可。"裴航终于找到月宫中玉兔用的玉杵臼，娶了云英，夫妻双双入玉峰，成仙而去。

第二个典故便是大家都耳熟能详的"嫦娥奔月"的故事了。

"药成碧海难奔"这句明显是出自"嫦娥应悔偷灵药，碧海青天夜夜心"。嫦娥偷吃了丈夫后羿从西王母处求来的长生不老药，独自飞升月宫，不老不死的生命换来的是千年的孤寂。当她在月宫之中凝视着人间的时候，不知道有没有后悔过自己当初的选择呢？但为时已晚，只能是碧海青天夜夜心，空对着冷冷清清

的月宫，怀念着当初的幸福生活。

也许当年纳兰容若想起被送进宫里的小表妹同时，还有月宫之中那孤零零的嫦娥吧？

在纳兰容若的眼中，小表妹又何尝不是嫦娥一般的仙子呢？可是，如今却也像那嫦娥一般，独居深宫，冷冷清清，寂寥半生。

如果嫦娥不曾偷吃长生不老药，自然结局又是不同；如果表妹不曾进宫，那么他与她的命运，也将截然不同吧？

"饮牛津"出自《博物志》，当然，这里的"牛津"指的不是名校牛津大学，而是《博物志》上的一篇记载。

天河与海通，有人居海上，年年八月，见浮槎去来不失期。多赍粮乘槎而往。十余日至一处，遥见宫中多织妇，一丈夫牵牛，渚次饮之。其人还至蜀间严君平，曰："某年某日有客星犯牵牛渚"，计年月，正此人到天河时也。

说的，应该是牛郎织女的故事。

"若容相访饮牛津，相对忘贫。"

如果我能像那牛郎一样，不惜排除万难去天上寻找织女，只要两人能够从此在一起，即使是做一对贫困夫妻，也是心满意足的。

回想起来，纳兰容若总会觉得他与小表妹之间，青梅竹马的时间，竟是那么的短暂。

都说缘定三生，也许他们之间这段短暂的欢乐，却正好是用三生三世的缘分兑换而来，来也匆匆，去更匆匆。

《红楼梦》中有一首判词叫作《终生误》，是这样写的："都道是金玉良缘，俺只念木石前盟。空对着，山中高士晶莹雪；终不忘，世外仙姝寂寞林。叹人间，美中不足今方信：纵然是齐眉举案，到底意难平。"

对纳兰容若来说，他与小表妹的那段感情，又何尝不是如此呢？

那段纯洁的爱情，最终因为现实的无情，而有缘无分，空自叹息着，天为谁春！

第三节　宫墙柳，爱别离

风鬟雨鬓，偏是来无准。倦倚玉阑看月晕，容易语低香近。

软风吹遍窗纱，心期便隔天涯。从此伤春伤别，黄昏只对梨花。（《清平乐》）

现在网络文学很发达，小说文章的种类已经不是单纯的几种就能概括了，洋洋洒洒无数，还有专门针对女性读者的小说，其中有一种，叫作"宫斗文"。顾名思义，小说讲的就是后宫之中的各种钩心斗角、尔虞我诈，看一群初进宫的年轻女孩子，最后谁能笑傲众佳丽之上，成为六宫之首。

虽然是小说，夹杂了作者们的想象，但古往今来，后宫之中的生活，从来都是不足为外人道，谁都不觉得那是个美妙的地方。《红楼梦》中贾元春省亲的时候，也搂着贾母与王夫人一干亲戚大哭"当初把我送到那见不得人的去处"。据说某朝皇帝驾崩之后，皇后变成太后，下的第一道命令就是免除了她故乡那些年轻女子的当年选秀，由此可见，后宫之中，其实并不如小说中描写的那样美丽。

那里虽然是全天下最富贵的地方，却也是无数年轻女子的坟墓，日复一日把自己的青春白白浪费在皇宫深院之中。

唐诗中有着不少的宫怨诗，李白、王昌龄、顾况、白居易、杜牧、朱庆余、杜荀鹤等众多诗人，笔下都描写过那些宫女们寂寞、无助而又孤苦的哀怨。

"寂寞空庭春欲晚，梨花满地不开门"，这是唐朝诗人刘方平笔下的名句，生动地写出了深宫之中的少女，是如何的寂寞孤苦，青春易逝，再是花容月貌，也只能被湮没在后宫无数的青春少女之中，一年一年，白白蹉跎了岁月，最终只能是"白头宫女在，闲坐说玄宗"。

也许在其他人看来，这些美丽的少女们，一旦进了宫，等待着她们的，将是大富大贵，飞黄腾达，但那看起来美好无比的富贵与地位，却是要她们在几千几万同样年轻貌美的女子中杀出一条血路来，说不定还能"成功"，失败的，要么被深宫给吞噬掉，要么就是白白蹉跎了青春，麻木地看着自己的满头青丝缓缓变成苍苍白发。

纳兰容若的这位表妹，究竟在入宫后是荣幸地成为了嫔妃，还是像无数的秀女一样，被吞噬在深深的后宫之中，已经无法得知，唯一可知的便是，当宫门重重关上的同时，也隔断了两位年轻人情投意合的心。

只是隔着一座高高的宫墙，从此形同陌路。

选秀对这位小表妹来说，代表的，却是异常残酷的现实，利刀般无情地切断了她与表哥之间那萌动的情弦。

看着镜子里那漂亮的面孔，双颊上还带着少女特有的红晕，小表妹不知道有没有后悔过，自己不如长得丑一点，蠢笨一点，或许能避免这样的命运了吧？

一声叹息，是为那从此被宫墙高高圈住不得自由的小表妹，也是为墙外明知是空还苦苦守候，抱着一丝遥不可及希望的少年纳兰容若。

相思刻骨，阻隔在他们之间的，不仅仅是皇宫那巍峨耸立的宫墙，更有自己身后庞大的家族。

司马相如与卓文君成为千古佳话，可他们却不是，他们无法任性，更不能让整个家族来为他们的任性买单。所以，小表妹只能在宫墙内"寂寞空庭春欲晚"，而少年容若则在宫墙外，"伤春伤别，黄昏只对梨花"。

可以猜想，当与自己情投意合的小表妹被送进皇宫之后，少年纳兰是怎么度过了那段愁思郁结的日子的。

回想着昔日与小表妹花前月下，情投意合相谈甚欢的日子，如今屋舍依旧，长廊依旧，甚至院子里的玉兰花树也依旧，但早已物是人非，却仿若远隔天涯。

微风缓缓拂过，透过窗纱带来一丝儿一丝儿的凉意。天边，夕阳渐渐落下，偌大的庭院中，一条人影寂寥地站立着，黄昏只对梨花。

这里，纳兰容若用了"梨花"一词，倒是和唐代诗人刘方平笔下的"寂寞空庭春欲晚，梨花满地不开门"中的"梨花"一词，有些异曲同工之妙。

那些深宫之中的妙龄少女们，不管来自天南地北也好，豪门寒户也罢，最终也逃不出"寂寞空庭春欲晚"的命运，空对着"梨花满地不开门"，何其的无辜，何其的悲凉。

于是在无数个夜晚，每当纳兰容若思念起那位咫尺天涯的小表妹时，叹息的，大概便是两人终究有缘无分，错身而过吧？

湿云全压数峰低，影凄迷，望中疑。非雾非烟，神女欲来时。

若问生涯原是梦，除梦里，没人知。（《江城子》）

乍看这首词，就像是一首普普通通的写景词，除了纳兰词一贯的清新之外，并没什么特别的地方。

风雨欲来，天上的云也显得厚重湿漉，朝远处起伏的山峦压了下来，那一层又一层的山峰烟雾缭绕，隐约迷离，仿佛被一层又一层的云雾给包裹住一般。是仙境？梦境？还是人间？远远望去，竟让人有些不禁怀疑，那到底是不是山峰了，或许是传说中的蓬莱吧？所以山峰间才会有着祥云缭绕。

可是，若当真是蓬莱仙境，为何神女却又迟迟不曾出现？

在这里，纳兰借用了宋玉《高唐赋》《神女赋》里神女的典故，意指神女来时云雾缭绕，身影朦胧，叫人见了却看不见神女的真面容，只能暗自揣测。

而这一场经历，难道竟然是梦境吗？

或者说，只能在梦中，才能与自己心目中的"神女"相见了吧？

最后两句，引自唐朝诗人李商隐《无题》中的两句："神女生涯原是梦，小姑居处本无郎。"

或许是纳兰为了表达自己对青梅竹马恋人的怀念之情，所以他在这里引用了李商隐的这两句诗，想说的，大概就是追思往事，尽管曾经有过刻骨铭心的恋情，有过青梅竹马的情投意合，但到头来，终究抵不过现实的无情碾压，那些美好的回忆，不过是做了一场幻梦而已。

于是纳兰也自己问自己，除了在梦里，还有谁知道自己的这番心事，知道自己对那小表妹的思念之情呢！

有时候，他远远望着那巍峨的宫门，宫殿屋顶一层一层逐渐往远处延伸，高低错落，乍一看，何尝不像云雾缭绕的层峦叠嶂？

自己心心思念着的小表妹，就在其中"云深不知处"，竟不知何时才能再见到一面。

现实无情地阻断了他与表妹之间的联系，更像狂风暴雨一般把两人感情的萌芽扼杀在了摇篮之中，即使如此，纳兰并未就此放弃爱情上的追求。

即使知道这番相思注定是空，也不妨抱着这份感情惆怅终身。

皇宫巍峨，宫殿屋舍高低起伏，而深深的宫闱之中，从古至今，又有多少妙龄少女把自己的青春葬送在了里面。

但即使如此，每一年还是有无数的人前仆后继，妄想着自己能够与众不同，在美女云集的后宫之中杀出一条血路来，然后荣登顶点。

只不过，皇后从来只得一人！要么就是等你死在了这皇宫里，皇帝发个慈悲，追授个名衔算是安慰罢了。

这种东西，却让无数的女人争抢到头破血流。

大概皇帝也就乐于见到这样的局面吧？

不管是男是女，见到异性为了能得到自己的青睐而争夺得你死我活、头破血流，谁都会觉得虚荣心得到了满足。

皇帝是不是人？当然是！

天子天子，上天之子，那还是个人！

而且是个男人！

所以在他看来，后宫三千佳丽，不过是他拥有的财产而已,重要性大概也就和笔墨纸砚等用具差不多,说重要? 未必; 说不重要? 他又在意的很。

无数的美貌少女为了一个男人争夺得要死要活,谁不在意?

拥有天下的权势,拥有天下的荣誉,拥有天下的美人,也就难怪那么多人想当皇帝了。

好色的皇帝,不少。

不过当了这皇帝,要被人说不好色,那也难,毕竟坐拥后宫佳丽三千人,外人眼中,不好色才怪。

那时候年少的纳兰容若,心里有没有这样腹诽过,谁也说不清楚,毕竟按年纪算,只怕刚好是现在人们常说的"叛逆期",正是开始有了自己主见的时候。

不过当时的康熙皇帝与他乃是同年出生,纳兰多少岁,康熙也就多少岁,所以在某种程度上来说,惠儿还算是幸运的,至少不用红颜伴白发,一树梨花压海棠。

但在纳兰眼中,那高高的巍峨的宫墙,是如此的罪大恶极,生生地阻断了自己与表妹,从此只能一个墙内,一个墙外,徒留遗憾。

彤云久绝飞琼字,人在谁边,人在谁边,今夜玉清眠不眠?

香销被冷残灯灭,静数秋天,静数秋天,又误心期到下弦。(《采桑子》)

张爱玲曾经这样绝望而且悲凉地说过:"生在这世上,没有一种感情不是千疮百孔的。"

那时候,年轻的纳兰容若,就已经从自己失败的初恋那儿,早早地尝到了这样的滋味儿。

如同金庸笔下的《神雕侠侣》里面情花的滋味。

情之为物,本是如此,入口甘甜,回味苦涩,而且遍身是刺,你就算小心万分,也不免为其所伤。多半因为这花儿有这几般特色,人们才给它取上这个名儿。

那甜美的初恋,和小表妹的两小无猜、青梅竹马,最终还是在现实那巨大而且无情的车轮面前,毫无抵抗能力地被压成了齑粉,然后在时间一遍遍的冲刷下,渐渐变成苍白的印子,然后消失无踪。

曾经那些欢乐的岁月,无忧无虑的过往,在回忆里逐渐变得苦涩起来。

如果还能相见,大概,这份苦涩也会变成甜美了吧?

可是,那道巍峨的宫墙,就像是一道永远无法跨越的鸿沟,深深地隔开了他与自己心爱的少女,再也无法得知对方的任何消息。

她过得是好还是不好? 在宫中有没有受到什么委屈? ……

种种的担心与思念,最终都变成宫墙外无可奈何的叹息。

如果能把自己的相思之情尽数写在信笺之上,送到宫中的表妹手里,想必也是好的吧?

只可惜，这不过是纳兰容若一相情愿的幻想而已。

他一封封写满自己心事的信，最后也只能静静地压在水晶镇纸的下面，永远都无法送出去。

"彤云久绝飞琼字"，这便是纳兰容若此刻心境最好的写照了吧？

《太平广记》中记载过这样的一个故事：

唐开成初，进士许瀍游河中，忽得大病，不知人事，亲友数人，环坐守之。至三日，蹶然而起，取笔大书于壁曰："晓入瑶台露气清，坐中唯有许飞琼。尘心未尽俗缘在，十里下山空月明。"书毕复寝。及明日，又惊起，取笔改其第二句曰"天风飞下步虚声"。书讫，兀然如醉，不复寝矣。良久，渐言曰："昨梦到瑶台，有仙女三百余人，皆处大屋。内一人云是许飞琼，遣赋诗。及成，又令改曰：'不欲世间人知有我也。'既毕，甚被赏叹，令诸仙皆和，曰：'君终至此，且归。'若有人导引者，遂得回耳。"（出《逸史》）

故事讲的是唐朝开成初年，有个叫许瀍的进士在河上游玩的时候，突然得了一场离奇的大病，不省人事，亲友们都十分担心，在身边守着，就这样过了三天，在第三天的时候，许瀍突然站起身来，在墙壁上飞快地写出来一首诗："晓入瑶台露气清，坐中唯有许飞琼。尘心未尽俗缘在，十里下山空月明。"写完之后继

续倒头昏睡，和之前一样怎么叫都叫不醒，众位亲友面面相觑，惊愕不已。到了第二天，许瀍又突然站起身来，把墙壁上的第二句改成了"天风飞下步虚声"，这次倒是没有再度倒头继续昏睡，而是像是喝醉了一般，也不算清醒，浑浑噩噩的，过了很久才渐渐地能够开口说话。亲友们担心地询问，他就说："我在梦里到了瑶池仙台，那里有三百多位美丽的仙女，都住在一间金碧辉煌的大屋子里面，其中一人，自称许飞琼，问我可能赋诗？等诗写好了，她又说：'不愿意让世人知道我的存在。'让我改掉其中的一句。诗改完之后，很受赞赏，于是其他的仙女又依韵和诗。许飞琼就说：'您就到此结束，先回去吧。'自己就像是被人引导着似的，又回到了人间。只是回想之前的一切，不知是真是假，是梦是幻。"

古代的笔记小说里面，这种遇仙的故事层出不穷，甚至还有仙女与人间的男子结为了夫妻的。而许飞琼所代表的仙女形象，从古至今，都可以说是男性心目中的梦中情人。

所以，在这里，纳兰容若用"许飞琼"的典故来代指自己心爱的恋人，也并不为过。

"彤云"指的是红霞，传说在仙人们居住的地方有着彤云红霞缭绕，这里纳兰容若很明显是用来代指皇宫，而"玉清"应该指的是道教中仙人所住的玉清宫，自然也是代指深宫，没什么疑义。

心爱的表妹身在这冰冷的皇宫内，音讯渺茫。如今，自己因为思念着她而夜不能寐，那皇宫内的人儿，是不是也和自己一样，今夜无眠呢？

大概对双方来说，这都是一个不眠之夜吧！

这巍峨华丽的宫墙之内，在每一个凄清的夜晚，对着镜子里的人影，惠儿只能在夜半无人之时，暗自垂泪，为她还未来得及开花便已经枯萎了的初恋，还为着心中那最深的思念。

镜子里的那张少女的面庞，还是那么的美丽，那么的年轻，只是惠儿很清楚地知道，有些东西，已经永远地从自己的双眸里失去了，变成了内心深处最刻骨铭心的记忆，支撑着她在这步步惊心的皇宫之中，坚持下去，然后在午夜梦回的时候，在她最不经意的时候，悄悄涌上心头，夜不能眠。

"香销被冷残灯灭"，这样的不眠夜，接下来又会有多少呢？在思念里度日如年地等待着秋天，等待着冬天，一年又一年，在光阴的流逝中怀念着自己那份夭折的初恋。

一道高高的宫墙，囚住了多少花样少女的青春，又断绝了多少像纳兰容若一样还未来得及发芽就被扼杀了的爱情。

有时候，我和你之间只有一堵墙的距离，那却是世界上最遥远的距离，永远都无法接近。

欲语心情梦已阑，镜中依约见春山。方悔从前真草草，等闲看。

环佩只应归月下，钿钗何意寄人间。多少滴残红蜡泪，几时干？（《摊破浣溪沙》）

古时候形容女子的眉毛，都是一成不变地形容成"远山"。

这个形容实在是好，常说美女是"眉目如画"，那眼若点漆，一双弯弯的眉毛，又何尝不像那青翠的远山呢？

第一个把女子的眉毛形容为"远山"的人，是刘歆，他在《西京杂记》中这样描写卓文君："文君姣好，眉色如望远山，脸际常若芙蓉，肌肤柔滑如脂。"从此，后来人随之衍生出"眉如远山""眉若春山"等无数的词语，专为形容女子的眉毛。

那第一个被形容为"眉若远山"的卓文君，也算是中国古代鼎鼎大名的奇女子，

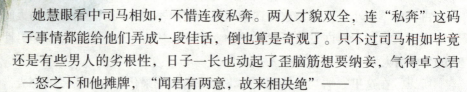

她慧眼看中司马相如，不惜连夜私奔。两人才貌双全，连"私奔"这码子事情都能给他们弄成一段佳话，倒也算是奇观了。只不过司马相如毕竟还是有些男人的劣根性，日子一长也动起了歪脑筋想要纳妾，气得卓文君一怒之下和他摊牌，"闻君有两意，故来相决绝"——

正室和小三，你只能要一个！别想着什么齐人之福，我才不会和另外一个女人共享丈夫！

卓文君算得上那个时代少见的性情女子，说得出做得到，而且行事风格干脆，绝不拖泥带水，从她毅然和司马相如私奔就看得出来了，她绝对不是那等只会哭哭啼啼怨天尤人的女子，所以她这狠话一放，顿时把司马相如的那点花花肠子都给吓了回去，再不敢提此事，一对夫妻，倒也继续做了下去，恩爱如旧。

而同样和眉毛有关的典故，另外一个便是同样是汉代的、鼎鼎大名的"张敞画眉"了。

根据《汉书·张敞传》的记载，京兆尹张敞与妻子十分恩爱，每次妻子化妆的时候，他就亲自为妻子描画眉毛，渐渐流传开来，八卦的结果，就是被当时的皇帝汉宣帝知道了，专门招来张敞询问，张敞回答说："臣闻闺房之内，夫妇之私，有过于画眉者。"汉宣帝当然也没因为这件事责怪张敞。后来，"画眉"的典故，就成为了夫妻恩爱、闺房之乐的代名词。

当纳兰容若望向镜子里的时候，看到的，或许便是恋人，那一对弯弯的远山一般的眉毛吧？

梦中，心爱的小表妹正在对着镜子，细细地描画着她那一对好看的眉毛，那身影是如此的熟悉，仿佛从来不曾离开过自己一样。

可是，为何当睁开双眼，眼前所见的，只有空荡荡的房间？

难道刚才见到的一切，不过是一场梦境而已吗？

"欲语心情梦已阑。"

人生中，有多少事，是用语言也无法表达的呢？

那时候如果我能够更勇敢一点，能够大胆地说出自己的心意，也许，你就不会被送进皇宫，而我，也不会在每一次醒来的时候莫名地失神了吧？

我们不妨大胆地假设一下，在某天夜里，纳兰容若从睡梦中醒来，对着那静寂无声的镜子，回想着以前那些欢乐的日子。

过去的时光越是欢愉，如今就越发的苦楚。

回忆的滋味，竟然是如此的苦涩难咽！

而在纳兰容若怀着这样的心情写下这阕词的时候，用"春山"这个典故，除了用来形容恋人的美丽之外，是不是言外之意还影射着，那卓文君与司马相如的故事呢？

如果自己当初能够更有勇气一些……

如果对方当初能够更有勇气一些……

是不是他们也能像司马相如与卓文君那样，携手离开，成就另外一段属于他们的佳话？

唐玄宗曾经写过一首婉约的小令《好时光》：

宝髻偏宜宫样，莲脸嫩，体红香。眉黛不须张敞画，天教入鬓长。

莫倚倾国貌，嫁取个有情郎。彼此当年少，莫负好时光。

画眉之乐，若非有情郎，如何感同身受？所以才要"彼此当年少，莫负好时光"。

只是，纳兰容若与惠儿的好时光，早已随风远去。

当年年少，如此而已。

第四节　一次冲动的冒险

相逢不语，一朵芙蓉着秋风。小晕红潮，斜溜鬟心只凤翘。

待将低唤，直为凝情恐人见。欲诉幽怀，转过回阑叩玉钗。（《减字木兰花》）

有一句古话叫作"艺高人胆大"，用来形容那时候的纳兰容若，倒也贴切。

当时纳兰大概还不到二十岁，正是血气方刚的年龄，有着那么一股子冲劲儿，再加上自己本身也会一些武艺，有些时候一冲动，难免会做出些叫人瞠目结舌的事情来。

小表妹被选秀入宫的事情，对纳兰容若来说，不啻晴天霹雳，是一次重重的打击。

原本以为水到渠成的的感情，就这样被现实斩杀在摇篮之中，那小小的种子还没来得及生根发芽，就被狂风暴雨连根拔起，徒留无奈与辛酸。

对小表妹来说，大概从她迫不得已入宫的那一刻开始，就已经向自己今后的命运低头了吧？她知道这是无法反抗的，所以，妙龄少女默默接受了这一切，接受了命运的安排。

但纳兰容若，却对这样安排的命运，发出了他微弱的抗议。

他也不知道当时自己怎会有那么大的胆量，竟然做出那样惊世骇俗的事情来，稍有差池，便是灭族之罪，以至于当事情过后，纳兰每每想起，都不禁汗流浃背。

但那时年少的纳兰容若，终究还是凭着自己的血气方刚，凭着自己的冲劲，做出了那件任性的事情来。

说是任性，也大有孤注一掷义无反顾的意味。

对纳兰容若，或许这便是他短暂的一生中，最初的，也是最后的一次任性吧？

自从小表妹入宫之后，纳兰容若心心念着，相思刻骨，却无计可施。

皇宫大内，哪是说进去就能进去得了？就算你是权臣之子，也没有例外。

看着巍峨的宫墙，纳兰容若什么法子都想过了，却还是想不出能潜进皇宫的法子来。

就在那一年，宫中有重要人物过世，既然是国丧，皇宫自然也不能免俗，大办法事道场，每日和尚喇嘛，出入宫廷，并无阻拦。

这时，纳兰容若看到每天那些僧人们能够自由进入宫廷，灵机一动，他竟然想出个十分冒险的办法来。

他悄悄地用重金买通一名僧人，换上僧袍，装成一名小僧人，混进了入宫操办法事的僧人队伍之中。

也许是怕被人认出来，他一直低着头，小心地注意着周围的一切。

如今披上了僧袍，纳兰容若一下子有些后怕起来。

私混入宫，一旦被发现，这就是死罪，而且全家人都会受到牵连。退一步说，就算当真混进了宫，那后宫如此庞大，妃嫔宫女那么多，真的能在短时间内找到表妹吗？

再退一步说，就算上天眷顾，自己顺利地找到了表妹，见到之后呢？自己要怎么做？

带她逃出这铁打一般的皇宫？

纳兰容若静静地想着。

他知道自己在用最大的冒险，去追寻一个遥不可及的渺茫希望。

但是从他披上这件僧袍开始，就已经没有退路了。

纳兰不糊涂。他并非不明白这么做的后果，也并非看不清现实。

可纳兰还是不想放弃。

所以，当僧人们的队伍开始缓缓往前行进的时候，纳兰容若没有片刻犹豫，就跟着队伍一路往前走。

因为这些僧人每天都会进出皇宫，守门的侍卫并未怎么留意，验过领头者的进出令牌，再草草扫视了几眼，就放他们进宫，丝毫没有发现，权相明珠之子纳兰容若混在这队僧人之中。

纳兰容若一直都低着头，偷偷地张望，见顺利进了宫门，不禁暗自松了口气。

身后，陈旧笨重的门轴发出"吱嘎"的声音，重重宫门就一层层地打开，然后关上。

那一声又一声的关门声音，让纳兰容若越来越紧张。

他已经步入了深宫——

这个外臣、男人们的禁地！

他猛地睁大了双眼，连忙低下头去。

因为他看见迎面过来了一队巡逻的侍卫。

那些侍卫里面，有不少人，都曾经和纳兰容若一起，在旗营里操练过，彼此都是认识的，如今稍有不慎，纳兰就很有可能被对方认出来！

这令纳兰容若不禁紧张起来，绷紧了浑身的弦，低下头，把自己的面容隐藏在合十的手后。

暗自祈祷着。

上苍如果真的开眼，就请保佑我能够见到她一面！

一面就好！上苍，我的要求并不多，仅仅是一面就好！

见到她如今怎样，见到她如今可否安好……

纳兰在心中暗自向上苍乞求着。

纳兰容若就这样满怀心事混在僧人的队伍之中，一起往前走着。

宫殿深邃，长廊迂回曲折，就像是永远也走不到尽头。

纳兰容若并不在乎这队僧人到底会走去哪里，他在乎的，是自己究竟能不能见到表妹一面。

偶尔有宫女从队伍旁边经过，多是踏着小碎步，迅速地离开，根本不敢和外面来的人有任何接触，甚至连看都不敢看向这群僧人。

这时候，纳兰容若发现，这些年轻的宫女，无论环肥燕瘦，都是穿着同样颜色的衣裙，绣着同样的花纹，梳着同样的发髻，甚至连鞋子、手绢都一模一样，青春的面孔上，也同样都带着一种熟练的、经过刻意训练的、弧度恰到好处的微笑，漂亮、优雅，却毫无生气。

纳兰容若不禁担忧起来。

小表妹喜怒哀乐都流于面上，她那样活泼的个性，在这皇宫之中，当真应付得来？

可再是担忧又怎么样呢？走到现在，他依旧不曾发现表妹，甚至连相似的身影都不曾见过。

正当他以为这一次冒险会是徒劳一场的时候，前方的长廊拐弯处，出现了几位宫女的身影，远远地，朝着僧人的方向走了过来。

纳兰容若的心，一下子提到了嗓子眼儿。

因为他看到其中一位宫女的身影，与自己的表妹是那么的相似，却又有些不敢确定。

只是觉得，那婀娜的身影，与记忆

中小表妹的身影十分相似。

那究竟是不是小表妹呢？

纳兰容若不禁朝那方张望着。

双方走得越来越近了，纳兰也不由得期待起来，期待着擦肩而过的刹那，可天不遂人愿，那几位宫女在长廊的拐弯处，往另一个方向走去。

纳兰见状顿时有些着急起来。

也许是冥冥之中真有天意，仿佛心有灵犀一般，那女子中突然回头看向僧队的方向。

四目相对。

纳兰的一颗心顿时激烈地跳动起来。

即使相隔如此之远，纳兰容若还是认了出来，对方正是自己的小表妹，虽然穿着和其他宫女一般无二的衣裳服色，梳着一模一样的发髻，但那是自己的小表妹！

心心念着的小表妹！

对方似乎也认了出来这位僧人是谁，却不敢有丝毫异样的举动。

她只是迅速把脸转了回去，身子却不由自主地晃了一下，就像是脚下的花盆底没有踩稳一样，微微有些踉跄，步子也拖拉起来，像是很不想离去，却被前后不明所以的同伴挟着，不由自主地继续往前走。

她的背影看起来是那么的凄凉，带着无力抗拒的无可奈何，只是在快要走远的时候，突地抬起手，像是要去扶一扶自己发髻上的玉簪，纤细的手指却轻轻扣了扣，仿佛在告诉纳兰容若，她已经见到了他。

"待将低唤，直为凝情恐人见。"

纳兰容若不是不想开口唤她，是理智及时地阻止了他，告诉他，若是出声，便是灭族之祸！

身为明珠之子的纳兰知道，今日的胆大包天，已经是极限。

而小表妹也知道，一旦自己情绪失控，会是什么样的后果。

他们都很清楚他们没有任性的条件！

最大的限度，只能是四目相对，然后，纳兰容若便目送着对方远去，远远地走进深不见底的后宫深处。

这一场预料之外的见面，只是发生在一瞬间，对这对年轻人来说，代表的却是前半生的告别，与后半生的永诀。

他们已经不可能再有见面的机会。

曾经萌动的美好感情，被现实残酷的狂风暴雨给摧残得一丝儿不留。

当后来，过了很多年之后，纳兰容若有时候会想起这一次年少轻狂的重逢。

大概是因为过去太久了，纳兰容若竟会觉得，那次惊心动魄的重逢，当真发生过吗？或许只是梦幻一场吧？

但不管是梦幻也好，现实也好，纳兰容若都深深地记得，当时表妹离去的身影，是那么的无可奈何，那么的恋恋不舍。

"欲诉幽怀。"

他们都有满腔的话想要倾述给对方，但却只能把那些话深深地藏在心里，藏了一天又一天，一年又一年，最终，化成纳兰容若笔下这首《减字木兰花》——

相逢不语，一朵芙蓉著秋雨。小晕红潮，斜溜鬟心只凤翘。

待将低唤，直为凝情恐人见。欲诉幽怀，转过回阑叩玉钗。

年少时候的轻狂与任性，年少时候美好的纯洁的感情，还有那无奈的遗憾，随着岁月的流逝，最后，只在字里行间余下淡淡的、浅浅的哀伤，纪念着当时的错身而过。

第一最好不相见，如此便可不相恋。

第二最好不相知，如此便可不相思。

第三最好不相伴，如此便可不相欠。

第四最好不相惜，如此便可不相忆。

第五最好不相爱，如此便可不相弃。

第六最好不相对，如此便可不相会。

第七最好不相误，如此便可不相负。

第八最好不相许，如此便可不相续。

第九最好不相依，如此便可不相偎。

第十最好不相遇，如此便可不相聚。

但曾相见便相知，相见何如不见时。

安得与君相决绝，免教生死作相思。

从皇宫中平安回来的纳兰容若，回想起自己的这次冲动冒险，也不禁后背上满是冷汗。

他当时只凭着一腔热血就什么也不顾地伪装成僧人混进宫中，只为着追寻那一丝最最渺茫的希望！

好在上天终究还是眷顾他的，在他以为自己再也见不到表妹的时候，朝思暮想的恋人便和自己错身而过。

终是见到了一面。

最后一面。

但也是错身而过，他往东，她往西，就像两条交叉线，一次交集之后，便是越行越远，最终相隔天涯。

对于儿子的这次冒天下之大不韪，很难说明珠究竟知道不知道。

如果明珠知道儿子竟然做出这么一件胆大包天的事情来，他们全家人的脑袋就这样在毫不知情的情况下，去鬼门关滚了一回的话，只怕就算父母再淡定，儿子再优秀，一顿暴打都是免不了的！

纳兰容若简直就是在拿全家人的性命赌博！

好在上苍向来是站在他这边的，所以，他赌赢了，安然无恙。

但是一颗心还是紧紧系在深宫之内，系在小表妹的身上。

这么多年的感情，怎么可能说放就放？说遗忘就遗忘？

所以在宫中的喜讯传来之后，全家人都为之欢呼雀跃，只有年少的纳兰容若，皱紧了双眉，闷闷不乐。

那喜讯是什么呢？

是才貌双全的惠儿顺利得到了康熙的青睐，成功地从宫女变成了嫔妃。

对明珠来说，这个消息意味着他在朝廷中的权势变得更加稳固，在宫中也有了靠山，这个消息是真真切切的喜讯，所以，全家上上下下，都欢天喜地、张灯结彩的，准备着庆祝。

就在这一片喜庆的气氛中，纳兰容若却颇有些"冠盖满京华，斯人独憔悴"的感觉。

为了家族的利益，牺牲的，是自己与表妹之间最纯真的感情，自己却无法抗拒，无能为力。

这是纳兰容若第一次感觉到来自现实的、不可抵抗的巨大压力，让一直生活在最优裕的环境中、向来一帆风顺的纳兰容若也开始清楚地了解到一件事，那就是当理想与现实发生碰撞的时候，胜利的，从来都是现实！

后来，纳兰容若把自己对表妹的这番遗憾之情写进了词中，便是这首《减字木兰花》：

花丛冷眼，自惜寻春来较晚。知道今生，知道今生哪见卿。

天然绝代，不信相思浑不解。若解相思，定与韩凭共一枝。

开篇四字，便是化自唐代元稹的《离思》诗："取次花丛懒回顾，半缘修道半缘君。"接下来的"自惜寻春来较晚"，则是借唐代杜牧的一段情事，来写明自己的后悔之情，如果当初自己能更多一点勇气，能早一点向父母提出想要娶表妹为妻的想法，说不定，后来的一切就不会发生了，又哪里有现在的"惆怅怨芳时"？哪来现在的悔之晚矣？

自己的一片相思之情，现在也只能深深埋在心里，无人能解。

词中弥漫着一股悔恨之意，但是纳兰容若知道，此恨绵绵无绝期，过去了的，已经不能再重来，他从此只能在词里行间表达着自己的后悔、不舍，还有怀念。

用张爱玲的一段话来作最后的总结，却是正好：

传奇里的倾国倾城的人大抵如此。到处都是传奇，可不见得有这么圆满的收场。胡琴依依呀呀拉着，在万盏灯的夜晚，拉过来又拉过去，说不清的苍凉的故事。

知己　知君何事泪纵横

"我是人间惆怅客，知君何事泪纵横。"

康熙十五年丙辰。

这一年，纳兰容若认识了他一生之中的知己至交——顾贞观。

一首《金缕曲》，"德也狂生耳"，纳兰容若词名从此流传天下。

纳兰容若在十九岁那年因为急病而错失殿试机会，在外人看来，究竟是惋惜还是惆怅，仁者见仁智者见智。但事实上，纳兰容若似乎并没有因为这一次的失利而一蹶不振，相反，这几年的空闲，他反倒是能够将自己大部分的心思都花在了所喜爱的诗词上，从而认识了自己一生之中视为至交的好友们。

第一节　秋水轩唱和

疏影临书卷。带霜华、高高在下，粉脂都遣。别是幽情嫌妩媚，红烛啼痕休泫。趁皓月、光浮冰茧。恰与花神供写照，任泼来、淡墨无深浅。持素障，夜中展。

残釭掩过看逾显。相对处、芙蓉玉绽，鹤翎银扁。但得白衣时慰藉，一任浮云苍犬。尘土隔、软红偷免。帘幕西风人不寐，恁清光、肯惜鹣裳典。休便把，落英剪。（《金缕曲》）

就在纳兰容若十七岁这一年，在京师孙承泽的别墅秋水轩，发生了一件声势越来越浩大的文坛盛事——

秋水轩唱和。

秋水轩唱和不光是当时的一大话题事件，也是中国诗词史上的一件盛事。

起因，则是周在浚来到京城拜访世交好友孙承泽，住在孙承泽的秋水轩别墅里面。周在浚也颇擅长填词，有不小的名气，因而周围的一些名流闻听消息，都纷纷前去拜访，"一时名公贤士无日不来，相与饮酒啸咏为乐"，颇为热闹。

这天，一名访客曹尔堪见墙壁上写着不少酬唱的诗词，一时心血来潮，便在旁边写了一首《金缕曲》。

哪知他一写，其他来访的文人名士们纷纷响应，用《金缕曲》这个词牌，写出不少词来。

要注意的是，这些唱和的词，每处韵脚都和最初填词的曹尔堪一样，这叫作"步韵"，难度十分大，但正因为难度大，所以这些文人名士们纷纷技痒，彼此间也隐隐有了较量的意思。

周在浚、纪映钟、徐倬等词人也都加入了唱和的队伍，接连举行了多次唱和活动，一直持续到了年末。

这场热闹的盛事影响力越来越大，乃至于天南地北的文人骚客们得知消息之后，也纷纷表示要参加，秋水轩唱和波及全国，一时间投书如云。

当时一时兴起写了《金缕曲》的曹尔堪，也完全没有料到，他写这首词，竟然会成为改变整个康熙初年文坛风气的导火索！

在秋水轩唱和之后，"稼轩风"便从京师推往了南北词坛。

参加了秋水轩唱和的词人大多数都是社会上的名流，身份也复杂。有的是朝中新贵，有的是仕途坎坷的失意之人，有的曾经是明朝的旧臣，后来又在清廷出仕，而有的又是坚持着不肯与清廷新朝合作的。他们各怀心事，而词历来是抒发作者情感的载体之一，所以在秋水轩唱和的这些词里面，虽然"词非一题，成非一境"，但都表达了作者当时的心境，流露出各自的心声。

后来，周在浚把这些词都集成《秋水轩唱和词》，一共二十六卷，共收录二十六位词人的一百七十六首词，其中，有纳兰容若。

纳兰容若的这首《金缕曲》，便是他参与秋水轩唱和的作品。

这首词的韵脚，分别是"卷、遣、泫、茧、浅、展、显、扁、犬、免、典、剪"。

"疏影临书卷"，疏朗的花影高低不齐地映在了半掩的书卷上。开篇，纳兰容若便描写出一幅清幽的画面。

十七岁的少年，已经能写出这样成熟的、

风格清丽哀婉的词来，也难怪当时徐文元等大儒都称赞他才气逼人了。

书卷上映着扶疏的花影，月光照在花枝上，仿佛照在洁白的冰茧上一样。把灯光遮掩起来，那花影就更加明显了，莹白色的花瓣仿若白玉一般。

纳兰容若用他一贯清新的字句，写出了这番幽静的画面，字里行间仿佛带着淡淡的清香。

而下阕，他却笔锋一转，写道："但得白衣时慰藉，一任浮云苍犬。"白衣，这里是酒的意思，浮云苍犬，则出自唐时诗人杜甫的诗《可叹》："天上浮云如白衣，须臾改变如苍狗。"这两句便是说，只要有酒在手，又何必去管世事沧桑变化如何？

其实纳兰容若，在当时所写的词里，已经隐隐地流露出了不愿参入俗世事务的内心意愿。只是那时还年少的纳兰容若，并未完全意识到这一点，而是和全天下的乖孩子一样，默默地、毫无异议地按照父亲的安排，走向那注定铺满鲜花与荣耀的道路。

第二节　一见如故

如果对清代的文化史稍微了解一点的人，大概都听过顾贞观的名字。

顾贞观，清代著名的词人，字华峰，号梁汾，著有《弹指词》。

他的名字，很多时候都是和纳兰容若联系在一起，作为纳兰容若一生之中最好的朋友，同时也是在康熙年间词坛上并驾齐驱的人物，两人的关系十分密切。康熙十五年的时候，明珠仰慕顾贞观的才气，聘请他做自己儿子纳兰容若的授课师傅。可以这样说，顾贞观与纳兰容若，是半师半友的忘年之交。

顾贞观出生名门望族，他的曾祖父顾宪成，是晚明时期东林党人的领袖，前朝大儒。

说起顾宪成，很多人可能不甚了解，但要是说起他写的名句"风声雨声读书声，声声入耳；家事国事天下事，事事关心"，想必是耳熟能详了。

康熙十年的时候，顾贞观因

为受同僚排挤，不得不辞职回家乡去，在临走之际，他愤而写下一首《风流子》，词序中自称"自此不复梦如春明矣"，清清楚楚明明白白写着，反正自己在京城也待不下去，干脆回老家好了！文人的脾气一犯，倒是颇有一派"此处不留爷，自有留爷处"的气势。

不过五年之后，顾贞观再度来到了京城。

他并不是为了自己前途而再来京城的，是为了营救一位好朋友——吴兆骞。

这次，顾贞观在奔走营救好友之际，还得以认识了权相明珠之子——纳兰容若。

很难说顾贞观在得知徐乾学、严绳孙要介绍纳兰容若与自己认识的时候，脑中第一个想到的，究竟是文人间惺惺相惜，还是可以借此营救吴兆骞，当时的顾贞观是初识纳兰容若，而对方，却对他早已闻名已久，心存敬仰。

渌水亭，在徐乾学、严绳孙的相互介绍之后，顾贞观与纳兰容若算是正式见面了。

严绳孙与姜宸英甚至这样对顾贞观说过，这位年轻公子，虽然出身豪门，但是颇有古人之风，丝毫不输江湖游侠的侠骨丹心，以诗词会友，谦和清落，浑不似权相豪门的公子，反倒像世外高雅之士。

顾贞观在四处营救吴兆骞无果之际，也曾想到利用纳兰容若，让如今皇帝面前最当红的权臣明珠去求情，想必让吴兆骞重返中原，不过是几句话的工夫，所以，才在徐乾学、严绳孙等人说介绍他们认识的时候，没有丝毫犹豫就答应了。

但是当两人见了面，对着纳兰容若那张纯真的、带着敬仰的面孔，顾贞观却未把吴兆骞之事说出口，那天，他们只是在谈论着诗词，谈论着文学，互为知音。

如同俞伯牙终于遇到了钟子期，顾贞观也终于发现，这位比自己小很大一截的纳兰容若，大概才是自己真正的知音！

相见恨晚。

道别之后，年少的纳兰容若哪里能按捺得住自己的兴奋与激动之情？

他自然不可能保持沉默，满腔的激动必须得找到个渠道发泄出来，于是，便在一幅命名为《侧帽投壶图》的画上，写下了这首《金缕曲》，送给了顾贞观。

德也狂生耳。偶然间、缁尘京国，乌衣门第。有酒惟浇赵州土，谁会成生此意。不信道、竟逢知己。青眼高歌俱未老，向尊前、拭尽英雄泪。君不见，月如水。

共君此夜须沉醉。且由他、娥眉谣诼，古今同忌。身世悠悠何足问，冷笑置之而已。寻思起、从头翻悔。一日心期千劫在，后身缘、恐结他生里。然诺重，君须记。

这首词完全不似平时人们印象里纳兰词的清婉哀丽、缠绵悱恻，而是一气呵成，颇有豪气，以至于此词一出，顿时传遍京城，轰动一时，人人争相传颂。

也因为这首词，纳兰容若正式在清代的文学史上留下了属于他的位置。

《词苑丛谈》中曾这样称赞这首《金缕曲》："词旨嵌奇磊落，不啻坡老、稼轩。

都下竞相传写，于是教坊歌曲无不知有《侧帽词》者"。言下之意，是把这首词看成不输给苏东坡、辛弃疾等豪放派词人的作品了，对纳兰容若此词评价之高，可见一斑。

而顾贞观收到了这幅画，看到了画旁的词，他又是怎么想的呢？

读着这首《金缕曲·赠梁汾》，顾贞观心中，又是欣慰，又是愧疚。

他愧疚的是，一开始，他不过是想借纳兰容若明珠之子的身份，来营救好友吴兆骞，如今纳兰容若全无保留地信任着自己，把自己当作知音，更用这首《金缕曲》来表白自己的心迹，回想起自己并非抱着完全单纯的目的来结识纳兰容若的，顾贞观突然觉得脸上有些火辣辣地烫了起来。

但欣慰的，是自己终于寻到了知音。

人生得一知音足矣！然而，又有多少人能像他这般幸运，寻找到自己的钟子期呢？

我们如今一说起纳兰词，脑子里出现的第一个词语就是"缠绵悱恻"。

确实，长久以来，纳兰容若的词作，给我们留下的印象大多是清雅哀婉的，无论是"一生一代一双人"也好，"人生若只如初见"也好，还是"当时只道是寻常"，那字里行间不输给后主词的清丽，怎么也是和"豪放"或者"狂生"等词语沾不上边儿的。

但在这首让他享誉满京城的《金缕曲》中，纳兰容若劈头第一句，便是"德也狂生耳"。

"德"是谁？自然是纳兰容若。

他在与朋友的交往中，都是仿效汉人的习俗，自称"成容若"，俨然是名唤成德，字容若，与汉人的姓氏一样，所以他才会自称"德"。

"德也狂生耳"，纳兰容若这里是说自己其实也是狂放不羁的人，只是因为天意，无可抗拒，才生在了乌衣门第，富贵之家。

开篇，纳兰容若便介绍了自己的一些相关情况，接下来，他在词中很是用了几个典故。

"有酒惟浇赵州土。"出自唐代诗人李贺的《浩歌》："买丝绣作平原君，有酒惟浇赵州土。"意思是说后世既无好养门客士人的赵国公子平原君，惟当买来丝线，绣出平原君的形象来供奉，取酒浇其坟墓，即赵州土，来凭吊。平原君乃是战国时期的"战国四公子"之一，是赵国人，他性喜结交朋友，也是出名的仗义好客之人，大名鼎鼎的自荐的毛遂，也曾是他门下的门客。而纳兰容若是当时权相明珠的长子，出身豪门，身份尊贵，以平原君自比，倒也说的过去。而下一句"谁会成生此意"中，"成生"也是纳兰容若的自指，乃询问其他人，谁能了解我的这一片心意。其实也是在暗指，自己就和平原君一样，并不在意朋友的出身，只要性情相投，自然互为知己，倾盖如故。

而"青眼高歌俱未老"中，"青眼"代表着敬重的意思，出自唐代诗人杜甫的《短歌行·赠王郎司直》："青眼高歌望吾子，眼中之人我老矣。"青眼的典故，来自于昔日魏晋时期的"竹林七贤"中的阮籍，此人出名的放浪形骸，据说能作青白眼，对讨厌的人就翻白眼，对高人雅士就露出眼珠，作青眼，后来人们就用"青眼"来表示对其他人的敬重。当时纳兰容若与顾贞观都还年轻，要是按照现在的年龄划分，顾贞观不到四十岁，纳兰容若二十二岁，一位壮年，一位青年，都正是最风华正茂的时候，所以，纳兰容若才言道"俱未老"，劝慰顾贞观，我们都还不算老，能得到知己，又有多少人能和我们一样幸运呢？

下半阕中的"娥眉谣诼""古今同忌"，则是纳兰容若在清清楚楚地告诉顾贞观，我知道你才学高博，却招来了小人的嫉妒，这种嫉贤妒能的事情，古往今来都是如此，又何必介意呢？

这世上，有人白首相知犹按剑，有人朱门先达笑弹冠，就有人海内存知己，天涯若比邻，更有人倾盖如故，互为知己。

纳兰容若在这首词中毫不掩饰地写出了自己那一腔的澎湃炽热之情，是如此的激烈，都不像他素来的清婉哀怨的风格了。

倒是正应了他开篇的第一句"德也狂生耳"。

他在词中告诉顾贞观，我纳兰容若也不过是一介狂生，只不过生长在京城权贵之家，别把我当成是皇族贵胄，其实我也想像自己所倾慕的平原君那样，与性情相投之人成为朋友，成为知己，不论出身，不论贵贱。但是我这样的心意，又有谁能了解呢？好在终于遇到了梁汾兄你，一见投机，一见如故，不妨今夜就一起痛饮一番，不醉不归吧！我知道梁汾兄才学高博，也知道你以前遇到的那些不公正的待遇，不过世事向来如此，嫉贤妒能，造谣中伤，向来就是那些宵小之徒的卑鄙手段，梁汾兄也没必要放在心上，冷笑置之便好，更何况去徒劳的解释呢？我与你相见如故，结为知音，即使是横遭千劫，友谊也定然会永恒长存的，即使来世，这信义，也定然永远不会忘记。

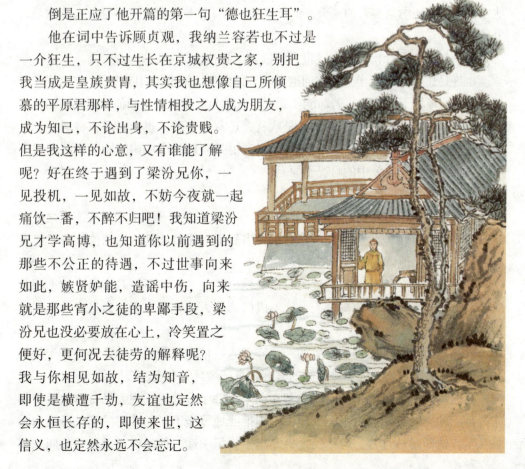

顾贞观看着这首词，突然间觉得，自己苦苦找寻而不得的知音，如今可不就是天赐一般，突然出现在了自己的面前？

于是他提起笔，和着纳兰容若的韵脚，也写了一首《金缕曲·酬容若赠次原韵》：

且住为佳耳。任相猜、驰笺紫阁，曳裾朱第。不是世人皆欲杀，争显怜才真意。容易得、一人知己。惭愧王孙图报薄，只千金、当洒平生泪。曾不直，一杯水。

歌残击筑心愈醉。忆当年、侯生垂老，始逢无忌。亲在许身犹未得，侠烈今生已已。但结记、来生休悔。俄顷重投胶在漆，似旧曾、相识屠沽里。名预藉，石函记。

文人之间的交往，总是那么文绉绉的，透着一股子高雅的味道，那是属于文人之间特有的文雅，顾贞观与纳兰容若也不例外，他们不约而同地，选择了用词来互相唱和，倾述心意。

不过出乎他们意料的是，在这之后，用词来唱和互诉心意，竟成了一时的流行风尚，只是东施效颦，后来无数人效仿这一题材，但是都平铺直叙，再无顾贞观、纳兰容若二人之词的一气呵成，激情澎湃。

顾贞观一生恃才傲物，以至于招来宵小之辈猜忌，处处被打压，仕途不顺，所以，他才在这首赠还纳兰容若的《金缕曲》里面，写了这样一句："不是世人皆欲杀，争显怜才真意。"

这一句，化自杜甫的诗句"世人皆欲杀，我独怜其才"。

也许是想到自己前半生的坎坷遭遇吧，顾贞观这里不无自叹之意。在这样"世人皆杀"的环境下，纳兰容若却能如此真心真意地对待自己，叫他如何不感动呢？

顾贞观一时之间，既是感动又是欢喜，还有着一种"棋逢对手，将遇良才"的惺惺相惜，两词不光是词韵相同，顾贞观更是同样用了战国时期的典故，来应对纳兰容若《金缕曲》中的自况平原君。

那便是侯嬴。

纳兰容若本出身豪门，自比"战国四公子"之一的平原君，也并无不妥之处，但顾贞观却不能，他此时只是一介白丁，当然不可能自比其他的几位信陵君或者春申君，于是，他以信陵君的门客侯嬴自比。

信陵君魏公子无忌，也是战国时候的四公子之一，与平原君齐名。与平原君一样，他也是喜好结交朋友之人，从不以门第取人，礼贤下士，为当时的人们所津津乐道。

侯嬴当时只是魏国都城大梁的一位守门人，信陵君听说他是个贤士，于是便准备了厚礼要去拜访，丢下满大厅的宾客，自己亲自驾车去迎接侯嬴。

当时周围的人见到信陵君亲自驾车前来，都十分惊讶，想要见是哪位贤者如此厉害。却见侯嬴一点也不客气地，毫不推辞地就坐上了信陵君的车，任由信陵君驾车，他却泰然自若，坦然受之，等车子到了中途，他又说要去见一位叫朱亥的朋友，乃是市集上卖肉的。信陵君就半途改道去了集市，侯嬴与朱亥聊了多久，他就在旁边等了多久，周围的人都纷纷指责侯嬴，信陵君却阻止了大家对侯嬴的责备。

而信陵君的礼贤下士也终有回报，后来长平之战，赵国都城邯郸被围得水泄不通，平原君便向信陵君求助，于是，在侯嬴的帮助下，信陵君窃符救赵，成就一段千古佳话。

只是侯嬴在事成之后，却是刎颈自尽，以死来报答信陵君的知遇之恩。

君以国士之礼待之，吾自以国士之礼回报。

"忆当年、侯生垂老，始逢无忌。"

顾贞观与侯嬴是多么的相似啊，在一大把年纪的时候，才得遇知己，要报答对方的这番真情，只怕是当真也得如侯嬴一般，以国士之礼回报了吧？

顾贞观再度来到京城，其实是为了营救自己的好友吴兆骞。

吴兆骞，字汉槎，江苏吴江人。据说为人颇为高傲。本来才子轻狂，也并不是什么稀罕事，但是在顺治十四年的时候，发生了著名的"丁酉科场案"，吴兆骞被人诬告也给牵连了进去。第二年，他赴京接受检查和复试，哪知这人脾气确实执拗，居然在复试中负气交了白卷，这下子，不但被革除了举人的名号，更是全家人都被流放发配到了宁古塔，那个冰天雪地的地方，长达二十三年之久。

后来，他从戍边给顾贞观寄了一封信，信中这样写道：

塞外苦寒，四时冰雪，鸣镝呼风，哀笳带血，一身飘寄，双鬓渐星。妇复多病，一男两女，蔡藿不充，回念老母，茕然在堂，迢递关河，归省无日……

此时，顾贞观才知道好友在那冰天雪地之处，过得有多么辛苦，回想起当初发誓要解救好友的诺言，当下就马不停蹄赶往京城，四处奔走，营救吴兆骞。

但这个案子毕竟是顺治皇帝亲自定的案，康熙并没有翻案的念头，顾贞观奔走多时，依旧毫无办法。

人情冷暖，他这时彻彻底底地知道了是什么滋味儿！

好在这时，徐乾学、严绳孙介绍他认识了纳兰容若。

顾贞观与吴兆骞是至交好友，而纳兰容若与这位吴兆骞，可以说是素昧平生，完完全全的毫不相识。

顺治十四年，"丁酉科场案"发生的时候，纳兰容若也就才三岁而已。

两人之间，根本是毫无交集的。

可是后来，吴兆骞被营救出来，却正是纳兰容若的功劳。

纳兰容若虽然不喜俗务，却并非就完完全全地待在象牙塔之中，两耳不闻窗外事，对世事一无所知，事实上，以他的聪慧，大概从认识顾贞观开始，就隐隐地觉得，这件事，自己是定然免不了要搅和进去了。

这件充满侠义之风的营救之举后来轰动了整座京城，纳兰容若在此事中表现出来的、不输江湖豪侠的君子之义，也让无数人为之感慨，更应了以前严绳孙、姜宸英对顾贞观说过的话。

这位出身豪门的贵公子，有着一颗真真正正的侠骨丹心！

谢章铤后来更在《赌棋山庄词话》中这样赞叹道："今之人，总角之友，长大忘之。贫贱之友，富贵忘之。相勉以道义，而相失以世情，相怜以文章，而相妒以功利。吾友吾且负之矣，能爱友人之友如容若哉！"

其实你我皆凡人，整天为了生计奔波在这碌碌的人世间，有多少人，能在长大成人之后，还能记得幼时的发小呢？又有多少人，是只能共患难，不能共富贵的呢？"友情"两字，在日复一日、年复一年的岁月磨砺中，逐渐地变了味道。

什么时候开始，一切的交往，都是以"利益"为目的了呢？

什么时候开始，所谓的"交际"，早已变成是在为自己的利益、自己的前途而去构建的"人脉"了呢？

又是什么时候开始，儿时玩伴，患难之交，早已在记忆被抛到了脑后了呢？

人情冷暖，不过是人走茶凉而已。

而就在这样的世态炎凉之中，却还有一个人，能够用一颗赤子之心来对待自己的朋友，甚至朋友的朋友！

那便是纳兰容若。

本来，吴兆骞与纳兰容若无关，只因是顾贞观的朋友，所以，把顾贞观当成了此生唯一知己的纳兰容若，也就把吴兆骞当成了自己的朋友。

那时候，吴兆骞还远在宁古塔，冰天雪地，与京城一样，同样大雪纷飞，千里冰封，一片雪白的世界。

看着庭院里厚厚的积雪，纳兰容若想到，吴兆骞一介书生，早已习惯了江南的四季如春，还能忍受宁古塔的冰雪多久？他残破不堪的病体，还能不能撑得过这一年去？又还能撑得了多少年？

桌上，是顾贞观刚刚写就的两首词，依旧还是《金缕曲》，只是，这一次的读者，却并不只自己一人。

或者说，这两首《金缕曲》，本来不是写给他的，是顾贞观写给远在万里之外吴兆骞的。

那时候，顾贞观借住在京城的千佛寺里面，见到漫天冰雪，有感而发，于是一挥而就，写出这两首情真意切的《金缕曲》。

季子平安否？便归来、平生万事，那堪回首！行路悠悠谁慰藉，母老家贫子幼。记不起、从前杯酒。魑魅搏人应见惯，总输他、覆雨翻云手。冰与雪，周旋久。

泪痕莫滴牛衣透。数天涯、依然骨肉，几家能彀？比似红颜多命薄，更不如今还有。只绝塞、苦寒难受。廿载包胥承一诺，盼乌头、马角终相救。置此札，君怀袖。

我亦飘零久。十年来、深恩负尽，死生师友。宿昔齐名非忝窃，试看杜陵消瘦，曾不减、夜郎潺愁。薄命长辞知己别，问人生、到此凄凉否？千万恨，从君剖。

兄生辛未吾丁丑，共些时、冰霜摧折，早衰蒲柳。诗赋从今须少作，留取心魂相守。但愿得、河清人寿。归日急翻行戍稿，把空名、料理传身后。言不尽，观顿首。

词誊抄了两份，一份装在信封里送往了宁古塔，另外一份，则送到了纳兰容若的手中。

也许顾贞观把这两首《金缕曲》送往纳兰容若那儿的时候，并未想过要以此来感动那位年少的知己，只是单纯地，把自己的词作给他看而已。

但是纳兰容若却回了顾贞观一首词。

还是《金缕曲》。

还是那熟悉的清秀飘逸的字迹。

洒尽无端泪。莫因他、琼楼寂寞，误来人世。信道痴儿多厚福，谁遣偏生明慧。莫更着、浮名相累。仕宦何妨如断梗，只那将、声影供群吠。天欲问，且休矣。

情深我自拼憔悴。转丁宁、香怜易爇，玉怜轻碎。羡煞软红尘里客，一味醉生梦死。歌与哭、任猜何意。绝塞生还吴季子，算眼前、此外皆闲事。知我者，梁汾耳。

也许在看到顾贞观那两首写给吴兆骞的词的时候，被其中饱含的深情所感动，纳兰容若流泪了。

他突然发觉，自己与顾贞观原来都是同样至情至性之人。

情之一物，矢志不渝，又何妨去管它是爱情，抑或友情呢？

于是，纳兰容若便借这首《金缕曲》，向忧愁不已的顾贞观表白了心意。

你的朋友也就是我的朋友，如今朋友有难，我又岂能视而不见、听而不闻？

"绝塞生还吴季子，算眼前、此外皆闲事。"

直白得不能再直白。

纳兰容若清楚地告诉了顾贞观，如今营救吴兆骞就是我目前最重要的事情，其他都是闲事，完全可以丢在脑后不管。

这首《金缕曲》，还有一个副标题，叫作"简梁汾"，全称是"简梁汾时方为吴汉槎作归计"。简，书信的意思；而汉槎，则是吴兆骞的字，所以这里又称作吴汉槎；作归计，思考救回吴兆骞的办法。总之，在标题上，纳兰容若就写出了自己的心意。

"五载为期"，我一定会想办法营救回来吴兆骞的！

这是纳兰容若对顾贞观的承诺。

五年之后，吴兆骞终于被营救，从宁古塔安全地回到了中原。

顾贞观与纳兰容若合力营救吴兆骞一事，不但轰动了整个京城，更是轰动了大江南北。

史载纳兰容若"不干"政事，虽然是权相明珠的长子，但向来与政事无缘，即使后来成为康熙皇帝跟前的御前侍卫，深为康熙信任，也从未见他对政事有任何叽叽咕咕的地方，只有这一次，为了营救吴兆骞，他破例了。

不但是为了顾贞观，也是为了那无辜被牵连的名士吴兆骞！

在这一年，大学士明珠仰慕顾贞观的才学，于是礼贤下士，聘请顾贞观为儿子纳兰容若授课。

于是，这对忘年交在情投意合，一见如故之外，还有了一层师生之谊！

"知我者，梁汾耳。"

纳兰容若曾经这样说过。

在他的心目中，亦师亦友的顾贞观，俨然就是世界上另一个自己了吧？

第三节　滔滔天下，知己是谁

康熙十五年，顾贞观与纳兰容若做了两件事情。

一是在顾贞观的建议下，编辑纳兰容若的词作，刻板印刷，取名为《侧帽集》。

二是顾贞观与纳兰容若两人一起，开始汇编《今初词集》。

顾贞观与纳兰容若一样，都主张写词是"抒写性灵"。填词不是游戏，更非交际，而是直抒胸臆，真真切切地用笔表达出自己内心最真切的想法。

在这部词集中，收录了纳兰容若十七首，顾贞观二十四首，陈子龙词作二十九首，龚鼎孳二十七首，朱彝尊二十二首。

除开算是明朝人的陈子龙，被选录词作次数最多的，就是龚鼎孳与朱彝尊了。

对纳兰容若来说，与朱彝尊的相识，是在顾贞观之前。

那是在他十八岁的时候，一位四十多岁的、落魄的江南文人，带着他的《江湖载酒集》，蹒跚地踏进了京城。

落拓江湖载酒行，杜牧的这句诗，当真是淋漓尽致地写出了朱彝尊的一生。

十年磨剑，五陵结客，把平生、涕泪都飘尽。老去填词，一半是空中传恨。几曾围、燕钗蝉鬓。

不师秦七，不师黄九，倚新声、玉田差近。落拓江湖，且分付歌筵红粉。料封侯、白头无分。

这首《解佩令》，便是朱彝尊为自己的《江湖载酒集》写的纲领之词。

有人的地方就有江湖，同样，有人的地方就有八卦。

那时候，朱彝尊被人们津津乐道，除了他的词确实写得好之外，还有他的绯闻。

当然，诗人词人闹绯闻，古往今来也不是什么大不了的事情。那"奉旨填词"的柳永，身故之后，青楼的女子们纷纷

为他伤心不已，所以，若论风流，似乎诗人词人本来就有先天的优越条件，能获得女子的青睐，也多成就佳话。

但是，朱彝尊不同，他绯闻中的女主角，却是自己的妻妹，在当时人们的眼中，这完全就是一段不伦之恋。

但朱彝尊并不在意人们的目光。

他与妻妹发乎情、止乎礼，是如此的纯洁，又何必去在乎世人别有用意的目光呢？

朱彝尊很执拗，他不但爱了，还并不打算遮掩，而要把自己的这份爱意公开天下，让全天下的人都知道。

那年私语小窗边，明月未曾圆。含羞几度，几抛人远，忽近人前。无情最是寒江水，催送渡头船。一声归去，临行又坐，乍起翻眠。

这一首《眼儿媚》，写得婉转细柔，缠绵悱恻，正是朱彝尊写给自己心爱的妻妹的词。

朱彝尊与妻妹也算得上是一对命运多舛的恋人，他们心心相印，却因为世俗的身份而不能结合在一起，在四目相对的惆怅中，朱彝尊写出了一首又一首饱含思念之情的词来，其中，一首《桂殿秋》流传至今。

思往事，渡江干。青蛾低映越山看。共眠一舸听春雨，小簟轻衾各自寒。

这是用语言描绘的一幅画，而语言所不能描绘的，是两颗心之间永远倾诉不尽的千言万语。

后来，这首词被况周颐的《蕙风词话》赞为有清一代的压卷之作。

朱彝尊的词集慢慢地流传开来，自然，也传到了纳兰容若的面前。

那一年，纳兰容若十八岁，而朱彝尊，已经四十四岁。

正如他与顾贞观一样，一见如故，是不被年龄的差距所限制的，更何况，早在见面之前，他已经被对方的《静志居琴趣》给深深地迷住了。

对方只是一位落拓的文人，穷困潦倒，两袖黯淡，与自己完全可以说是两个不同世界的人，但为什么，他在对方的词中，竟然会仿佛看到了自己的影子呢？

大概是因为，他们都是一样的至情至性，一样的为情不渝吧。

那时，刚刚成为潞河漕总功佳育幕府的朱彝尊，并不知道在权相明珠的府邸中，十八岁的纳兰容若正为自己的词作而感慨万千，他只是看着镜子中白发苍苍的自己，欷歔不已。

荇芦深处，叹斯人枯槁，岂非穷士？剩有虚名身后策，小技文章而已。四十无闻，一丘欲卧。漂泊今如此。田园何在，白头乱发垂耳。

空自南走羊城，西穷雁塞，更东浮淄水。一刺怀中磨灭尽，回首风尘燕市。草屦捞虾，短衣射虎，足了平生事。滔滔天下，不知知己是谁。

这是朱彝尊《江湖载酒集》中的一首《百字令》，又有个副标题叫作《自题画像》，顾名思义，是他给自己这四十多年的人生的写照。

与古往今来大多数的文人命运一样，朱彝尊的前半生，概括起来就是几个词语，"落魄""不得志"。一位好的诗人不一定就是一名好的官员，除却凤毛麟角的几位杰出人士，大多数都是属于官场失意、文坛得意的，李白、杜甫、白居易，再到后来的柳永，哪位不是如此呢？如今，多了一位朱彝尊，也算不得什么。

自己已经四十四岁了，却是漂泊半生，穷苦半生，空有一身好文章好才学，还是郁郁不得志，落拓潦倒。如今已白发苍苍，但是连一处能栖身的地方都没有！这么多年东奔西走，如今来到了京城，算是做了个小小的幕僚，怀中，名刺（名片）上自己名字的笔迹早已磨淡了，回首往事，似乎只有这部《江湖载酒集》才是自己唯一真实的过往。

词的最后，朱彝尊十分感慨地说道："滔滔天下，不知知己是谁。"

是啊，在这红尘世间，究竟有谁才会是自己的知己呢？

此时的朱彝尊并不知道，他苦苦追寻的知音，就在距离自己不远之处的明珠府内，那少年公子，纳兰容若。

咫尺天涯而已。

纳兰容若也并不知道，他仰慕的词人朱彝尊也在京城内，他只是被词所感动，被词里那情真意切的热炽情感而感染，辗转难眠。

他发现，与对方相比，自己这十八年的岁月，是多么不值得一提呀！但不知为什么，他就是明白了朱彝尊词里的含义，每一个字，每一句词，都让他觉得仿佛是写进了自己的心坎里。

朱彝尊与纳兰容若，他们是如此的不同。

一个寒门学士，半生潦倒；一个出身豪门，春风得意。

这样仿佛完全不同世界的两个人，俨然一个天，一个地，却在精神层面上是如此的契合。

纳兰容若就这样在还未曾见过朱彝尊一面的情况下，已经把这位年长自己很多岁的落拓词人，引为知己。

他写出了一首《浣溪沙》。

残雪凝辉冷画屏。《落梅》横笛已三更。更无人处月胧明。

我是人间惆怅客，知君何事泪纵横。断肠声里忆平生。

已经是三更天了，窗外隐隐传来飘渺的笛声，不知从何而起，也不知何人吹奏，只是那么轻轻的，仿佛一阵淡烟，在夜色里缓缓地飘散着。银白色的月光洒下来，把月夜下的一切都笼了层朦胧的银光。

而自己呢？

"我是人间惆怅客，知君何事泪纵横。"

这便是十八岁的纳兰容若的回答。

一年之后，纳兰容若写信与朱彝尊，写明自己的仰慕之情，想要与这位词人见面。

他是忐忑的。

以自己不足二十岁的年纪，对方真的能理会自己这个毛头小子吗？

但是，朱彝尊不但回信，而且还亲自登门拜访了。

衣衫褴褛、饱经沧桑的朱彝尊，面对豪门的贵公子纳兰容若，不卑不亢。

纳兰容若他仰慕的，不是外表，而是对方的才学。

在精神层面上的契合，让两人很快就是越聊越投机，最后的结果，大家也不难想到。

"滔滔天下，不知知己是谁。"

如今，可就要改成"滔滔天下，君乃知己"了。

第四节　我是人间惆怅客

曾经看过这样的一段话——

"意外造成的结果并不是悲剧。真正的悲剧，是明知道往这条路上走，结果肯定是悲剧，却还是必须往这条路走，没有其他的选择。"

纵观纳兰容若那短暂的三十一年人生，在我们如今看来，又何尝不是如此呢？

早已知道他会痛失所爱，早已知道他会经历丧妻之痛，早已知道他的至交好友会一个个地过世，早已知道他会在理想与现实的不停冲撞中，逐渐消磨了那原本旺盛的生命力，早已知道他会在康熙二十四年五月三十日的那一天，经历了七天的痛苦之后，终究还是撒手人寰，在生死相隔八年之后，与自己心爱的妻子在同一月同一天，离开这个红尘世间。

悲剧吗？

所谓的悲剧，大概也只是我们一相情愿的自以为是罢了，若纳兰容若当真知晓，大概也会禁不住大笑三声的吧？

他从来都是一个生活在成人世界内的孩子，带着纯真，用自己的心去面对这个复杂的世界。

那是一颗最最真挚的心。

纳兰容若从来都是用这样的一颗心，去对待周遭的一切事物，一切的感情。

莫把琼花比淡妆，谁似白霓裳。别样清幽，自然标格，莫近东墙。

冰肌玉骨天分付，兼付与凄凉。可怜遥夜，冷烟和月，疏影横窗。（《眼儿媚·咏梅》）

如果用现代人评价成功人士的标准来衡量纳兰容若，大概他就是"成功"的典型。少年进士，御前侍卫，一路高升，深得皇帝宠信与重用。但是，在这条无数人梦寐以求的道路上，他却似乎从未开心过，抑郁终生。

年轻的心终究难以承载理想与现实纠缠不清的矛盾，那长期的重负最终压垮了最后一根承重的稻草，三十一岁的时候，纳兰容若离开了这个人世。

他曾写过这么一句词："别有根芽，不是人间富贵花。"

"不是人间富贵花"，七个字，恰恰写尽了纳兰容若短暂的一生。

他有着清高的人格，追求着平等与理想，但是这种别样的人格，在与现实发生冲突的时候，往往都是以凄风冷雨的失败告终。即使在外人看来，纳兰容若的一生并无什么可挑剔的地方，但"家家争唱饮水词，纳兰心事几人知"，他内心的孤独与伤感，终究不被外人所理解，只能化为笔下清丽的词句。

在古代文人的笔下，梅兰竹菊，都是高洁清雅的象征，在纳兰容若眼中也是一样。梅花暗香徐来，"别样清幽，自然标格"，并非凡花，纳兰容若借写梅花而喻己，梅花冰肌玉骨，却是生长在苦寒之期，而这与自己是何其的相似？

在长期的侍卫生涯中，对于无休无止的随驾出行，纳兰容若开始感到极度的厌倦。他在寄给好友张纯修的信中这样写道："又属入直之期，万不得脱身，中心向往不可言喻……囊者文酒为欢之事今只堪梦想耳……弟比来从事鞍马间，亦

觉疲顿；发已种种，而执发如昔；从前壮志，都已隳尽。"已经是很明显地表达出了自己对官职的厌恶，那些繁琐的事务让他觉得毫无意义，一心只想回到他所热爱的诗词世界中去。

一个冬天的夜晚，窗外，隐隐飘来了梅花淡淡的清香。

纳兰容若也许是正在看书，也许是正要上床歇息，这一缕幽幽的梅花香气吸引了他的注意力，他放下手中的事情，起身来到窗前。

细细看去，院子里并没有梅树的影子，那这缕清香是从何而来呢？

纳兰容若越发好奇，于是披上厚厚的御寒裘衣，缓步出房。

雪早已停了，地面的积雪被下人们清扫得干干净净，但树枝上还覆着一层白雪，在灯光的照映下，透出些淡淡的昏黄。

他循着香气找去，却在东墙的墙角处，见到了这株在冬夜中暗绽芳华的梅树。

已经不记得是什么时候是何人种下的了，谁也没有发觉，这株被人遗忘的梅花，又是什么时候长成了树，如今，在黑夜中静静地绽放幽香。

这株孤傲的梅树，虽是冰肌玉骨，却是别样的清幽。

它不像那些富贵花一样，在向阳之处，被照顾得枝繁叶茂，然后在盛开之时接受着人们的赞美，而是静静地，在角落处顽强地生长着，散发出属于自己的清香。

而在向来自比"不是人间富贵花"的纳兰容若眼中，他所喜爱的，正是这"别样清幽"的寒梅。

正像在另外一首《金缕曲》中写到的那样："疏影临书卷，带霜华、高高在下，粉脂都遣。别是幽情嫌妩媚，红烛啼痕休泫。"

一样以梅来拟人，高洁清雅。

第五节　爱情词之外的纳兰容若

骚屑西风弄晚寒，翠袖倚阑干。霞绡裹处，樱唇微绽，鞓鞡红殷。

故宫事往凭谁问？无恙是朱颜。玉樨争采，玉钗争插，至正年间。（《眼儿媚·咏红姑娘》）

纳兰容若并非只会吟风弄月的风流士子，在他的词中，虽然描写爱情的词的数量占了大多数，但也有一些词作，表达出纳兰容若对历史变换与时代变迁的思考。

例如这首《眼儿媚·咏红姑娘》。

红姑娘是什么呢？那就是酸浆草的别称，开白花，结红色的果子，所以又被称为"红姑娘"。

这首词里面，纳兰容若借"红姑娘"抒发兴亡之感，而且难得地点明了词中的年代，也就是最后一句"至正年间"，颇为意味深长。

"至正"是元代元顺帝的年号。元顺帝统治时期昏庸不堪，政治腐败导致民

不聊生。哪里有压迫哪里就有反抗，民间的起义此起彼伏，最终，政权落到了朱元璋的手中，他灭了元朝，建立了明朝。

据说元代宫殿前，种了不少"红姑娘"。纳兰容若见到这种橘红色小果子，想到的，却是历史的兴亡。

这首词上半阕用拟人的手法来描写红姑娘，那花萼好像霞绡一般，云霞似的轻纱，轻柔而且淡淡的透明，红色的果实就仿佛女子的樱唇一般，娇艳欲滴，那红艳艳的颜色好比红宝石，说不出的漂亮好看。

而下半阕，纳兰容若则是在借红姑娘开始抒发自己的怀古情怀。

"故宫"，当然不是我们现在所称"故宫"的含义，指的是元代的皇宫，如今朝代变迁，昔日恢弘的皇宫，也早就换了无数主人，只有那些生长在宫殿前的红姑娘，还静静地生长着，被一代又一代的宫女们采摘下来，簪在乌黑的发髻上。

可那乌黑的发，过了几十年，又何尝不会变得雪白？

巍峨的宫殿，过了几百年，难道不会变成断垣残壁，变成废墟一片吗？

纳兰容若身为满族贵胄，又深得皇帝宠信，前途无量，按理说，他应该是意气风发、无忧无虑的，而不是如今这忧郁的、伤感的，带着忧国忧民之心的模样。

在清朝初期，尤其是在康熙年间的这段兴盛繁华年代，用歌舞升平来形容也不为过，但是，纳兰容若却从这之中，看到了朝代的兴替是谁也无法阻止的，历史的潮流正如洪水一般汹涌而来，悄然而退。

清朝虽然封闭了与外界交流的渠道，但一些外国的传教士，还是排除万难来到了中国，其中比较有名的，就有汤若望、南怀仁、郎世宁等人，他们带来了西方的一些先进的技术与知识，但是，在朝廷看来这些不过是一些小玩意而已，并未引起重视，可纳兰容若却在自己的《渌水亭杂识》中这样写过："西人历法实出郭守敬之上,中国未曾有也。""中国用桔槔大费人力,西人有龙尾车,妙绝。"很明显，与国外先进的科技相比，中国落后的科技现状已经引起了纳兰容若的思考。但是，处于他当时的环境与年代，就算能敏锐地看到这一点，却无力去改变。

这不得不说是一种悲哀，也是一种无奈。

雨打风吹都似此，将军一去谁怜？画图曾见绿阴圆。旧时遗镞地，今日种瓜田。

系马南枝犹在否，萧萧欲下长川。九秋黄叶五更烟。止应摇落尽，不必问当年。

（《临江仙·卢龙大树》）

卢龙是地名，是当年康熙出巡的时候经过的地方，在如今的河北省卢龙县，山海关的附近，在改朝换代的时候，这儿也是战场的所在。

纳兰容若随着皇帝来到卢龙，看到这些带有历史意味的地方，不禁有感而发。

开篇第一句，便是"雨打风吹。"宋代辛弃疾在《永遇乐》一词中这样写过："舞榭歌台，风流总被，雨打风吹去。"很明显，纳兰容若这句便是由此化来。

那么，雨打风吹去的是什么呢？以前血雨腥风的战场，如今已变成了寻常百姓的田地，种瓜种豆，闲话桑麻。

在纳兰容若的词中，流露出一种对沧海桑田的感慨，还有对兴衰交替的明了。

纳兰容若虽然无心官场，对政治并不感兴趣，但他毕竟是生在权贵之家，明珠从来都是政治的中心，在朝廷之中一言九鼎。在这种环境中长大的他，怎么可能没有见过那些血淋淋的钩心斗角？苏克萨哈的被杀、鳌拜的被除、索额图遭贬，颇有《红楼梦》中言"乱哄哄，你方唱罢我登场"的味道，纳兰容若耳闻目睹，在感慨的同时，不禁隐隐地担心起自己家族来，"惴惴有临履之忧"，虽然如今自己的家族正扶摇直上，但谁能保证，能够一直这样繁华下去呢？谁也说不清楚，什么时候就会从云端摔落下来。

事实上，在纳兰容若亡故之后没几年，他的父亲便被罢相，只是那时候公子已亡去，也免得见到"哗啦啦一朝大厦倾"，伤心欲绝。

十里湖光载酒游，青帘低映白苹洲。西风听彻采菱讴。

沙岸有时双袖拥，画船何处一竿收。归来无语晚妆楼。（《浣溪沙》）

和无数怀才不遇颠沛一生的人相比，其实纳兰容若是个幸运的男人。

从一出生起，他就锦衣玉食，轻取功名一帆风顺，但在内心的深处，他却是"身在高门广厦，常有山泽鱼鸟之思"。

所以，他才会经常地在自己的词里描写江南。

历朝历代，文人隐士多喜江南，更有传说范蠡和西施，飘然隐居于西湖之上，白首偕老。

而对少年得志、功名轻取的纳兰容若来说，江南，也许就是他内心深处隐隐约约的憧憬吧？

纳兰容若究竟有没有去过江南？也许他随着康熙南巡曾到过苏杭，因为在他的词中，描写江南风光的词句，确实为数不少。

于是我不禁猜想，或许当他年少无拘无束之时，也曾在江南的烟雨中泛舟湖上，看天青色的湖光山色，青帘低垂白蘋洲；看如丝烟雨中的燕子矶头红蓼月，乌衣巷口绿杨烟。

那时，纳兰容若尚且无忧无虑。

他在自己的词中，尽情地挥洒着自己与生俱来的天赋，随意的、洒脱的，以词写意，书写着自己所在意的、所追求的目标。

即使那并非钟鼓馔玉，并非青云直上，而是那心系江南的幽幽一缕思归之意。

江苏吴兴雪溪有白蘋洲，倒是确有此地，一点不假。

而白蘋是水中的一种浮草，颜色雪白，颇有楚楚可怜之态，古时，男女恋人分别之时，常采白蘋花互相赠别，千百年来，就渐渐成了诗词中的泛指，无固定场所，只是一处满布蘋花的江中沙洲。一如温庭筠的《梦江南》："过尽千帆皆不是，斜晖脉脉水悠悠，断肠白蘋洲。"

或是湖光山色在天青色烟雨中模糊的曲线，带着江南旖旎的气息，从纳兰容若的《浣溪沙》中，如水般呈现在我们的眼前。

他就从中走出，活灵活现。

带着酒，乘着一叶扁舟，在十里平湖之上悠然自得。

也许那是随康熙南巡之际，难得的一次清闲。

那时纳兰容若不过二十二岁，却已经成为了康熙身边的一等御前侍卫，自小骑射习武练就的一身好本事，让他能在"侍卫"这个位子上游刃有余，而不同于其他侍卫的是，他还有着众人皆知的才华，诗词一绝，已是少年闻名，如今正是春风得意之时，是人们艳羡不已的少年英才。

这天，他带上几壶好酒，乘着一叶扁舟，往约定之地划去。

难得有空，自是要与知己好友们一聚，不醉不休。

他的朋友，"皆一时俊异，于世所称落落难合者"，换句话说，大多是一些与世俗主流相悖之人。这些不肯落俗的人，有不少是江南汉族的文人。

远远地，纳兰容若就看到了湖中沙洲亭子里，众人都早已到达，只等他一人。

好友相见，自是分外欢畅，一番觥筹交错，都不禁有了几分醉意。

趁着酒意，纳兰容若看着庭外的湖光山色，心中那对江南隐士的向往，又渐渐萌动起来。

看这十里湖光，水波粼粼，倒映出天色与山色。

水色辉映中，天，越发的碧蓝；山，也越发的青翠。

而在京城之中，何曾见到过这样的青山绿水？见过这样的水色蓝天？

湖面上，采菱人划着小船缓缓地滑过水面，涟漪就像女子柔软的罗裙一层一层荡漾开来。

船上也许是几位年轻的姑娘，清脆的嗓音唱着采菱讴，歌声悠扬，在湖光山色中婉转得仿佛缭绕在山际的薄雾，悠悠地就传进耳中。

"……十里湖光载酒游，青帘低映白蘋洲。西风听彻采菱讴。"纳兰容若轻声念着。

字里行间，无不是对那般生活的向往。

在京城的荣华富贵功名利禄，与这"十里湖光，沙岸画船"的江南之间，他想要选择的，也许偏偏就是后者吧？

纳兰容若与后主李煜若能同一时代相逢相识，定能成为知己，用现在流行的一句话来说，那就是"世界上的另一个我"，知后主者，纳兰也；而知容若者，后主也。

常有人称赞容若，其词颇有南唐后主遗风，哀婉清丽，情真意切。

是的，同样的清丽，同样的哀婉，同样的情之所寄，直扣人心弦。

而两人也同样有着天赋的奇才，同样曾有过善解人意堪为知己的妻子，同样有着缠绵悱恻的爱情故事。

纳兰容若与后主，卢氏与大周后，沈宛与小周后……他们的身影，总会在我的脑海中重叠起来，仿佛千年之后的再度轮回，来完成前世的约定，圆满前世的遗憾。

但是他们却又是如此的不同。

一样曾是天之骄子，可纳兰

却没有后主的丧国之痛，只有理想与现实的冲撞和不可调和。

所以，后主有"小楼昨夜又东风，故国不堪回首月明中"。

纳兰却是"赌书消得泼茶香，当时只道是寻常"。

所以，后主有"雕栏玉砌应犹在，只是朱颜改"。

纳兰却是"人生若只如初见，何事秋风悲画扇"。

所以，后主有"问君能有几多愁，恰似一江春水向东流"。

纳兰却是"一生一代一双人，争教两处销魂"。

我们不能说，纳兰容若因此就不如后主，毕竟这样评价对他来说，也不甚公平。

每当看到纳兰容若的词的时候，我总会禁不住惆惆然地猜想，其实他内心深处还是希望能大声呼喊出来"钟鼓馔玉不足贵"的吧？

泛舟十里平湖，看沙岸画船，看青帘白苹，听着采菱少女们银铃般的笑声与歌声，最后在缓缓西坠的夕阳中归去。

对当时身为康熙身边红人的纳兰容若来说，或许这样的生活，才是他内心真正所向往的，也说不定。

一如后主李煜的《渔父词》——

"一壶酒，一竿身，世上如侬有几人？"

世上如侬有几人？

世上如他有几人？

千年前后主的一句词，竟能如此传神地写出后世那位浊世翩翩佳公子的内心！

巧合吗？或许吧。

但我更愿意相信，后主当为纳兰容若知己。

就像纳兰容若深得后主词风之精髓，也当为后主知己。

收却纶竿落照红，秋风宁为剪芙蓉。人淡淡，水蒙蒙，吹入芦花短笛中。（《渔父词》）

据唐圭璋在《词学论丛·成容若（渔歌子）》中所言，说当时徐虹亭作了《枫江渔父图》，题者颇众，如屈大均、王阮亭、彭羡门、严荪友、李彤庵、归孝仪及益都冯相国，皆有七绝咏之。其中，也有我们的纳兰容若，为此图题了一首小令，就是这首《渔父词》："收却纶竿落照红，秋风宁为剪芙蓉。人淡淡，水蒙蒙，吹入芦花短笛中。"一时胜流，都说此词可与张志和《渔歌子》并称不朽。

《渔歌子》，大家耳熟能详，是语文课本上必学的诗词之一，在此不再累述，只论容若的《渔父词》。

初看此词，只觉犹如一幅恬静淡雅的水墨画，把夕阳西下，渔人归家之时的画面描写得是栩栩如生。

天边斜阳西下，晚霞红得犹如燃烧的火焰一般，江边那打鱼的人见了，便缓缓收起钓竿归棹，小船在芦花丛中缓缓划过，秋风阵阵，徐徐吹来，把满岸的芦苇都吹得摇曳起来，一派安静恬静的画面。

徐虹亭的《枫江渔父图》题词者众多，唯独纳兰容若的这首《渔父词》被一致称赞，独擅胜场，大概是因为这幅画中那浓浓的归逸意味，正好触动了他的心弦吧？所以才会写出了"人淡淡，水蒙蒙"这等清丽的句子。

有人说，纳兰词之所以情真意切，触人心弦，乃是因为他能"以自然之眼观物，以自然之舌言情"，天性使然。这正像王国维所说的那样，是因为"初到中原，未染汉人风气"的关系吧？

那时候，在文化方面，对入关时间不长的清朝人来说，正是他们学习中原文化，并使之为自己所用的阶段。纳兰容若就是如此，他学到了汉族文化，能以此来抒发自己的心怀与感情，但又因为他是满族人，而未沾染上那些文人间的坏习惯，如迂腐、守旧，文人相轻。

他对待朋友是真诚的，而且最重要的是，他尊重他们的品格与才华。这些名士才子能够围绕在他身边，互相交流文学上的造诣与心得，对纳兰容若来说，也是一个学习汉文化的绝妙机会，让他的词得以既有后主遗风，更有属于他自己的、独特的清丽与情真意切。

曾有这样的一种说法，说纳兰容若之所以结交这些汉族文人，乃是奉了康熙的命令，去监视他们，同时笼络他们的。

这样的说法，在历史的长河中似真似假，谁也说不准。只不过我相信，纳兰容若之所以与顾贞观、严绳孙等人相交深厚，友情真挚，定不是出自作伪，而是他确实全心全意地真诚地对待这些朋友们，而不是因为来自皇帝的命令，来自一种不可告人的龌龊的目的。

纳兰容若词真，于是我相信，人自然也真。

他生平至性，无论爱情、友情，都是如此的深沉，如此的真切。

第六节　世外仙境渌水亭

纳兰容若与好友们聚会，大多数都是在一处叫"渌水亭"的地方。

如今对"渌水亭"的所在，颇有争议，有说是在京城内的什刹海畔，也有说是在西郊玉泉山下，还有说是在叶赫那拉氏的封地皂田屯的玉河，总而言之，是一处傍水所在，更是纳兰容若一生之中，最具有标志性的建筑。

纳兰容若之所以把自己的别院命名为"渌水亭"，大概是取自流水清澈涵远之意吧？君子之交淡如水，在纳兰容若的心中，在这渌水亭来往的，自当都是君子。

《南史》记载，世家子弟庾景行，自幼就有孝名，品格美好，做了官之后，也是一向以清贫自守，后来被王俭委以重任。当时人们把王俭的幕府称为莲花池，安陆侯萧缅便给王俭写了一封信表示祝贺，写道："盛府元僚，实难其选。庾景行泛绿水、依芙蓉，何其丽也。"便用"泛绿水、依芙蓉"来赞美庾景行。

在《南史》记载中的庾景行，孝顺父母，甘于清贫，一生行的都是君子事，在死后，被谥为贞子。

纳兰容若借用这个典故为自己的别院取名叫"渌水亭"，很难说没有自比庾景行的意思。在纳兰容若的心中，要庾景行那样近乎完美的人，才算是君子吧？

渌水亭是什么时候开始修建的呢？纳兰容若那次因为急病错过殿试之后，便开始编撰一部叫作《渌水亭杂识》的笔记，里面记载的，既有纳兰容若的一些读书心得，也有从朋友那儿听到的奇闻异事。

《渌水亭杂识》，无疑是在诗词之外，公子别样性情的表现。

野色湖色两不分，碧天万顷变黄云。
分明一副江村画，着个闲庭挂夕曛。（《渌水亭》）

有了渌水亭，想必纳兰容若是十分欢喜的，不然也不会专门写这首名为《渌水亭》的七绝。

他像是一个得到了新玩具的孩子，充满了好奇心与旺盛的求知欲。

比如娑罗树。

《渌水亭杂识》中记载：

五台山上的僧人们夸口说，他们那儿的娑罗树非常灵验，于是大肆宣传，俨然吹捧成了佛家神树，但是这种树并不只有五台山才有，在巴陵、淮阴、安西、临安、峨眉……到处都是这种源自印度的娑罗树，虽则同样为娑罗树，因为生长在不同的地方，也就有了不同的命运，有的名声大噪，有的默默无闻。

纳兰容若这个小记录，不无讽刺之意。

不要说人，就连树木，看来也是要讲究出身的啊，出身不同，命运也是截然不同的。

还有一些记载，则是显示出纳兰容若对事物的独特见解，其中不乏经世之才。

纳兰容若在《渌水亭杂识》中写过"铸钱"一事，是这样写的：

铸钱有二弊：钱轻则盗铸者多，法不能禁，徒滋烦扰；重则奸民销钱为

器。然而，红铜可点为黄铜，黄铜不可复为红铜。若立法令民间许用红铜，惟以黄铜铸重钱，一时少有烦扰，而钱法定矣。禁银用钱，洪永年大行之，收利权于上耳，以求盈利，则失治国之大体。

只是这么两段话，看得出来，我们文采风流的纳兰公子，其实还是颇有金融眼光的。

他认为，铸钱有两个弊端，如果铸轻了，很容易被盗铸，也就是假币，会扰乱日常经济生活；要是铸得重了，那些不法之徒就会把钱重新铸为器皿。如果立法准许民间使用红铜，只用黄铜来铸重钱，应该就会少很多烦扰。

他的这个观点，倒是与后来的雍正不谋而合。

雍正推行币值改革，其中一项主要的措施便是控制铜源打击投机犯罪：熔钱铸器可牟厚利导致铜源匮乏，铜价升高，铸钱亏损。

雍正下令只准京城三品以上官员用铜器，余皆不准用铜皿，限期三年黄铜器皿卖给国家，如贩运首犯斩立决，同时稳定控制白银，保证铜源，稳定了货源以保铸造流通。

后来的乾隆皇帝，铸的钱被称为乾隆通宝，那些铜钱有的是铜锌铅合金，叫黄钱；有的再加上些锡，叫青钱。铸青钱可以防止铜钱被私自销熔，因为青钱销熔后，一击就碎，无法再打造成器皿。也在一定程度上遏制了不法之徒，稳定了货币流通。

由此可见，纳兰容若其实是颇有金融头脑的，他建议朝廷吸取明朝的教训，不要一味地追求盈利，应该把铸钱的权力收归国有，这样才会保证经济的稳定。

清朝的时候，确实吸取了明朝的教训，实行银钱平行本位，大数目用银子，小数目用铜钱，保证官钱质量，保证白银的成色，纹银一两兑换铜钱一千文，也算是控制住了货币的稳定。

诗乃心声，性情中事也。发乎情，止乎礼义，故谓之性。亦须有才，乃能挥拓；有学，乃不虚薄杜撰。才学之用于诗者，如是而已。昌黎逞才，子瞻逞学，便与性情隔绝。（《渌水亭杂识》第四卷）

在《渌水亭杂识》中，有着不少纳兰容若自己对于诗词的见解。

在纳兰容若看来，诗歌是心声的流露，要抒写心声，因为诗歌的写作是发乎情止乎礼的。而且在诗歌的写作中，要有学问，才不会去浅薄地杜撰，才会挥洒自如。

他一直在抒写着自己的心声，不加修饰，也不用华丽的辞藻，只是那么简简单单地，把自己的心声自然而然表达出来，却是那么的真实而感人肺腑。

诗之学古；如孩提不能无乳姆也；必自立而后成诗，犹之能自立而后成人也；明之学老杜学盛唐者，皆一生在乳姆胸前过日。

纳兰容若还认为，学习作诗要学习古人，就像小孩子不能没有乳母一样。小孩子是先要有乳母抚养，然后才能长大成人独立的，学习作诗又何尝不是这样呢？

前人的诗句就好比是乳母，学习的人就好比小孩子，需要先尽心尽力去学习前人的诗句，然后才能独立。

其实仔细想一想，这和我们现在的学习又有什么不一样呢？

学习之道，古往今来，一脉相承。

师者，传道授业解惑也，那么，学作诗，又何尝不是在学习前人经验的基础上前进呢？

熟读唐诗三百首，不会作诗也会吟，便是这个道理。

自五代兵革，中原文献凋落，诗道失传，而小词大盛。宋人专意于词，实为精绝，诗其麈饭涂羹，故远不及唐人。

自从五代战争连连，世道混乱之后，中原文化便凋落了，诗歌衰落失传，而填词则兴盛了起来。宋代的人都喜欢填词，专心于此，所以成就极高，但是他们并不喜欢作诗，所以在诗上面，远远不及唐代的人。

诚然，我们现在一说起中国的古典文化，提到的都是"唐诗""宋词"，能够作为一个时代的象征，那定然是因为在这个方面，有着其他时代所无法企及无法超越的成就，而唐诗宋词，正是如此。

曲起而词废，词起而诗废，唐体起而古诗废。作诗欲以言情耳，生乎今之世，近体足以言情矣。好古之士，本无其情，而强效其体，以作古乐府，殊觉无谓！

有了曲子，词便荒废了，有了词，诗便被荒废了，唐诗兴盛起来，古体诗便渐渐没落。作诗不过是为了抒发心声，所以我们生活在现在这个时代，用近体诗就可以了，不用勉强自己去用那古体诗来抒情。那些好古之人，本来没有什么心情要抒发，只是为了仿古而勉强自己写作乐府，实在是觉得有些莫名其妙。

花间之词为古玉器，贵重而不适用。宋词适用而少贵重，李后主兼有其美，更饶烟水迷离之致。

纳兰词一向被评价为有后主遗风，这是举世公认的。

陈其年在《词话丛编》中写道："《饮水词》哀感顽艳，得南唐二主之遗。"而唐圭璋也在《词学论丛·成容若（渔歌子）》中这样说过："成容若雍容华贵，而吐属哀怨欲绝，论者以为重光后身，似不为过。"

"重光"便是后主李煜，而李煜的字，正是"重光"。

不管是当时的人也好，还是现在的人也罢，对纳兰容若的词深得后主遗风的评价，是见解一致的。

而纳兰容若自己呢？

对李后主，纳兰容若推崇备至。

花间之词为古玉器，贵重而不适用。宋词适用而少贵重，李后主兼有其美，更饶烟水迷离之致。

在纳兰容若看来，《花间集》这部中国最早的词总集，就像是贵重的古代玉器一样，漂亮却并不实用。

确实，《花间集》词风香软，用香艳堆砌的辞藻来形容女子，内容不外乎离愁相思、闺情哀怨，倒是开了历代词作的先河，更从张泌的《蝴蝶儿》一词句子"还似花间见，双双对对飞"中得名，香艳旖旎可见一斑。这也就难怪会被纳兰容若形容为古玉器，贵重却不适用了。

而到了宋代，李后主、晏殊、欧阳修、柳永、秦观、周邦彦、李清照等人，上承花间词，去其浮艳，取其雅致，运笔更加精妙，反映的社会现实更广泛，从而更加婉转柔美或豪放壮阔，开一代别开生面的词风。

而宋词则是适用，却毫无那贵重之感。

在纳兰容若眼中，李后主却是兼得花间词与宋词两者的长处，兼有其美，而且更加具有烟水迷离的美感。

突兀穹窿山，九九多松柏。
造化钟灵秀，真人爱此宅。
真人号铁竹，鹤发长生客。
天风吹羽纶，长安驻云舄。
偶然怀古山，独鹤去无迹。
地偏宜古服，世远忘朝夕。
空坛松子落，小洞野花积。
苍崖采紫芝，丹灶煮白石。
檐前一片云，卷舒何自适。
他日再相见，我鬓应垂白。
愿此受丹经，冥心炼金液。（《送施尊师归穹窿》）

康熙十五年的时候，京城里来了个南方的道士，做法颇为灵验，一时间名声大噪。

这位道士名叫施道源，长住在吴县太湖旁边的穹窿山，是个有名的人物，被康熙皇帝召见，来到京城，设醮祈雨。其实皇帝此举，大部分的目的还是在于稳定人心，不过也不知这位施道源是不是真的有些神奇的法力，那雨还真给他求了下来，顿时引得京城人都把他当神仙一样的崇拜。

施道源也并未在京城久留，法事做完，要回穹窿山。就在他离京之前，纳兰容若与他认识了。

一番长谈，纳兰容若知道了很多自己从未听说过的事情，也开始接触到一个自己以前从未考虑要去了解的世界。

那便是宗教。

"愿此受丹经，冥心炼金液。"

从此，纳兰容若开始对道教仙家有了兴趣。

自然，他并不是要出家，更不是要去修仙，他只是带着一颗特有的好奇心，想要去了解那个神奇的、玄妙的世界。

在《渌水亭杂识》中记载了这样一段话：

史籍极斥五斗米道，而今世真人实其裔孙，以符箓治妖有实效，自云其祖道陵与葛玄、许旌阳、萨守坚为上帝四相。其言无稽而符箓之效不可没也。故庄子曰：六合之内，圣人论而不议；六合之外，圣人存而不论。

其实就是说，史书对五斗米道严加斥责，但是现在的真人却正是当初五斗米道创始人的子孙，用符箓收妖很有功效。真人说自己的祖先与葛玄、许旌阳、萨守坚四个人是上帝的四种相貌，这话有些无稽之谈，但是他符箓有用却是实实在在的。所以庄子曾经说过："六合之内，圣人论而不议；六合之外，圣人存而不论。"

从这里我们可以看得出来，纳兰容若对于道教，对于所谓的"修仙"，还有那些神奇的玄妙的事情，其实是抱着一种好奇的心态的，不否认，也不承认，只是远远地观看着，感受着其中的有趣之处，然后记录下来。

这个时候的纳兰容若，还并不知道，自己在几年以后，会开始对佛法感兴趣，还为自己取了一个"楞伽山人"的号。

第七节　好友会聚一堂

康熙皇帝在平定了三藩之乱后，清廷的国势基本稳定下来，康熙皇帝开始考虑到如何笼络那些前朝的遗老与文人的问题，于是，便在正常的科举考试之外，临时增设了"博学鸿词科"，采用举荐与考试相结合的方式，给予被录取者官职。

开设此科的目的十分明显，想用怀柔手段来笼络明末遗老名士，转为自己所用。所以，在《清圣祖实录》中这样记载，康熙曾称：

一代之兴，必有博学鸿词振起文道，阐发经史，以备顾问。朕万几余暇，思得博通之士，用资典学。其有学行兼优、文词卓越之士，勿论已仕未仕，令在京三品以上及科道官员，在外督、抚、布、按，各举所知，朕将亲试录用。

有了皇帝的命令，各级官员开始奉旨举荐，不少遗民都被列入了举荐的名单之中。康熙又下诏编撰诸经解以及《古今图书集成》。

康熙十八年的时候，博学鸿词科正式开始，当时天下名士，几乎都汇集到了京城。

当然，并不是所有的人，都想要去进士及第，像顾炎武、黄宗羲、傅山等大家，则冒着杀头的危险，公然说"博学鸿词，不如清歌曼舞"，公然拒绝了清廷的招揽。

但是像朱彝尊、严绳孙、姜宸英等人，却陆续来到了京城。后来，更是一举入选，入了翰林院撰修《明史》。

对纳兰容若来说，最让他感到高兴的，就是天南地北的好友们，如今又都汇集到了京城，自己的渌水亭，只怕是又要热闹起来了吧？

出郭寻春春已阑，
东风吹面不成寒，
青村几曲到西山。
并马未须愁路远，
看花且莫放杯闲，
人生别易会常难。（《浣溪沙·郊游联句》）

顾名思义，这是一首联词，就是一人一句，连缀成篇。参与者分别是陈维崧、秦松龄、严绳孙、姜宸英、朱彝尊与纳兰容若。

这是在大家都汇集到京城之后，渌水亭的一次郊游时，不知是谁突然提出这个建议，于是众人纷纷响应，联出了这首《浣溪沙》。

在当时，最轰动的事情，莫过于马上即将举行的博学鸿词科的考试，万众瞩目，也是万众期待。

康熙十七年的年底，一群天南地北，平时只闻其名而从未见过的各地名士们，都在渌水亭，在纳兰容若的介绍之下，相互见面了。

其实他们来到京城，也未必是自愿的，有些人不过是迫于压力而不得已为之，例如严绳孙。

他本来是抱着"君看沧海横流日，几个轻舟在五湖"的心态来到京城的，借口眼睛有毛病，在殿试的时候写完一首《省耕诗》就交卷跑掉了，哪知康熙皇帝久闻严绳孙的名声，钦点"史局中不可无此人"，结果，严绳孙还是没能像自己理想中的那样，五湖泛舟，反倒是进了翰林院，不得不说是造化弄人。

但是对于能在渌水亭中与纳兰容若，还有其他好友们再度重逢，严绳孙还是十分高兴的。

在当时，大家的心情都是十分愉快的，从他们联的词中也可以看的出来，很是欢畅。

"出郭寻春春已阑"——陈维崧

"东风吹面不成寒"——秦松龄

"青村几曲到西山"——严绳孙

"并马未须愁路远"——姜宸英

"看花且莫放杯闲"——朱彝尊

"人生别易会常难"——纳兰容若

前面五句，都是一派的欢欣之意。对这群除了纳兰容若之外都已经年近中年的文人们来说，在这首词中，难得的表现出一种蓬勃向上的生命力，仿佛青春又再度返回了他们的身上一般。

到村子外面去寻找春天的痕迹，但是春天早已经过去了，哪里还能找得到呢？即使如此，那拂面而来的东风，并未让人感觉到丝毫的寒意。大家一路欢快地唱着歌到西山去郊游，即使再远的路，有好友相伴也并不觉得遥远。这时候，朱彝尊则提醒大家，在赏花的时候，也不要放下手中的酒杯，要尽情欢乐才是。

这五句，虽然是不同的人所作，但是不约而同地流露出一种欢畅的气息，最后一句，却结束于纳兰容若的一句"人生别易会常难"。

此时，纳兰容若刚刚经历了丧妻之痛，即使如今好友们再度重聚，也并没有冲淡他心中的忧伤与哀愁，所以，自然而然地，即使是在这样的时刻，他依旧在不知不觉中发出了这样的悲叹。

人生别易会常难。

我们今天能够像这样欢乐地聚集在一起，是多么的难得啊！

分别是如此容易的事情，而相聚却是如此的困难。

与自己的这些至交好友们在一起，在这渌水亭，高谈阔论，议论着自己最心爱的诗词，不用去理会外界的一切风风雨雨。

在纳兰容若的心中，他想必也是想能够一直这样欢乐下去的吧。

且今日芝兰满座，客尽凌云；竹叶飞觞，才皆梦雨。当为刻烛，请各赋诗。宁拘五字七言，不论长篇短制；无取铺张学海，所期抒写性情云尔。（《渌水亭·宴集诗序》）

文人的游戏方式很多，像之前的《浣溪沙·郊游联句》就是一种，若要举例，《红楼梦》中倒是不少，大观园中，贾宝玉、林黛玉、薛宝钗、探春等人结了海棠诗社，或者限定韵脚各写诗句，或者就是在限定的时间内完成命题诗。而在渌水亭，文人们的游戏，想来也差不多。

在后来记录这次欢聚的《渌水亭·宴集诗序》中，纳兰容若这样写道："当为刻烛，请各赋诗。宁拘五字七言，不论长篇短制。"

很好理解，就是说，他们把蜡烛刻上刻度，限定了时间，然后各自赋诗。

十分的文雅。

纳兰容若为这次的聚会写的这篇诗序《渌水亭·宴集诗序》，与他以前的作品不同，并不是一首词或者一首诗，而是一篇骈文。

骈文全篇以双句为主，常用四字、六字句，讲究对仗的工整，还有声律的铿锵。

纳兰容若的这篇是典型的骈文，而且写得十分优美，称之为清代以来最美的骈文，也不为过。

全文如下：

清川华薄，恒寄兴于名流；彩笔瑶笺，每留情于胜赏。是以庄周旷达，多濠濮之寓言；宋玉风流，游江湘而讬讽。文选楼中选秀，无非鲍谢珠玑；孝王国内搴芳，悉属邹枚麟爵。

予家象近魁三，天临尺五。墙依绣堞，云影周遭。门俯银塘，烟波晃漾。蛟潭雾尽，晴分太液池光；鹤渚秋清，翠写景山峰色。云兴霞蔚，芙蓉映碧叶田田；雁宿兔栖，粳稻动香风冉冉。

设有乘槎使至，还同河汉之皋；傥闻鼓枻歌来，便是沧浪之澳。若使坐对亭前渌水，俱生泛宅之思；闲观槛外清涟，自动浮家之想。何况仆本恨人，我心匪石者乎！

间尝纵览芸编，每叹石家庭院，不见珊瑚；赵氏楼台，难寻玫瑰。又疑此地田栽白璧，何以人称击筑之乡；台起黄金，奚为尽说悲歌之地！

偶听玉泉呜咽，非无旧日之声；时看妆阁凄凉，不似当年之色。此浮生若梦，昔贤于以兴怀；胜地不常，曩哲因而增感。

王将军兰亭修禊，悲陈迹于俯仰，今古同情；李供奉琼宴坐花，慨过客之光阴，后先一辙。但逢有酒开尊，何须北海，偶遇良辰雅集，即是西园矣。

且今日芝兰满座，客尽凌云；竹叶飞觞，才皆梦雨。当为刻烛，请各赋诗。宁拘五字七言，不论长篇短制；无取铺张学海，所期抒写性情云尔。

纳兰容若一贯主张"性灵"，是说在填词写诗的时候，要遵从自己的心声，描写心意，抒发出自己最真挚的情感，才能感动其他人，在这篇诗序中，他再一次专门提起"无取铺张学海，所期抒写性情云尔"，强调"性灵"才是创作的关键与宗旨。

而因为他自身的性格原因，还有经历，在繁花似锦的时候，他总是会看到一些表象之外的东西。

此地田栽白璧，何以人称击筑之乡；台起黄金，奚为尽说悲歌之地！

偶听玉泉呜咽，非无旧日之声；时看妆阁凄凉，不似当年之色。此浮生若梦，昔贤于此兴怀；胜地不常，曩哲因而增感。

当众人都为金碧辉煌的宫殿而感慨的时候，他却想到了时代的兴昔。再华丽的宫殿，也抵不过时间的洪流，如今再看，废墟凄凉，完全没有当年辉煌的影子。

当真是浮生若梦。

藕风轻，莲露冷，断虹收，正红窗初上帘钩。田田翠盖，趁斜阳鱼浪香浮。此时画阁垂杨岸，睡起梳头。

旧游踪，招提路，重到处，满离忧。想芙蓉湖上悠悠。红衣狼籍。卧看少妾荡兰舟。午风吹断江南梦，梦里菱讴。（《金人捧露盘》）

在纳兰容若的好友之中，有一个经常出现的名字，那便是严绳孙。

严绳孙，字荪友，又字冬荪，号秋水，江苏无锡人，非常擅长画花鸟、人物，而且也擅长诗词，著有《秋水集》。

他是明朝的遗少。他的祖父就是明末时候的刑部侍郎严一鹏，也算是名门之后。明朝灭亡，清廷入关之后，他便断绝了入仕做官的念头，一心投入了诗词与书画的世界。

占得红泉与绿芜，不将名字挂通都。

君看沧海横流时，几个轻舟在五湖。

这首《自题小画》，便是他写给自己的一首七绝。

"君看沧海横流时，几个轻舟在五湖"，颇有些自嘲与讥讽的味道。

他本来无心进入官场，为清廷效力，连殿试都是敷衍了事，哪知却偏偏逃不脱入仕的命运。

严绳孙后来还是不可避免地当了官，没做几年，昔日的好友之间，也渐渐地开始有了这样那样的矛盾。

纳兰容若往日的书法老师高士奇，渐渐得到康熙的重用，但是高士奇却与纳兰容若的好友朱彝尊、秦松龄等人有着过节。在这官场的角力中，本来就无心官场的严绳孙，见好友朱彝尊被贬官，秦松龄也被夺去了职位，更加对官场失去兴趣，毅然抽身，返回自己的家乡专心画画去了。

他本来就打算以明朝遗少的身份终老一生，这样的结局，对他来说也并无不妥。

只是对纳兰容若来说，遗憾的，自是好友一个接一个地离去。

纳兰容若想必是十分怀念当初渌水亭中相聚，共吟诗词的热闹场面的吧？

那时候，严绳孙还在，朱彝尊还在，秦松龄也还在，哪里想得到如今的四下离散，凋零画面呢？

又一年，净业寺中的莲花再度盛开了。

故地重游，纳兰容若见到这依稀不变的场景，又何尝不感慨万千呢？

当日还在渌水亭饮酒赋诗，何等的热闹？何等的欢乐？更曾与严绳孙一同前往净业寺观莲，如今，已物是人非，好友们都散尽了，什么时候才能再度相聚呢？

后来，纳兰容若随着康熙皇帝南巡，来到无锡，景点山水处处都能见到好友严绳孙的留笔题字，以这样的方式，与久违的好友再度相见，何尝不是"旧游踪"呢？

但"重到处，满离忧"，如今自己的心境，与当年已大不相同。

人与人的聚散离合，竟是这般的无奈，又是这般的让人疲倦。

第八节　一生至交顾贞观

在纳兰容若的至交好友之中，有一人的名字，是不得不提的，那就是顾贞观。

他与纳兰容若携手营救吴兆骞一事，传为佳话。

纳兰容若与顾贞观以五年之约为期，救出吴兆骞，而当时谁也想不到，康熙二十年吴兆骞当真回到了京城。

君子之约，竟是分毫不差！

在纳兰容若的渌水亭中，盖有几间茅屋。

也许是因为纳兰容若骨子里的那股向往山野隐士之意，在自己的别墅里盖上这么几间茅屋，别人看了大概觉得不解，纳兰容若却没有觉得有什么不妥的地方。反而在茅屋盖成后专门写了诗词送到江南，送到三年前就已经离开京城的顾贞观手中。

在豪门朱户中修建农家的茅舍，似乎是一种贵族之间的风尚，在《红楼梦》中，作为荣华富贵象征的大观园，也修建了一座"稻香村"，不但是三间大茅屋，更是养了鸡鸭之类，农家生活模仿得有模有样。

当时的有钱人在庭院中修建农屋，无非是大鱼大肉吃多了，想换一下口味，尝尝清淡小菜，感受一下农家"鸡飞过篱犬吠窦"的田园生活，要当真叫那些老爷太太少爷小姐们切身感受一下"昼出耕田夜绩麻"的生活，只怕就叫苦不迭了。

但是，纳兰容若修建这几间茅屋的目的，却完全不同。

"君自见其朱门，贫道如游蓬户。"

这是出自《世说新语》里面的一个小故事。

高僧竺法深成为简文帝的贵宾，经常出入豪门朱户，丹阳尹刘惔便问："道人何以游朱门？"竺法深答曰："君自见朱门，贫道如游蓬户。"意思是说，丹阳尹刘惔问竺法深，说您是个和尚，怎么频繁地出入豪门朱户呢？竺法深回答说，在您的眼中是豪门朱户，高门大宅，但是在贫道的眼中，却和平民百姓的草舍茅屋没有什么两样。

这个典故，也是当初纳兰容若用来劝慰顾贞观的。

当初，顾贞观与纳兰容若交好，经常出入明珠府与渌水亭，惹来很多非议。

不过也难怪，毕竟纳兰容若乃是当朝豪门权贵之子，顾贞观不过一介布衣，很多人都认为顾贞观与纳兰容若结识，是趋炎附势另有目的。

世人议论纷纷，顾贞观也因此有些不自

在起来，就在此时，纳兰容若以一句"君自见其朱门，贫道如游蓬户"，完全打消了好友的顾虑。

但是，天下没有不散的宴席，顾贞观终究还是离开了京城，回到江南。

回想起以前那些融洽欢乐的日子，纳兰容若便在自己的渌水亭，修建了几间茅屋。也是想告诉顾贞观，朱门绣户并不适合我们，这乡野茅屋才是我们真正的归宿，如今，茅屋已经修好，好友也该回来了吧？重新回到那段欢乐的日子里去。

"聚首羡麋鹿，为君构草堂。"

于是，纳兰容若一次又一次地向顾贞观发出召唤，希望他能够回到京城，回到自己身边，一阕《满江红》，几乎是毫无保留地抒发出了自己的心声。

问我何心，却构此、三楹茅屋。可学得、海鸥无事，闲飞闲宿？百感都随流水去，一身还被浮名束。误东风迟日杏花天，红牙曲。

尘土梦，蕉中鹿。翻覆手，看棋局。且耽闲殆酒，消他薄福。雪后谁遮檐角翠，雨余好种墙阴绿。有些些欲说向寒宵，西窗烛。

若要问我为什么要修建着三间茅屋，那远在千里之外的梁汾好友啊，你应该是最清楚的，不是吗？

那富贵荣华的豪门朱户生活，其实并不适合我。多想像那自由自在的海鸥一样，能够随心所欲地飞翔啊，一切的烦恼都付之流水。但现实却是，我如今还被这现实的虚名给牢牢地束缚着，白白地耽搁了东风的轻拂，杏花天的美丽。

对纳兰容若来说，杏花天与浮名，他更在意哪一个，自是不言而喻的。在这首词中，纳兰容若更是清楚地告诉了顾贞观，如今这些官职什么的，不过是浮云，我怀念的还是当初与你在一起的日子，吟诗作词，何等的欢畅！

世事如梦非梦，真真假假难辨。

"尘土梦，蕉中鹿"，出自《列子·周穆王》中的一个典故。

昔日郑国人在山里砍柴的时候，杀死了一只鹿。他生怕被人看见，于是急急忙忙地把那只鹿藏到一个土坑里，还用蕉叶遮盖，哪知道这个人记性不太好，刚做过的事情就给彻底忘记了，不但不记得自己刚才藏鹿的地方，还以为是自己做了一场梦，回家的路上边走边念叨。他念叨的话被另外一人听了去，就依着他所讲的找到了藏鹿的地方，取走了鹿。

这人喜滋滋地扛着鹿回家，给妻子讲述了事情的原委，妻子说："你大概是梦到有这么一个人打死了鹿吧？如今当真扛回来一只鹿，难道是梦变成了现实吗？"

这个人笑着回答："不管是不是梦，反正鹿是真的，不是吗？"

庄周晓梦，谁知是在梦里梦外呢？

故事要是到这里结束，倒也算有趣，哪知还有下文。

那个砍柴的人回家之后，越想越觉得，那杀鹿的感觉是这样的真实，应该不是梦吧？他冥思苦想，结果日有所思，夜有所梦，居然给他梦到了那个藏鹿的地方，还梦到有人取走了他的鹿。醒来之后，他就找到那人，两人争执起来。

鹿究竟算是谁的，这可是公说公有理，婆说婆有理的事情，双方争执不下，就打起了官司，状纸告到了士师那儿。

这官司委实有些古怪，一时间士师也不知该怎么判决好，最后这样下的结论——

砍柴人打死了鹿，以为是做梦；后来那人取走了鹿，也以为是在做梦，这说明你们两人都以为是梦，并未真正得到这只鹿，不如分开两边，一人一半吧。

后来事情传到郑国国君的耳朵里，国君也觉得有趣，就拿这件事情去问国师，国师便说："到底是不是梦，并不是我们所能判断清楚的，只有黄帝与孔子二人才能分辨，但是此二人早已不在这个世间，所以，就不妨以士师的判断为准吧。"

所谓"庄周晓梦迷蝴蝶"，有时候，梦境与现实的界限是如此模糊，难以分辨。

纳兰容若在这里用了这个典故，颇有点为自己和顾贞观感慨的意思，下一句"翻覆手，看棋局"，更是清楚地写出，这世事反复无常，就像那棋局一样，输赢不定。

顾贞观一生坎坷，半世艰辛，纳兰容若是不是从他的身上，也隐约看到了自己的一些影子呢？

当然，论际遇，两人是截然不同的。

但是际遇如此天差地别的两人，却能一见如故，互为知己，不得不说，在他们两人之间，定是有些方面是相同的。我想，相同的正是这首《满江红》中的那句"百感都随流水去，一身还被浮名束"吧？

康熙二十年的时候，一位不寻常的客人，从塞北苦寒之地的宁古塔，来到了京城。

"绝塞生还吴季子"，此人正是吴兆骞。

吴兆骞被流放宁古塔，到如今，已经过去了二十三年。

他的到来，顿时震惊了整个京城。

很多人都还记得纳兰容若与顾贞观约定的五年之期。

又有多少人是抱着一种看笑话的心态，来看待纳兰容若与顾贞观的营救之举呢？

吴兆骞一案是顺治皇帝亲自定的案，后来经过纳兰容若等人的大力斡旋，康熙特赦，吴兆骞终于得以回到了中原。

才人今喜入榆关，回首秋笳冰雪间。

玄菟漫闻多白雁，黄尘空自老朱颜。

星沉渤海无人见，枫落吴江有梦还。

不信归来真半百，虎头每语泪潺湲。

对于吴兆骞的平安归来，纳兰容若真是欢喜万分。

他并未见过吴兆骞，唯一的联系，就是因为他们共同的朋友——顾贞观。

倾盖如故，指的便是此了吧。

即使素不相识，只因顾贞观是自己的朋友，所以，他的朋友也是自己的朋友！朋友有难，怎么能不倾力相助呢？

说纳兰容若行事古风，就是因为此，但我更愿意说，公子侠骨丹心，当不为过！

在宁古塔二十多年的艰苦日子，吴兆骞早已不是当年那个意气风发的轻狂文人，白山黑水的苦寒让他两鬓苍苍，形容憔悴。

见到历经艰险终于生还的吴兆骞，顾贞观潸然泪下。

第二年的正月，上元夜，纳兰容若邀请了一干好友在花间草堂集会，饮酒赋诗。

当时赴宴的人，有曹寅、朱彝尊、陈维崧、严绳孙、姜宸英等，还有顾贞观和刚刚返京的吴兆骞。

花间草堂便是当初纳兰容若为顾贞观修建的茅屋，名字起自《花间集》，大家汇集于此，看着走马灯上琳琅满目的图案，纷纷填词作诗。

走马灯转来转去，转到纳兰容若面前的时候停了下来，正好是一幅文姬图。

文姬，是汉代才女蔡文姬。

这也是一位命运多舛的女子，身为当时大名鼎鼎的文学家、书法家蔡邕的女儿，自小耳濡目染，博学多才，先是嫁给了卫仲道，夫妻恩爱，哪知不到一年，丈夫就病故了，蔡文姬回到娘家，父亲又被陷害入狱而死，她自己也被匈奴掳走。匈奴兵见她年轻貌美，就献给了匈奴左贤王为妃，一去就是十二年，直到后来曹操统一了北方，想起恩师蔡邕，用重金赎回了蔡文姬，成就"文姬归汉"的佳话。

蔡文姬也是著名的才女，为后世留下了传颂千年的《胡笳十八拍》与《悲愤诗》。

后来，唐朝诗人李颀这样写道：

蔡女昔造胡笳声，一弹一十有八拍。

胡人落泪沾边草，汉使断肠对归客。

如今，眼前白发苍苍的吴兆骞，与昔日的蔡文姬是何其的相似。

一样悲伤，一样坎坷。

吴兆骞是当世的名士，蔡文姬是当时的才女，时间穿越千百年，命运再度轮回重现。

于是一首《水龙吟》，纳兰容若一挥而就。

须知名士倾城，一般易到伤心处。柯亭响绝，四弦才断，恶风吹去。万里他乡，非生非死，此身良苦。对黄沙白草，呜呜卷叶，平生恨、从头谱。

应是瑶台伴侣。只多了、毡裘夫妇。严寒霜鲧，几行乡泪，应声如雨。尺幅重披，玉颜千载，依然无主。怪人间厚福，天公尽付，痴儿呆女。

在这首词中，纳兰容若以蔡文姬来比拟吴兆骞，是那么顺理成章。

"须知名士倾城"，古来倾城的，又岂止是美人呢？才子名士，不是一样也能倾城的吗？

当年蔡邕曾用柯亭的竹子来制作笛子，笛声独绝，如今，柯亭声绝，蔡邕已死，那精通音律的蔡文姬，却被掳到了千里之外的匈奴。

那时候，卫仲道刚刚病故没多久，悲伤之中的蔡文姬，哪里还有心情弹琴呢？

"四弦"，出自《后汉书·列女传》引《幼童传》中的记载，说一天夜里，蔡邕弹琴的时候，一根琴弦断了，当时年幼的蔡文姬就说，断掉的是第二根琴弦。蔡邕觉得诧异，以为是女儿偶然猜中，于是又故意弄断了一根，蔡文姬又说，断掉的是第四根，还是说中了，丝毫不差。蔡邕十分惊奇，不禁感慨自己女儿的音乐才华已经远远超越了自己，因而蔡文姬得了"四弦才"的雅致别号。

如果不是因为乱世，如果不是因为这些不幸，以蔡文姬之才貌双全，即使成为皇帝后妃也不为过的吧？更遑论是与丈夫恩爱幸福，终老一生呢？

可命运是如此的残酷，她如今却是身在万里之外的匈奴，与匈奴王成为了夫妻。她怎能不思念着家乡、思念着中原？但只能两行清泪潸潸而下。

纳兰容若的这番描述，虽然是命题而作，写的是蔡文姬，但是结合当时吴兆骞的遭遇，又何尝不是在说的吴兆骞呢？

这首《水龙吟》，后来极具盛名。

纳兰容若在这首词中，用典之纯熟，已经臻于化境，古时的典故与现在的现实相互混合，亦真亦假，亦梦亦幻，把蔡文姬的典故化用到吴兆骞身上，写的是那么自然，没有丝毫生硬之处。

在那北风呼啸的地方，每当风中传来胡笳乡曲，吴兆骞是不是也像当年的蔡文姬一样，思念家乡，潜然泪下呢？

后来，蔡文姬被曹操用黄金玉璧赎了回来，而吴兆骞，也被自己和顾贞观千里迢迢地营救回来，是不是也该苦尽甘来了呢？

康熙二十一年，新年刚过，吴兆骞就成为了纳兰容若的弟弟揆叙的授课老师。秋天，他南归省亲。

也许是二十多年的苦寒岁月，让吴兆骞再也无法适应江南的温暖天气，再加上常年居住在宁古塔的恶劣环境中，严重损害了他的健康，吴兆骞一病不起，康熙二十三年在京师病故。

对于吴兆骞的身故，纳兰容若是十分悲伤的。他在随同康熙南巡离京之前，曾经给严绳孙写过一封信，信中就说，吴兆骞病重，我这一去，回来的时候还不知能不能再见到他。不无哀叹之意。

在当年那个上元夜，他写下那首《水龙吟》的时候，曾经在结尾写过这么一句"怪人间厚福，天公尽付，痴儿呆女"。

就像俗话所说的那样，傻人有傻福。从吴兆骞的遭遇，纳兰容若不禁这样问道，为什么上天总是把福泽赐予那些平庸之人呢？为什么像蔡文姬这样的倾城才女，一生的遭遇会如此的悲惨？像吴兆骞这样的倾城名士，又为什么会如此的坎坷呢？

这是纳兰容若对命运无声的质问。

那时候他也完全没有想到，后来这几句话，竟是也应在了他的身上，情深不寿。

第四章

婚姻　感卿珍重报流莺

"感卿珍重报流莺。惜花须自爱，休只为花疼。"
康熙十三年，纳兰容若娶妻卢氏。

对于纳兰容若的初恋，明珠、觉罗氏等一干大人不会没有察觉，只是再怎么两小无猜、才貌双全对他们来说，意味着的，不是有情人终成眷属的美满，而是如何才能最大限度地利用这一双儿女的才与貌，来为他们的家族争取到更大的利益，与更稳固的靠山。

也许明珠、觉罗氏等人一开始也曾想过让这对孩子白头偕老，顺水推舟，成就一段才子佳人的完满童话。

可童话的最后，往往只是写"王子与公主从此幸福地生活在一起"，而从来只字不提之后的柴米油盐，更只字不提当童话结束之后，随之而来的种种现实。

成人的世界总是残酷的。

所以那来自外星球的小王子一直不愿长大，他宁愿永远是个单纯的孩子，看着自己那株心爱的玫瑰，在湛蓝的天空下慢慢绽放花蕾。

纳兰容若却不能不长大，不能不在家族的安排下，踏上那条早已安排好的道路，即使心有不甘。

惠儿被送进了皇宫，纳兰容若则准备着参加科考，准备着踏上仕途。

还有一个问题，也开始摆在了纳兰容若的面前，不得不去面对。

他已经到了该成婚的年纪！

第一节 妻子卢氏

纳兰容若的第一位妻子卢氏，乃是两广总督卢兴祖的女儿。

论家世，两人门户相当，对习惯用审视的目光来看待一切的成人们来说，是一个非常好的选择。

论相貌，据说卢氏"生而婉娈，性本端庄"，是相当有才华而且性格温柔的女子。

纳兰与卢氏，倒真真像是天造地设的一对。

卢氏的出现，也让决心要慢慢忘记表妹、忘记那段年少感情的纳兰容若，重新找到了生命中另外一抹亮色，另外一段美满的感情。

康熙十年，也就是辛亥年。

这一年的二月份，原本担任左都御史的明珠，接到一道命令，让他与徐文元两人担任经筵讲官。

什么是经筵讲官呢？

就是给皇帝讲解经义的角色，只是个虚衔，就是去当皇帝的老师。给这个天下最尊贵的学生读书念书的，一般都是由翰林院饱学之士。

徐文元是国子监祭酒，相当于现在的教育部长兼大学校长，而且这大学还是重点名校，当皇帝的老师，那倒是实至名归，毫无异义。

明珠也担任这个职位，却有点挂名充数的感觉。

其实，就是徐文元是汉人，这让八旗贵族铁帽子王爷们有些不爽了。

非我族类其心必异，要是这徐文元讲着讲着把咱们的皇上给讲成了反清复明那怎么办？

所以他们左思右想，干脆把明珠给推出来和徐文元一起当这个皇帝的儒学师傅！

矮子队里选高的，和其他人旗人相比，明珠确实算得上精通汉人儒家文化了，虽然和徐文元这饱学之士相比，那是相差了老长一截儿！

不过也没什么人在乎，大家都知道，这是因为讲官队伍里需要一个有分量的旗人大臣罢了，难道还当真指望他给皇帝讲书不成？

巧合的是，徐文元又是纳兰容若的

老师，或者说是校长！

那年纳兰容若也刚上了太学，身为国子监祭酒的徐文元，对这名聪慧过人，精通汉家文化的学生是深为器重，赞不绝口。

对明珠而言，这"经筵讲官"更是个虚衔，他当时是左都御史，公务繁忙着呢。

当然，那时候，明珠也万万没有想到，就在这一年的十一月，他被一纸调令，升为了兵部尚书。

明珠扶摇直上，其他人自然会忙不迭地前来巴结，本来就是众家少女心目中理想夫婿的纳兰容若，也就当仁不让地成了香饽饽，顿时身价百倍、炙手可热。

年纪轻轻，却没有半分飞扬跋扈之气，反倒是个举止闲雅的风采公子，也就难怪少女们会为之倾心了。

明珠想必也知道自己儿子有多炙手可热，他倒是不急，他在慢慢地寻找着最合适的人选。

要是说明珠只顾着自己的政治生涯把儿子的终身幸福拿来做了筹码的话，也未免有失公允，毕竟婚后的纳兰容若与卢氏，夫妻恩爱，举案齐眉，感情十分深厚。卢氏因难产过世之后，纳兰容若因为悲伤，写出不少悼念亡妻的词句，这都是有目共睹的。

不过站在明珠的角度，究竟是因为卢氏是两广总督的女儿才选择了这个儿媳呢，还是这个儿媳恰好是两广总督的女儿，已经说不清楚了。总之，当纳兰容若与卢兴祖的女儿定亲的消息传出来之后，京城里有多少少女那颗期待的芳心霎时间全碎成了碎片，就不得而知了。

对于这场婚事，纳兰容若并没怎么反对。

或许是因为他很清楚地知道，自己与表妹已经再无相见的机会，从此萧郎是路人，他与她，此生无缘，她在皇宫之中，而自己……是不是也该从年少的轻狂之中渐渐成熟了呢？

所以，面对父亲的提议，纳兰容若只是默默地点了头，应允了这门婚事。

这门婚事在当时来说，完全称得上是一场天作之合，双方门第相当，权贵与权贵的结合。男方年少英俊，才气逼人；女方贤良淑德，温柔端庄，无论从什么方面看，都是天造地设的一对璧人。

不过，当时的婚姻还是包办的，自己的另一半不到新婚之夜是看不到真面目的，西施也好，东施也罢，不到揭盖头的刹那，一切都只是想象。

所以，纳兰容若虽然早就从父母的口中得知对方才貌双全，不亚于表妹，几乎挑不出什么毛病来，但毕竟从未见过面，心中也不禁有点忐忑。

换做卢氏，又何尝不是？

她是大家闺秀，从小在深闺之中娇生惯养，大门不出二门不迈，鲜有踏出去的机会，即使如此，她也并不孤陋寡闻，早就听说过纳兰容若的大名，甚至和其他无数的少女一样，也曾在听到那文雅的名字的时候，芳心暗跳。所以当父母们说自己未来的丈夫就是那公子纳兰容若的时候，卢氏竟是惊讶得愣住了。

对父母给她决定的这门婚事，自然她也毫无异义，少女羞涩着，一声不出，瞧在父母的眼中，则代表了应允同意。

纳兰容若写过一首《临江仙》——

绿叶成阴春尽也，守宫偏护星星。留将颜色慰多情。分明千点泪，贮作玉壶冰。
独卧文园方病渴，强拈红豆酬卿。感卿珍重报流莺。惜花须自爱，休只为花疼。

这首词里面，纳兰容若用了不少与爱情相关的典故，所以这首词一般都是被归为爱情主题。

当然，确实如此。

纳兰容若的词作里面，以爱情为主题的，占了大多数，如果说他少年时候的那些词，还透着一股子年轻人的轻狂与无忧无虑，那如今经历过一场感情挫折的纳兰容若，在词间流露出来的，已经开始隐隐带着一缕忧郁的清冷味道。

这首《临江仙》自然也不例外。

"绿叶成阴春尽也"，明显乃是化自唐代诗人杜牧的《叹花》一诗中的句子："自恨寻芳到已迟，往年曾见未开时。如今风摆花狼藉，绿叶成阴子满枝。"

故事讲的是昔日诗人在家乡遇到一位倾心的姑娘，又担心自己配不上她，于是决定去京城打拼前途，等到多年后他终于成为一名官员，觉得已经有本钱去提亲了，于是返乡，哪知昔日的心上人早已成婚多年，连孩子都有几个了，诗人遗憾之际，便写下了"绿叶成阴子满枝"的诗句。

在《红楼梦》中，贾宝玉见到大观园里"只见柳垂金线，桃吐丹霞，山石之后，一株大杏树，花已全落，叶稠阴翠，上面已结了豆子大小的许多小杏"，宝玉因而想到："才病了几天，竟把杏花辜负！不觉到'绿叶成阴子满枝'。"更联想到昔日一起结诗社的邢岫烟，也和薛家定了亲，过不了多久，只怕也是子女绕膝。当然，贾宝玉的心思，是巴不得能与自己的姐妹们一辈子在一起，在大观园这个世外仙境中无忧无虑无拘无束的，永远不用长大，永远不用与外界的世俗沾染上丁点儿的关系！

而纳兰容若却清楚地知道，随着年岁渐长，有些事，是他必须去做的，那是他身为一个社会人的责任与义务。

"独卧文园方病渴"这句，纳兰容若是在自比司马相如了。

汉代的时候，司马相如曾为孝文园令，患有消渴疾，故此后文人常自称文园，也以文园病渴来指代文人患病。

而这里，纳兰容若除了自比司马相如之外，下一句"强拈红豆酬卿"，也是在借红豆的典故在描写相思之情。

或者说，是对未来妻子的憧憬之情？

总之，对于已经"名花有主"的纳兰容若来说，他的词里面，爱情的主题开始逐渐占据多数起来。

十八年来堕世间，吹花嚼蕊弄冰弦。多情情寄阿谁边？

紫玉钗斜灯影背，红绵粉冷枕函偏。相看好处却无言。（《浣溪沙》）

纳兰容若的妻子是明珠与觉罗氏夫妇亲自为爱子挑选出来的媳妇儿。

父辈们甚为满意这位人选，两家人都颇为期待这场婚礼。

也许有人要说，这卢兴祖看姓氏不是汉人吗？清朝一直坚持满汉不通婚，怎么身为满族贵族的明珠家，却和身为汉人的卢兴祖结成了儿女亲家？

其实这是一种误解，所谓的满汉不通婚，指的并不是满族与汉族相互间不通婚，而是限制旗人与非旗人通婚。卢兴祖是汉军镶白旗人，任两广总督，封疆大吏，对明珠家来说，是个最好的选择。

除开一双儿女的匹配，明珠考虑的，还有一些政治上的因素。

他自己是京官，中央要员，而未来亲家是封疆大吏，朝廷与地方，一旦被姻亲这条纽带牢牢地联系在一起，那就是一件互惠互利的事情，稳赚不赔！

当时纳兰容若的这场婚礼，在某种程度上来说，也算得上是万众瞩目。

首先，这是康熙的心腹重臣明珠家的喜事，结亲的另外一家是两广总督，封疆大吏，可谓是强强联手。

其次，就是因为这场婚礼的主角儿，是京城众多少女心目中的白马王子。

总之，不论外界反应如何，到了成亲的好日子，明珠府顿时喧天地热闹起来。

其实对沉迷于汉文化的纳兰容若来说，这种热闹的、锣鼓震天、笑语喧哗的热闹场面，大概并不是他所乐于见到的。

我们现在看古装片，见到成亲的场面总是吹拉弹唱，操办得喜庆热闹，就以为古代的婚礼仪式当真是这样来举行的，其实不过是以今度古，真正的汉族婚礼仪式隆重却并不张扬，并不是一路敲锣打鼓，生怕别人不知晓。

这场婚礼不光是代表着纳兰容若从此要步入人生的新阶段，对其他人来说，也是一场名正言顺巴结明珠与卢兴祖的好机会。

明珠心知肚明，所以，这场婚礼，他操办得是无比热闹喧哗。

反正没有人会嫌婚礼太过热闹，也没有人会嫌婚礼太过喧哗，在这一天中，所有的热闹与喧哗，都是可以原谅的。即使是纳兰容若，在这样的气氛之中，也不得不勉为其难地应酬着来宾们喧闹的恭贺声。

这一场喧哗直到快深夜的时候，才渐渐地安静下来。纳兰容若也终于有了机会，与那刚刚拜堂成亲的妻子得以单独相对。

那卢氏究竟是什么样的呢？根据记载，说卢氏"生而婉娈，品性端庄，贞气天情，恭客礼典。明珰佩月，即如淑女之章，晓镜临春"，然后又说她是"幼承母训，娴彼七襄，长读父书，佐其四德"，看来，在当时，大家都公认卢氏是一位端庄美丽、家教严谨的淑女。

而这些称赞卢氏的话，想必父母也早已给纳兰容若一遍又一遍地讲过，所以在踏进新房的时候，他心中，还是兴奋地期待着的。

婚床旁站着长辈与侍女，床沿正中，坐着刚与他拜堂成亲的新娘。

少女穿着一身大红金线滚边绣满吉祥花纹的新娘嫁妆，头上盖着同样绣满了吉祥花的大红色盖头，双手规规矩矩地放在膝盖上，动作优雅，坐姿优美，但还

是看得出来，新娘有着一丝儿隐隐的紧张与……拘束。

或者说是不安。

毕竟她也与纳兰容若一样，面对着的，是全然陌生的、却要与自己从此携手度过后半生几十年的人，虽然早就听说过对方的名字，但如今当真面对面了，却又羞涩胆怯起来。

她盖着盖头，看不见对方的相貌，只能从盖头下偷偷地看出去，却只能见到一双穿着靴子的足，缓缓地走向自己。

少女便一下子紧张了，纤长的手指局促地紧紧抓住了自己的衣角。

对方似乎也有些紧张，脚步踌躇起来，像是呆站了半晌，才在

周围长辈们的戏谑声与侍女们的轻笑声中，拘谨地揭开了新娘子的红盖头。

这时，她才第一次看见他的脸。

他，也是第一次见到自己的妻子。

新娘羞涩却惊讶地睁大了双眼。

她没有想到，纳兰容若会比自己想象中的更加儒静，更加的清俊文雅，漂亮的面孔顿时红得仿若玫瑰花瓣一样。

纳兰容若也是一怔。

烛光下，少女的面孔还带着新娘特有的羞涩红晕，那张脸并不是多么倾国倾城的美艳，却是眉清目秀，眼波清澈，带着一种温柔亲和的感觉。

相看却无言。

周围的人早已经识趣离开了，把这个空间留给了这对刚刚结为夫妻的年轻人。

都说一见钟情，对如今的纳兰容若与卢氏来说，更像是一见倾心。

蜀弦秦柱不关情，尽日掩云屏。已惜轻翎退粉，更嫌弱絮为萍。

东风多事，余寒吹散，烘暖微醒。看尽一帘红雨，为谁亲系花铃。（《朝中措》）

纳兰容若与卢氏少年夫妻，十分地恩爱美满，这是有目共睹的。

婚后的两人，鹣鲽情深，叫人看了都不禁羡慕不已。

难怪经常会有人难掩艳羡之情地说，纳兰容若当真是上苍的宠儿，连婚姻也比别人美满，妻子宽厚温柔，善解人意，如何不羡煞旁人？

不过他们似乎也忘记了，纳兰容若与卢氏的婚姻美满，也正是因为他们都出身豪门，不用去担心柴米油盐酱醋茶，不用去担心生计问题。

所谓"贫贱夫妻百事哀"，如果纳兰容若与卢氏也像大多数人一样，每日里要为着生计而奔波，大概那纯洁的感情也会在日复一日的现实磨砺中渐渐变成无可奈何的麻木，最终相对两无言。

不过他们就好像《红楼梦》里面的贾宝玉与那些贵族小姐们一样，拥有在世人眼中完美的家庭条件与生活环境，所以才能用最纯洁的感情，去全心全意地、不受任何干扰地去体验那种最最纯粹的爱情！

两人都正青春年少，最浪漫的年纪，再加上一见倾心，所以从纳兰这个时期的诗词，任何人都能感受到他们之间的那种令人心旷神怡、悠然神往的感情。

新婚夫妻，自是风光旖旎无限的。

在小两口的眼中看来，这个世界的任何事物，都是那么的美好。甚至于纳兰容若因为急病而错失殿试的遗憾，也在婚后的岁月中慢慢消失在了脑后。

卢氏嫁入府后很快就赢得了府中上上下下众人的喜爱。

明珠与觉罗氏颇为满意这个儿媳，下人们也十分敬重这位少夫人，纳兰容若发现，卢氏在很多的方面与他都很为相似。

例如对很多事物的见解，有着一份同样难得的纯真！

也许是因为新婚生活的美满，让纳兰容若在这段时间所写的词，也同样的带着难掩的幸福与旖旎。

"蜀弦秦柱不关情"中的前面四个字，指的是筝瑟。相传筝这种乐器乃是秦朝时候的名将蒙恬所造，所以又称做秦筝、秦柱，而传说蒙恬也是文武双全之人，武能平定六国、驱逐匈奴，文可为秦始皇出谋划策，为公子扶苏的老师，而这里纳兰容若借用秦筝的典故，是不是也有点自比蒙恬的意思呢？

也许，更像是在一次夫妻间的抚琴弄舞之间的玩笑话。

看着眼前身姿婀娜绰约的妻子，纳兰容若自然也不甘落后，戏谑着说一句："蜀弦秦柱不关情。"

屋内还有些寒气，和煦的东风从窗户吹了进来，把那淡淡的寒意缓缓吹散了，暖意融融，令人陶醉。

帘外的花瓣儿被吹得纷纷落下，仿若红雨一般。

花树下，那纤细婀娜的身影正婷婷地站着，为了防止那些鸟雀把娇嫩的花儿给啄伤，她正一个一个地往花柄上系小小的护花铃。

护花铃很小，所以卢氏全神贯注地做着这件工作，身后传来熟悉的脚步声，卢氏只微微回头，嫣然一笑，面如桃花。

那笑容温温柔柔的，就像是三月的春风，曲曲绕绕地钻进了纳兰容若的心里，那温暖慢慢地蔓延开来，直到溢满心房。

旋拂轻容写洛神，须知浅笑是深颦。十分天与可怜春。

掩抑薄寒施软障，抱持纤影藉芳茵。未能无意下香尘。（《浣溪沙》）

《纳兰词》整体风格都偏向清丽哀婉，这是众人都异口同声公认的，不过，即使如此，在纳兰容若词作里面，也并非全部都是婉约的、哀伤的词作，也有"何年劫火剩残灰""休寻折戟话当年"的雄浑之作，更有欢快的轻松之作。

就像这首《浣溪沙》。

这是纳兰词里很少出现的带着轻松与欢愉情绪的作品。

"旋拂轻容写洛神"，开篇第一句，便活灵活现地描写出一幅夫妻间相处愉快的画面。

对当时新婚燕尔的纳兰容若与卢氏来说，每一分每一刻在一起的时光，都是十分幸福的，再加上当时的纳兰容若还未入仕，所以不存在什么被公务所扰的问题，两人从而可以完完全全地生活在属于他们近乎完美的世界中。

其实纳兰容若不光在词上有着耀眼的成就，在绘画方面也是颇有造诣的。

纳兰容若对琴、棋、书、画均颇有研究，曾经师从禹尚基、经岩叔等人学习绘画，后来更与严绳孙、张纯修等画家成为了好朋友。

纳兰容若的书房，一向都是自己亲自收拾的，有了卢氏之后，这个工作，便不知不觉被卢氏无声无息地接了过去。

每天，卢氏都会细心地替他整理好书桌，再在案上摆上一瓶时令的鲜花，让那淡淡的花香飘散在空气里，沁人心脾。

这天，纳兰容若和往常一样，缓步前去书房，刚走到门口，就听见卢氏轻柔地说话声。

"原来这幅画放在这儿了。"

纳兰容若好奇。

平常这个时辰，卢氏早已收拾完书房了，今日却是为何耽搁了呢？

他好奇地迈进去，却见卢氏正与小侍女在一起，手里拿着一幅画，微微歪着头，那神情有些疑惑，又有些高兴。

就像是一个发现了新玩具的孩子一般。

听见丈夫的脚步声，卢氏也未把那幅画收起来，而是回头看着丈夫，清秀的面孔上绽出温和的笑容。

"在看什么？"纳兰容若走上前，却见那是一幅洛神图。

"你画的？"纳兰容若问道。

卢氏摇了摇头，微笑道："不是。"

纳兰容若听了越发好奇，便细细看去。

大概是不知名的画家所作，并未题款，也没有印章，但线条细腻，用色淡雅，画中的洛神飘然于碧波之上，当真是翩若惊鸿、婉若游龙，身姿卓越，髣髴兮若轻云之蔽月，飘飖兮若流风之回雪。洛神的脸微微向后侧着，低着眼，像是正在看向身后，又像是正在依依不舍地收回目光，相当传神。

纳兰容若好奇地看着，突地想起，新婚之夜自己与妻子的初见，岂不是当年曹植初见甄宓一般的心情吗？

画中的女子貌若芙蓉，云鬓峨峨，瑰姿艳逸，当真是神仙之态。

而眼前正淡淡微笑着的女子，又何尝不美呢？

也许是情人眼里出西施，在纳兰容若的眼中，妻子卢氏又何尝不是"仪静体闲，柔情绰态"？

无论是浅笑，无论是皱眉，无论是娇嗔，无论是害羞，种种的神态，种种的表情，都是美的。

纳兰容若从妻子手中接过画轴来，当下就挂在了墙上。

曹子建终究与甄宓错身而过，下半辈子，他只能在回忆中苦苦追寻着自己的洛神，回想起以前的种种，到如今都成了钝刀子割肉，长长久久地伤痛。

自己与曹子建相比，该是幸运的吧？

心爱的妻子就在自己眼前，持子之手，自然是能够与子偕老的！

那时候的纳兰容若完全没有怀疑。

他真的以为，与妻子就能这样一直下去，直到天长地久。

但是熟读诗书的纳兰容若似乎忘记了，白居易的《长恨歌》中，"天长地久"四个字之后的，是"有时尽"。

他怎知道，这段幸福的时光，只有三年而已。

所以他才会轻轻地说一句——

"当时只道是寻常。"

第二节　妾室颜氏

后人说起纳兰容若，最常用的八个字，就是"慧极必伤，情深不寿"。

的确，我们读纳兰词，最先感受到的，就是在那字里行间流露出来的对恋人、对妻子的深情。

不过我们也要辩证地看问题。

纳兰容若毕竟是清代人，那时候，男人三妻四妾很正常，尤其是像纳兰容若这样的豪门贵公子，如果只有一位妻子，那在外人看来，是完全不可想象的事情。

所以，纳兰容若在妻子卢氏之外，还有一位妾——颜氏。

颜氏家世不详，并没记载她是哪家的女儿，也并未像卢氏一样，有人专门赞扬她美丽端庄、贤良淑德。

大概，她只是个普普通通的旗人女儿。

因为"满汉不通婚"，所以，颜氏应该是旗人，当然，论家世，那是肯定比不上正室卢氏的显赫。

关于纳兰容若是什么时候纳了颜氏为妾的，有两种说法，一种说颜氏入门是在纳兰容若与卢氏大婚之前；另外一种说是在纳兰容若新婚没多久。

但不管是哪一种，唯一相同的就是，颜氏进了明珠府，而她进门的目的，或者说是作用，就是赶紧传宗接代，扩大门楣。

这也是明珠与觉罗氏忙不迭地为儿子娶妾的原因。

他们想要赶紧看到孙子辈的孩子了！

对于父母的这个要求，纳兰容若不得不接受，也不得不接受这个突如其来的妾室。

因为这是他身为长子的责任！

而颜氏呢?

她对自己的命运,对自己成为纳兰容若的妾室,又是怎样的感觉呢?

我们无从得知,甚至在被人们所津津乐道的、关于纳兰容若与表妹、卢氏、续弦官氏还有沈宛之间缠绵悱恻的爱情故事背后,颜氏总是被遗忘到角落里,一如她在丈夫身边的尴尬地位。

妾室到底地位有多低呢? 这么说吧,也就是比丫头稍微高那么一点而已,而且因为处于主子不是主子、奴婢不是奴婢的夹缝地位,处境更是尴尬。正室有能自由处置妾室的权力,甚至可以直接将妾卖给人牙子,也就是人贩子! 古代妾室的处境地位可见一斑。

所以,若是遇到个生性嫉妒或者厉害点的正室,小妾的处境会相当的凄惨。

《红楼梦》里面有个颇具喜剧色彩也颇为悲剧的人物——赵姨娘。她就是贾政的小妾,虽然给贾政生了一儿一女,却连抚养自己孩子的权利都没有,还不能直呼儿女的名字,只能和其他的佣人们一样,唤探春为"小姐",探春也从来不认她是自己的母亲。赵姨娘在贾府的地位,甚至还比不上那些有权有势的丫头,不要说王熙凤的心腹平儿,就连晴雯、芳官等丫头,也从不正眼看她,对她颇为轻蔑。在文中,赵姨娘曾经说过这么一句话"有好东西也到不了我这儿",可知她在家中的尴尬地位了。还有同为妾室的苦命女香菱,遇人不淑不说,最后更是被薛蟠的正室夏金桂折磨致死。

好在颜氏不是赵姨娘,卢氏也不是夏金桂。

卢氏性格温厚,她并未因为自己是正室而处处刁难颜氏,也未仗着纳兰容若的宠爱而有恃无恐,反倒是对颜氏温柔亲厚,俨然姐妹一般。

颜氏则顺从恭谦,全心全意尽着她身为妾室的责任,与卢氏一起,把丈夫伺候得无微不至。

但是,她却往往被人遗忘,彻底被湮没在纳兰容若与卢氏琴瑟和鸣举案齐眉的爱情光环之下,悄然跟随在丈夫的身边。直到最后,她选择了留下,安静地守护了他一生。

爱情是一个难解的谜题,从来没有人能解开。

不管是在电视里,还是在小说中,我

们都常常见到这样的情节，两位女子同时爱上了一个男人，不管过程如何，结局都只能是其中的一位女子与意中人白头偕老，另外一人只能黯然神伤，一遍又一遍地询问着："为什么你爱的是她而不是我？"

当爱情一败涂地，她唯一能做的，就是想要知道，自己为什么会输给另外一人？

她未必就比另外一人逊色，只是因为她恰好爱上了一个不爱自己的人。

她唯一的错，就是阴差阳错，她爱的人并不爱她，如此而已。

人生若只如初见，何事秋风悲画扇？等闲变却故人心，却道故人心易变。

骊山语罢清宵半，泪雨零铃终不怨。何如薄幸锦衣郎，比翼连枝当日愿。（《木兰花令》拟古决绝词）

在玩《仙剑奇侠传四》的时候，当看到千佛塔中那痴心不改为丈夫守灵的女子姜氏时，总是会让我不由自主地想起颜氏。

她们同样都深爱着自己的丈夫，却又同样不被丈夫所爱，只能默默地把自己的感情隐藏在心里，看着丈夫对另外的女人念念不忘。

姜氏眼睁睁地看着丈夫在临死之前想念着琴姬，她到底有多恨？到底有多伤心？除了她自己，无人能知。她只能空对着丈夫的灵位，一遍又一遍地述说自己的爱情。姜氏终究是看不开，追随丈夫到了阴曹地府，却被鬼差告知，她与丈夫缘分已尽，对方已经转世，无论她在鬼界等待多久，也永远不可能再见到自己的丈夫了。

那性子坚强如烈火般的姜氏，选择的是一条决裂的，也是绝望的道路。

而颜氏却柔如溪水。

她从进门的那一天开始，就默默地接受了自己的命运。

她平静地看着纳兰容若与卢氏天天抚琴念诗；看着纳兰容若在卢氏亡故之后痛不欲生；看着丈夫后来续弦官氏，更有了情人沈宛。面对这一切，颜氏只是默默地选择了接受，甚至于在纳兰容若病故之后，她也选择了留下，守护一生，甘之若饴。

在纳兰容若的一生之中，感情所占的比重是不可忽视的，其中，又被进宫的表妹、卢氏与沈宛各占据了三分之一，颜氏则像是被完全遗忘了。有时我不禁心想，或许对颜氏的感情，纳兰容若并非一无所知，也并非一无所动的吧？

他不是不知道颜氏对自己的感情，只是一个人的心可以很大很大，包容爱人所有的一切，也可以很小很小，小得只够容纳下一个人。

正像阿桑《一直很安静》那首歌里面唱的那样，"明明是三个人的电影，我却始终不能有姓名"。《仙剑》中林月如说"吃到老，玩到老"，但是时间却不给她幸福的机会，就已经"原来我已经这么老了"，最终与李逍遥生死相隔。

温婉美丽的颜氏又何尝不是如此？只是她还来不及体会到幸福的滋味儿，纳兰容若就已经永远地离开了这个世界。

她听了那么多年的"对不起"，到了最终，得到的依旧还是一句充满歉意的"对不起"。

于是我更愿意相信，纳兰词中这句家喻户晓的"人生若只如初见，何事秋风悲画扇"，或许有那么几分的可能性，是写给颜氏的，写给那被自己不得不辜负了的女子。

人生若只如初见，当初与颜氏的第一次见面，其实也是那么美好而且淡然吧？

与表妹、卢氏、沈宛等人不同，纳兰容若与颜氏之间的感情，是平静又安稳地发展着，没有跌宕起伏的浓烈感情，也没有生死与共的焚心似火，只是像潺潺的流水一样，平淡的、静静的，在两人相处的岁月中慢慢地酝酿，最终转为仿佛亲情一样的爱情。

君子之交淡如水，我想，纳兰容若与颜氏之间的感情，也是这般淡如水，却柔如水、韧如水的。

纳兰容若如此聪明而且善解人意，怎么会不知自己有多爱卢氏，就有多辜负了颜氏？

他并不是看不到颜氏的好，只是天意弄人，他已经不能再把心分出来一块给那位可怜的女子，唯一能说的，只有一句"对不起"。

当时初见，是如此的美好，哪里想得到后来的分离？

"何事秋风悲画扇"，这句用的乃是汉代班婕妤的典故。

班婕妤是古代的名女子之一，也是才女，是汉成帝的妃子，后来被赵飞燕陷害，自愿前去长信宫侍奉王太后，等于是退居冷宫，后来孤伶伶地过完了一生。她曾写了一首诗《怨歌行》，用团扇来形容自己，抒发被遗弃的怨情。这里，纳兰容若是说，本来相亲相爱的两人，为何会变成如今的相离相弃？

也许他是在借着这首词，写出自己对颜氏说不出口的愧疚。

不是你不好，只是前前后后，阴差阳错，刚好晚了那么一点儿时间，于是只好辜负了你。

如果不是这样，从当初一见面开始，我们也是能够相亲相爱的吧？

只是如今我还来不及向你说出自己的心意，命运便无情地让我们生离死别。

很多时候，当我们迟疑的时候，只是以为还有时间去开口。

很多时候，当我们后悔的时候，才发现早已是故人心变，物是人非。

多年以后，当颜氏看着丈夫遗留下来的《饮水词》，读着这首《木兰花令》，会不会潸然泪下？会不会在念吟着"比翼连枝当日愿"的时候，回想起当年与丈夫之间平淡的点点滴滴，如今却是一分一毫都让她怀念不已。

这首《木兰花令》还有着一个小小的副标题——

"拟古决绝词"。

决绝词是什么呢？是古乐府旧题，属于乐府诗中的相和歌辞。

元稹也曾写过决绝词，共三首。

乍可为天上牵牛织女星，不愿为庭前红槿枝。

七月七日一相见，故心终不移。

那能朝开暮飞去，一任东西南北吹。

分不两相守，恨不两相思。

对面且如此，背面当何知。

春风撩乱伯劳语，况是此时抛去时。

握手苦相问，竟不言后期。

君情既决绝，妾意已参差。

借如死生别，安得长苦悲。

噫！春冰之将泮，何余怀之独结。

有美一人，于焉旷绝。

一日不见，比一日于三年，况三年之旷别。

水得风兮小而已波，笋在苞兮高不见节。

刿桃李之当春，竞众人而攀折。

我自顾悠悠而若云，又安能保君皓皓之如雪。

感破镜之分明，睹泪痕之馀血。

幸他人之既不我先，又安能使他人之终不我夺。

已焉哉，织女别黄姑。

一年一度暂相见，彼此隔河何事无。

夜夜相抱眠，幽怀尚沉结。

那堪一年事，长遣一宵说。

但感久相思，何暇暂相悦。

虹桥薄夜成，龙驾侵晨列。

生憎野鹤性迟回，死恨天鸡识时节。

曙色渐瞳昽，华星次明灭。

一去又一年，一年何可彻。

有此迢递期，不如生死别。

天公若是妒相怜，何不便教相决绝。

此词写得颇为决绝，"君情既决绝，妾意已参差。借如死生别，安得长苦悲"。
如今纳兰容若用了这个古老绝情的题目，难道是要与爱人决绝吗？

自然不是。

他写出这首决绝词，无非是想到，自己总有一天会离去，徒惹亲人们伤心，不如就让自己来当一次无情的决绝之人吧？

他与人保持着距离，是怕当相互之间感情深厚之后，会因为时光的流逝而不得不分离。世界上多远的距离，都比不过生与死的隔阂！只是一个字的差异，却代表着永不相见。

所以，他才会在生命的最后关头，对官氏、沈宛、颜氏那么冷淡？

谁道飘零不可怜，旧游时节好花天，断肠人去自经年。

一片晕红才着雨，晚风吹掠鬓云偏。倩魂销尽夕阳前。（《浣溪沙》）

这首《浣溪沙》，据说是纳兰容若在见海棠花开之后写的。

海棠多开在春季，盛开之后煞是好看，也难怪纳兰容若会写下这首词了。

从词里行间，描写的确实是海棠。

无论是"飘零"，还是"晕红"，都是海棠花盛开之后，从枝头缓缓落下的画面。

海棠在古代的诗词中出现次数很多，最家喻户晓的，应该就是宋代女词人李清照的《如梦令》吧？

昨夜雨疏风骤，浓睡不消残酒，试问卷帘人，却道海棠依旧。知否？知否？应是绿肥红瘦。

易安居士笔下，惟妙惟肖地写出了爱花人对自然事物的爱惜，其中"绿肥红瘦"四个字，更是被人津津乐道，交口称赞。

那经历过一夜风雨之后的海棠，艳丽的花儿已不复昨日的繁丽，显得憔悴零落，只有那翠绿的叶子，却越加青翠娇艳了。

这样一幅雨后海棠的画面，出自李清照的笔下。

在纳兰容若的词中，海棠又有了另外一番风情。

正是海棠花开的好季节，院子里的海棠树花枝上，晕红的海棠正娇艳地绽放着。

昨夜也下了一场小雨，花瓣上还残留着雨珠儿，微风吹过，雨珠就从摇曳的花枝上纷纷落下，翠绿的枝叶轻轻地摇动着，那绿色是那么的柔和，衬托着晕红的海棠花。

也许这株海棠花树上，当真栖息着海棠花神吧？那美丽的花神，又是在想念着谁？

断肠人在天涯，可又有谁知道，断肠人也许就在眼前呢？颜氏又何尝不是断肠人呢？

夕阳西下，看着那株院子的海棠花树，颜氏只是站得远远地看着。

她无法过去，正如清晨的时候，看到纳兰容若与卢氏在海棠花树前笑着、说着，开心地赏花，那两人的背影是如此相配，又如此天造地设，完全没有第三个人插足的余地。

如今，人影早已不在，只有那株海棠花树还依旧，自己依旧无法走过去，走近纳兰容若曾经走过的地方。

康熙十四年，纳兰容若二十一岁。

在这一年，纳兰容若有了他的第一个孩子——富格。

纳兰容若一生共有三子四女，后来其中一个女儿嫁给了雍正年间的骁将年羹尧。

他的长子富格出生于康熙十四年，这一年对明珠府来说，双喜临门。

十月的时候，明珠又被调为吏部尚书。

从兵部尚书到吏部尚书，明珠的仕途越走越通畅，越走越顺利，康熙对他的倚重是如此明显，任何人都看得出来，他是皇帝跟前最炙手可热的大臣！

而在府内，让上上下下都开心欢喜的是颜氏果然不负众望，为纳兰容若生下一个儿子。

颜氏的温柔、惠淑，让本来不得不纳妾的纳兰容若，也逐渐开始接受了这名静美的女子。如今，竟是当父亲了！

但是，与对卢氏的爱情不同，他对颜氏，更多的是敬重。

颜氏并未因为丈夫对正室的宠爱而心生怨恨，一直都是那么的安静、宽厚，与卢氏相处融洽，让明珠府里的人都为之敬佩。

这个孩子从出生的那一刻开始，就受到了全家人的喜爱，明珠更亲自为孙子起名，叫作"富格"，也有种说法叫作"福哥"。

寻常人家给孩子起名字，一般都会用吉祥的字眼，表示对孩子的祝福与期望。明珠家虽然是权贵，也一样不能免俗，小小的还未睁开眼睛的富格，就拥有了来自家人的第一份礼物——名字。

纳兰容若初为人父，难掩欢喜之情，卢氏更是欢欣不已，就像这个孩子是她亲生的一样，不但对富格疼爱有加，连对产后虚弱的颜氏，照顾得也是无微不至。

在纳兰容若那短暂一生的感情生活中，没有那种小气善妒的女人，搅得全家鸡犬不宁，反而个个都是那么的大度与温厚，像是纳兰容若那宽厚真诚的性子，也感染了他身边的女人们，她们展现出来的，都是人性之中的美好与真诚。

在这段时间内，纳兰容若是幸福的。

他有着显赫家世，有着天赋才华，有着娇妻美妾，如今更有了健康的儿子，人生至此，夫复何求？

所以，这时候他写的词，大多洋溢着幸福，描写他们的夫妻恩爱。

好比这首《蝶恋花》：

露下庭柯蝉响歇。纱碧如烟，烟里玲珑月。并著香肩无可说，樱桃暗结丁香结。

笑卷轻衫鱼子缬。试扑流萤，惊起双栖蝶。瘦断玉腰沾粉叶，人生那不相思绝。

也许是在某一天风和日丽，纳兰容若看见院子里，卢氏正抱着小小的富格站在树下，身旁，是已经可以起身散步的颜氏。她坐在躺椅上，仰着秀美的脸，温柔地看向卢氏，还有怀中的富格。

树上，夏蝉的鸣叫声此起彼伏。也许是被蝉叫声从睡梦中惊醒，富格突然"咯咯咯"笑起来，伸出了小小的拳头，对着空气一张一抓，仿佛要抓住那弥漫在空气中的清脆叫声。

富格的这个样子，让卢氏与颜氏也不禁笑了起来。

像是心有灵犀一般，卢氏突然回头，看见了不远处长廊下正含笑看着自己的丈夫，嫣然一笑。

颜氏也顺着卢氏的目光看了过来，也是淡淡一笑，不过与卢氏的坦然欢喜不同，她的笑容，更多是对丈夫的尊敬。

阳光从扶疏的枝叶间漏了下来，卢氏一边哄着怀里的富格，一边低下头来笑着对颜氏说了几句什么，颜氏便点点头，两旁的侍女连忙搀扶着她起身，一行人缓缓进屋去了。

太阳没多会儿就下山了，夜晚时分，廊下都挂起了灯笼，昏黄的光芒照亮了长廊。

纳兰容若正往回走，却见之前下午卢氏与颜氏乘凉的院子里，一个婀娜娉婷的身影正一会儿往东一会儿往西。

黑暗中，几点星星一样的萤光正缓缓地飞舞着。

纳兰容若好奇地过去一看，却见是还有些孩子气的妻子卢氏，挽起那绣有鱼子花纹的衣袖，手中持着一柄团扇，笑嘻嘻地在院子里扑着流萤。

见到丈夫过来，卢氏才停了下来，拭了拭额上的香汗，面对丈夫的疑问，笑着回道："想捉几只放在布袋里，给富格玩儿。"

树丛中栖息的蝴蝶被吓到了，扑腾着飞出几只，在黑夜里闪了几下，就又缓缓地停在了树木草丛中。

有一只蝴蝶大概是慌不择路，一下子扑到纳兰容若的手中。

卢氏见了，顿时"哎呀"一声，用纤手捂住了嘴，甚是惊讶，夫妻俩相顾"噗嗤"笑出来。

纳兰容若看着眼前香汗淋漓的妻子，突然想起唐代诗人杜牧的《秋夕》诗来。眼前的画面，可不就是轻罗小扇扑流萤？

幸福是什么呢？幸福就是这眼前的点点滴滴，慢慢汇聚起来，然后在记忆里慢慢发酵，最终深深地铭刻在了心底，在多年后回想起来，依旧会忍不住为之微笑。

只是，到那个时候，幸福已经成了回忆。

烟暖雨初收，落尽繁花小院幽。摘得一双红豆子，低头，说着分携泪暗流。

人去似春休，卮酒曾将醉石尤。别自有人桃叶渡，扁舟，一种烟波各自愁。（《南乡子》）

纳兰容若十九岁的时候，错失了人生第一次殿试的机会。

他为此事写下一首七律《幸举礼闱以病未与廷试》：

晓榻茶烟揽鬓丝，万春园里误春期。

谁知江上题名日，虚拟兰成射策时。

紫陌无游非隔面，玉阶有梦镇愁眉。

漳滨强对新红杏，一夜东风感旧知。

诗中既有对好友能够金榜题名的高兴与祝福，也有对自己错失殿试机会的惋惜与枉然。

如今三年已经过去，在这三年中，他不但娶妻生子，更组织编撰了《通志堂集》与《渌水亭杂识》，而且更多的时候，他在授课老师徐乾学的精心指导下，准备着再一次的殿试。

这一年，是康熙十五年。

其实纳兰容若在这一年中还有个小小的插曲。

头年皇子保成被立为太子，于是为了避皇太子名字中那个"成"字讳，纳兰便把自己的名字从"成德"改成了"性德"，这也就是我们最耳熟能详的名字的由来。到了第二年，皇太子保成改名叫胤礽，纳兰也就不用再继续避讳，又重新用回了自己原来的名字"纳兰成德"。

康熙十五年的殿试，纳兰容若果然考中了二甲第七名进士。

一般说来，在殿试金榜题名之后，皇帝都会给这些十年寒窗苦读终于鱼跃龙门的学子们分派官职，进行委任，不过纳兰容若在考中进士之后，却并没有马上获得委任，只是据传将参与馆选，可这个消息并非很确切。

纳兰容若倒也不怎么在乎。

其实，如果说第一次的殿试因为造化弄人，让他不得不错失的话，那这第二次的殿试，对纳兰容若来说，更多的，大概就是抱着一种弥补以前遗憾的心态。

如今考上了，金榜题名了，当年的憋闷，也就随之烟消云散，所以，派不派官职，又有什么差别呢？

他本来就不是那要以科举来改变自己命运，削尖脑子也要往官场里钻的人。

对纳兰容若来说，所谓的官职大概还比

不上卢氏重要，比不上颜氏，也比不过刚出生没多久的儿子富格。

所以这个时候的纳兰容若，还是那么自由自在，无比幸福。

世人都是不同的，有些人喜好热闹，有些人喜好安静。

就像《红楼梦》中的贾宝玉与林黛玉，宝玉喜欢热闹，是因为觉得迟早有离散的一天，不如趁着大家都还在一起，尽一天欢乐是一天；而林黛玉素喜安静，却觉得既然总会有分别的那天，为了避免分别后的忧伤，还不如不深交好。

根据"纳兰性德原型说"，那贾宝玉正是曹雪芹根据纳兰容若而创作出来的艺术形象，只是我觉得，贾宝玉那种富贵闲人的形象，在某种程度上倒确实很像此时此刻的纳兰容若，而从纳兰容若的诗词与生平中我们可以看出，在他的性格之中，更多的，是一种词人所特有的清冷与忧郁，也可以说是所谓的艺术家特有的气质，那是种从骨子里透出来的忧愁。

别人见到红豆，想起来的，是"红豆生南国，春来发几枝"，而在纳兰容若的眼中，这一双红豆子，若是有一天两两分开，又该是怎样的寂寞？

据说幸福的人见不得凄冷分离的孤独画面，那是因为会让他们不由自主地想起，眼前的幸福终究抵不过时间的流逝，总有一天会分手，最终忍不住伤心。

一日，纳兰容若看着雨后湖心中那一只飘摇着的小舟，孤孤单单，在雨丝中飘飘忽忽，不知要驶往哪里去。

手心里，是刚刚摘下的一双红豆子。

那是之前卢氏放到他手中的。

两颗小小的红豆，晶莹红润，好像两颗小小的红宝石一般，在自己的掌心之中静静地躺着，像是在述说着卢氏说不出口的感情。

只是，如今眼前这两颗红豆还能紧紧地依偎在一起，但是一年之后呢？两年之后呢？十年之后呢？

就像他与卢氏，是不是真的就能像成亲之时说的那样，与子偕老共白头呢？

是不是真的能够一直相互陪伴着，走到人生的最后？

那时候，纳兰容若并没有想到，自己这番突如其来的念头，竟成了往后岁月的预言。

只是他当时并不知道而已。

第三节　心有灵犀的红颜知己

在纳兰容若短暂的三十一年岁月中，他的感情向来是被人们所津津乐道的，除了那位扑朔迷离的表妹，另外几位，都是有证可考的，原配卢氏，续弦官氏，还有妾室颜氏。

但是在纳兰容若生命的最后一年中，还出现了一位女人，那便是江南才女沈宛。

清代谢章铤的《赌棋山庄词话》中说：

容若妇沈宛，字御蝉，浙江乌程人，著有选梦词。述庵词综不及选。菩萨蛮云："雁书蝶梦皆成杳。月户云窗人悄悄。记得画楼东。归骢系月中。醒来灯未灭。心事和谁说。只有旧罗裳。偷沾泪两行。"丰神不减夫婿，奉倩神伤，亦固其所。

此评价颇高，对沈宛的才学，更是赞扬不已。

在电视剧《康熙秘史》之中，沈宛的真实身份，是辅政大臣鳌拜没有血缘关系的女儿青格儿，她命运坎坷，在得知自己的真实身世之后，虽然与钟汉良饰演的纳兰容若两情相悦，却不得不黯然离开，后来在康熙南巡的时候，才与纳兰容若重逢，但有情人终成眷属，也不过在一起短短一年。

当然，这是电视剧，真实性无从得知，就像那位扑朔迷离的表妹在这部电视剧中叫作"纳喇惠儿"一样，谁又说得出是真是假？

但是，沈宛这位才女，却是真真实实，在史料上可查的。

据说沈宛十八岁便有《选梦词》展现于世，纳兰容若见到了《选梦词》，引为知己，后来在顾贞观等朋友的介绍下见了面，相互属意，沈宛便从此跟了纳兰容若。只是一年后纳兰容若病故，她伤心之际，黯然回到江南，孑然一身。

如果说纳兰容若因为看到了沈宛十八岁的词集《选梦词》而倾心的话，让人觉得有些不可能，那时候纳兰容若年已而立，不再是懵懵懂懂的少年儿郎，又经历了爱妻卢氏的亡故等打击，若这么快便移情别恋，有些不太像他的性格。

不过在沈宛的词中有一句"雁书蝶梦皆成杳"，倒是透露出些许的真相。

他们相见之前，应该也是和现在的笔友一样，鸿雁来去，书信交往，相互间慢慢倾心，最终水到渠成。

只是沈宛一直没有成为纳兰容若的正式妻子，她只是个情人。

沈宛与卢氏、官氏、颜氏不同的是，她是个名副其实的汉人，当时满汉不通婚，这就让她无法踏进明珠府，再加上并非良家出身，或者说，是类似柳如是、董小宛的身份，也让她只能和纳兰容若保持着一种没有名分的关系。

纳兰容若把她安置在德胜门的外宅之内，两人才学相近，情人间的生活倒也旖旎风流，而从沈宛与纳兰容若的词中也看得出来，两人是当真互相拿对方是知己，相知相惜的。只是造化弄人，半年后，纳兰容若突然病故，沈宛伤心欲绝，孤独无靠，只好含泪返回江南，留下一段让人扼腕叹息的遗憾。

> 黄昏又听城头角，病起心情恶。药炉初沸短檠青，无那残香半缕恼多情。
> 多情自古原多病，清镜怜清影。一声弹指泪如丝，央及东风休遣玉人知。（《虞美人》）

康熙二十三年，纳兰容若三十岁。

从康熙十六年开始到如今，纳兰容若已经当了整整七年的御前侍卫。

在这段时间内，他从三等御前侍卫升为一等，深得康熙皇帝的信任，正是前途似锦的时候。

可是，对纳兰容若来说，这样小心翼翼的侍卫生活，是他所希望所追求的吗？

答案是很明显的，所以，他觉得有些厌倦了。

这个囚禁着他一颗诗人之心的囚笼，要什么时候才肯打开笼门，放他离开呢？

这个时期纳兰容若所写的词，明显地带有一种"无聊"的意味，无论是在给卢氏的悼亡词中，还是其他题材的词中，这种冷清的感觉贯穿始终。

他已经做了整整七年的侍卫，卢氏，也离开他整整七年了。

纳兰容若后来续弦官氏，但他的爱情早已随着卢氏的身故而逝去，哪里还能再重新爱上别的女人？

就在这一年的九月，金秋之时，顾贞观从江南再度回到了京城。

与他同行的，还有纳兰容若早已闻名却从未见过的江南才女——沈宛。

在这次沈宛上京之前，纳兰容若就已从好友们的描述中知道了这位女子的名字。

沈宛，字御蝉，江南乌程人。

古人说，"仗义每多屠狗辈，由来侠女出风尘"，江南秦淮，明末清初，确实出了不少有名的风尘女子，才艺双绝，貌美如花。

其中最有名的，应该是如今我们耳熟能详的"秦淮八艳"了。

不管是吴梅村笔下"恸哭六军俱缟素，冲冠一怒为红颜"的陈圆圆，还是被后人穿凿附会为董鄂妃的董小宛，还有那风骨铮铮的柳如是，侠肝义胆的李香君、礼贤爱士、侠内峻嶒的顾横波，长斋绣佛的卞玉京，擅长书画的马湘兰，以及颇有侠气的寇白门，她们虽然出身低下，被世人看不起，但在当时国家危难的时刻，相比较一干明朝官员的贪生怕死，所谓"文人"的卑躬屈膝，这些向来被轻视、生活在社会最底层的女子们，却表现出了崇高的气节。这些能歌善舞、擅长诗画的女子的名字，也与当时诸多叱咤风云的历史人物联系在了一起，留下了浓墨重彩的一笔。

她们虽然是青楼女子，却同样关心国家大事，与复社文人来往密切，其中李

香君、卞玉京、董小宛等人与
明末四公子之间的风流韵事，
也是一时的佳话。

其中最有名的，当属陈
圆圆。

当年李自成进京，抢走
了陈圆圆，吴三桂一怒之下引
清军入关，彻底改变了历史的
脉络，虽然把责任全部推到陈
圆圆这一个弱女子身上太不公
平，不过，假如当时李自成没
有强占陈圆圆，想必历史的发
展，我们现在是怎么也猜想不到的。

古来才女总是与才子联系在一起的，沈宛虽然不像她的前辈们那么鼎鼎大名，
但是在江南也小有名气，而且这名气传进了纳兰容若的耳朵里。

若要用"秦淮八艳"中的人物来比拟的话，沈宛应该相似于马湘兰，那"秦
淮八艳"中唯一没有与明末清初那段政治与历史牵扯上关系，以善解人意、擅长
诗词绘画而闻名的灵秀女子。

对纳兰容若来说，他此时需要的，不是寇白门之类的风尘侠女，而是沈宛这
样善解人意，叫人见之愉快的女子。

沈宛，刚好适合。

所以就在这一年的年底，纳兰容若纳了沈宛为妾。

其实纳兰容若究竟有没有和沈宛举行过婚礼，也是个颇多争议的问题。

在当时，满汉不通婚，沈宛的汉族身份注定了她无法进入明珠宅邸，只能住
在外面的别墅内。

纳兰容若把沈宛安置在北京西郊德胜门的宅子内，他尽力地给予沈宛一切，
却唯独不能给她的一个家。

而这，却正是沈宛所要的。

半年后，沈宛也离开了京城，她并不知道，这一去，便是永别。

"予生未三十，忧愁居其半。心事如落花，春风吹已散。"

这是纳兰容若的诗句，像是为自己写下了短暂一生的总结，如此忧伤，如此
寂寞。

题外话一句。

"秦淮八艳"中的马湘兰，虽然并没有倾国倾城的美貌，但是一位善解人意
而且才华出众的女子，完全可以称得上是女诗人、女画家。她与纳兰容若没有什

么关系，但是与一位和纳兰容若关系十分密切的人，却有着很好的交情。

那人便是曹寅。

曹寅擅长诗词，马湘兰擅长绘画，曹寅曾经接连三次为《马湘兰画兰长卷》题诗，都记载在了曹寅的《栋亭集》里面，可见交情是很深的。

当然，并不是说马湘兰与曹寅之间有什么暧昧关系，其实按照年龄来说，两人之间应该就是如同良师益友那般的关系而已。

欲问江梅瘦几分，只看愁损翠罗裙。麝篝衾冷惜余熏。
可耐暮寒长倚竹，便教春好不开门。枇杷花底校书人。（《浣溪沙》）

在后人的记载或者传记中，沈宛都是作为纳兰容若情人的身份出现的，渐渐地，连她的存在都成为了一桩谜案。

沈宛是不是真实存在？

沈宛究竟真实身份是什么？

所谓"一千个观众就有一千个哈姆雷特"，这里也一样，众说纷纭。不过，我想沈宛的身份虽然成谜，但是这个人是肯定存在的。

当时陈见龙曾经填了一首词，赠与纳兰容若，题目便是"贺成容若纳妾"。

成容若便是纳兰，他字容若，以自己名字"纳兰成德"中的"成"字为姓，给朋友们的信笺中都是署名"成容若"，朋友自然也以这个名字来称呼他。

陈见龙正是为祝贺纳兰容若与沈宛的结合，写了这首《风入松》：

佳人南国翠娥眉。桃叶渡江迟，画船双桨逢迎便，细微见高阁帘垂。应是洛川瑶璧，移来海上琼枝。

何人解唱比红儿，错落碎珠玑。宝钗玉臂樗蒲戏，黄金钏，幺凤齐飞。潋滟横波转处，迷离好梦醒时。

这首词上半阕写婚嫁迎娶，下半阕写新婚燕尔，词句华丽，情真意切。

对于好友的祝福，纳兰容若坦然地接受了。

沈宛与卢氏不同。

相比较卢氏的温婉宽厚，沈宛知书达理，才学不输纳兰容若，也因此，两人在文学上颇多共同语言。

这个时候的纳兰容若，已经有了官职在身。他是康熙皇帝跟前的大内侍卫，负责着保护皇帝的工作，公务十分繁忙，再加上本来就是有家室的人，所以与沈宛在一起的时间，自然不会很多。

好在沈宛是明白纳兰容若之人，否则也不会在鸿雁传书之间互通心意，最后两两倾心。

她知道丈夫繁忙，所以自己总是乖巧地待在德胜门的宅子里，寂寞而又带着期盼地等着，等着纳兰容若的每一次到来。

精通诗词之人似乎都有个比较相似的毛
病，那就是容易多愁善感，悲春伤秋。而沈
宛既然是以诗词闻名，自然也不可避免地有着
一颗纤细敏感的心。

虽然对纳兰容若的公务繁忙，她并没什么怨言，但日
子一长，未免就开始多愁善感起来。

黄昏后，打窗风雨停还骤。不寐乃眠久。渐渐寒侵锦被，
细细香销金兽。添段新愁和感旧，拼却红颜首。

这首《长命女》大概是沈宛这段时期所作，流露出一
股哀婉之情。

某一天的黄昏后，雨倒是停了，可屋檐边缘，那雨珠
儿却还在滴滴答答地落着，滴在房下的台阶上。雨后的寒意
渐渐侵了进来，本来温暖的棉被也有些润润的感觉，触手摸
去，有些凉凉的了。下一句"细细香销金兽"，大概是化自
李清照的《醉花阴》中"瑞脑销金兽"一句，只是，在李清
照笔下，那室内香炉里轻烟缭绕飘散，欢愉嫌日短，苦愁怨
更长，此情此景下，心中所念的，都是远在千里之外的丈夫，
也难怪会"莫道不消魂，帘卷西风，人比黄花瘦"了。

也许在女词人的心里，对愁绪，对思念之情，所见所想所感都是一样的吧？
所以当沈宛孤独地看着屋内香炉内那缭绕的轻烟在空气里慢慢飘散的时候，想到
的，是"添段新愁和感旧"，在日复一日的等待中，红颜也寂寞。

不过，在这样寂寞的冷冷清清的日子里，也是有着暖色的。

想必是梅花开了，所以这天，纳兰容若对沈宛戏谑一样的这样说道："欲问
江梅瘦几分，只看愁损翠罗裙"，言下之意是把沈宛比喻成梅花，见到沈宛眉间
那一缕淡淡的愁思，所以才半是开玩笑半是认真地笑道，若要看梅树瘦了几分，
只要看眼前人的腰肢消瘦了几分便知道的。

虽是戏谑之语，言下之意却是在说，自己清楚沈宛内心的愁苦。

沈宛又何尝不知？

只是知道归知道，有些话，她始终说不出口。

正如纳兰容若，也有着不能言说的苦衷。

这首词的最后三个字"校书人"，典故用的有点生僻。

在唐代诗人王建的《寄蜀中薛涛校书》一诗中，有这样两句："万里桥边女校书，
枇杷花下闭门居。"

薛涛是古代名伎，也是颇有名气的女诗人，她所制的"薛涛笺"更是大名鼎鼎，
乃是文雅风流的象征，而因为王建的这首诗，后世人便把能诗文的风尘女子称为"女

校书"。

在这首《浣溪沙》里面，纳兰容若用了"校书人"的典故，倒并不是专门为了指出沈宛出自风尘的尴尬身份，不过是见沈宛在花下看书，那画面颇为美妙，才有感而发，借指花下读书人而已。

脂粉塘空遍绿苔，掠泥营垒燕相催，妒他飞去却飞回。
一骑近从梅里过，片帆遥自藕溪来，博山香烬未全灰。（《浣溪沙》）

纳兰容若与沈宛在一起短短的大半年时光中，还是十分美满的。

倒不是说他与官氏与颜氏的感情不好，而是在思想层次上，在卢氏之后，纳兰容若也许是再次找到了与自己心意相通的人。

不论沈宛的出身如何，至少在诗词的意识形态层面上，她和纳兰容若是平等的，或者说，一位文艺男青年，一位文艺女青年，金风玉露一相逢，自然是越聊越投机，最后结局理所当然是"便胜却人间无数"。

于是我们倒回去说一说沈宛与纳兰容若的初见吧。

那是康熙二十三年，甲子。

九月的一天，暑气还未完全散去，空气里还有些闷热，即使穿着薄薄的夏衫，汗水还是从身上每一处肌肤沁出来，黏黏的。

马车在一处看似寻常的宅院面前停下来，里面有人下了车，被门口的下人恭恭敬敬地接进屋内的人，正是纳兰容若。

这处宅院乃是顾贞观在京城的宅子。当然，论豪华，比不上当时已经贵为太子太傅的明珠宅邸那么金碧辉煌，只是普普通通的院子，但里面布置得颇为雅致，一看便知主人花费过不少心血，小桥流水，绿草茵茵，在这京城之中，竟难得有着江南水乡的雅致与秀气。

大概，那是因为宅院主人本来就出身江南的关系吧？

每次纳兰容若来到这儿的时候，都会忍不住这样赞叹。

顾贞观早已等待在廊下，见自己的学生兼忘年之交按时到达，笑着迎上去。

纳兰容若的脸上又何尝不是带着笑容？

但顾贞观不愧是纳兰容若多年的好友，只有他，从这位年轻自己很多岁的好朋友眼中，看到的不是欢愉，而是忧愁；看到的，是他挣不脱樊笼的苦恼与闷闷不乐。

好在这一次，顾贞观从江南回到京城的时候，还另外带来一人，纳兰容若的信中所言的"天海风涛之人"。

"天海风涛"一语出自李商隐的《柳枝五首》序：

柳枝，洛中里娘也……生十七年，涂妆绾髻，未尝竟，以复起去。吹叶嚼蕊，调丝擫管，作天海风涛之曲，幽忆怨断之音……

李商隐诗中的"天海风涛"，写的正是李商隐的红颜知己柳枝。柳枝的身份乃是歌伎，而纳兰容若所言的天海风涛，指的，自然是沈宛了。

于是纳兰容若与沈宛，得以相见。

那时候的纳兰容若，大概并未有纳沈宛为妾的念头。他对这名聪慧的江南女子，更多的，是惜才，基于一种"同是天涯沦落人"的惺惺相惜。

沈宛不幸，沦落的，是她的身，在风尘中打滚，只是这样的女子，还依旧能在那么复杂的环境中保留着一份纯真，在她的诗词中，毫无遮掩地表达了出来。

而纳兰容若的"天涯沦落"，自然不是说他出身风尘，他的所谓"沦落"，其实指的是自己无心官场与权势。

所以，在沈宛随着顾贞观来到京城之后，纳兰容若也来到了这座宅子。

他终究是好奇，好奇这位与自己"同为天涯沦落人"的才女。

与其他女子不同，沈宛是素雅的、淡静的。

她穿着一身颜色淡雅的绿色衣裙，面容秀美，并未和其他歌女一样化浓艳的妆，只是淡扫蛾眉，略施粉黛，乌黑的发髻上插着一支银白色的簪子，简简单单的凤尾样式，怀抱琵琶，安静地坐在那儿，轻声弹唱。

她与其他人是那样不同，气质沉静，带着一种出淤泥而不染的干净气息，直到顾贞观引着她走到纳兰容若的面前，微笑着介绍说，这位便是明珠府的纳兰公子，名成德，字容若。

她笑了，他也笑了。

有时候，钟情，也许只是一瞬间的事。

沈宛终于见到了自己倾心已久的纳兰容若，一如她无数个夜里，看着对方的信笺所暗自想象的那样，脑海里的影像与眼前的人影逐渐重合起来，最终成为现实。

沈宛双颊上飘起两朵红云，然后朝纳兰容若轻笑一下。

看着眼前的女子，纳兰容若脑中却突然浮现出另外一位女子的音容笑貌来。

那天，卢氏也是这样对着自己嫣然一笑，仿佛三月的桃花般，连周围的景色都为之绚烂起来。

这年年底，纳兰容若便正式纳了沈宛为妾。

这场婚礼并不是很隆重，纳兰容若的好友们还是纷纷送来了祝福，祝福这一对璧人的结合。

在其他人的眼中，纳兰容若还那么年轻，也早就该从卢氏亡故的悲伤中走出来，去寻找属于他的幸福，而沈宛才貌双全，又和纳兰容若有那么多的共同语言，难道不是一个最好的选择吗？

对纳兰容若来说，个中的滋味儿，也只有自己才

知道。

我倒是觉得，纳兰容若与沈宛之间，其实更像是朋友。

他们在诗词上有着共同语言，如果沈宛如顾贞观等人一样是男性，那么，纳兰性德便是又多了一位知音好友，但沈宛偏偏是女子，而且还是江南小有名气的歌伎才女，所以，如果说纳兰容若与沈宛之间只是纯洁的友情与惺惺相惜的话，那似乎很难让人相信。

纳兰容若与沈宛，两人之间是友情也好，爱情也罢，总之，无论如何，沈宛若与纳兰容若交往，确实也只有成为对方姬妾一途，因为她的身份地位，又是汉籍，纳兰容若也不敢冒天下之大不韪，将沈宛接进明珠府里去，所以，他才在西郊德胜门为沈宛置了一处幽静的宅子。

两人相处的日子，是愉快而且充满诗情画意的。

也许是某一天的午后，纳兰容若与沈宛正在说话，不知何时变成了沈宛在说着江南的那些名胜古迹，还有流传于民间的传说。

据说在昔日吴宫之处，有香水溪，是当年西施沐浴的地方，所以又名叫脂粉塘，只是，如今西施早已不见踪影，而奢华的吴王皇宫也早已不复当年的巍峨与华丽，往日种种，已随着时光的流逝变成了历史里的一缕烟尘，只有燕子依旧每年飞来飞去，衔泥做窝，年复一年。突然，马蹄声传来，路上一骑飞驰而过，一叶小船缓缓地从藕溪上划过，船上的人，是要往哪里去呢？

在沈宛娓娓的描述中，纳兰容若觉得眼前仿佛出现了这样的一幕画面，带着江南水乡氤氲的雾气，淡淡的，悠然的，如同倪瓒笔下的一幅山水画。

相比于京城的繁华，或许这样的悠然，才是纳兰容若内心真正想要的。

沈宛在描述这些的时候并不知道，在看到纳兰容若因为这番描述而写出来的这首《浣溪沙》的时候，也并不知道。

她只知道，纳兰容若在欢笑之余，不知为何，有时会突然陷入沉思，怔怔地发呆，那是一种自己从未见过的，寂寥的神情。

那是不该在纳兰容若这样一位天之骄子脸上出现的表情。

谢家庭院残更立，燕宿雕梁。月度银墙，不辨花丛那辨香。
此情已自成追忆，零落鸳鸯。雨歇微凉，十一年前梦一场。（《采桑子》）

在德胜门别墅居住的日子，沈宛逐渐发现，身旁的男人，不知什么时候，总是会面露愁容，神情寂寥，尤其当他一人独处的时候，那孤零零的身影，像是写满了"寂寞"两个字。

沈宛有时候忍不住，很想去问一问纳兰容若，你是在为谁叹息？但总是问不出口。

她并不笨。

其实可以说，沈宛是聪慧的，她从纳兰容若的这些神情中看出了蹊跷，但从不多嘴，更不会像市井泼妇那样，抓着丈夫声嘶力竭地咆哮"为什么为什么为什么"，她只是默默地，和以前一样，伴随在纳兰容若的身边。

但午夜梦回的时候，她偶尔会从身边男人呢喃的梦话里，依稀听见另外一个女人的名字，还有"三年"的字句。

沈宛知道，纳兰容若心中念念不忘的，正是因为难产而身故的妻子卢氏。

那早逝女子的身影，原来已经在他的心里刻骨铭心。

于是纳兰容若无意中的叹息，传进沈宛的耳中，她也渐渐带上了忧伤而寂寞的色彩。

他终究还是寂寞的呀！

也许，沈宛也想过要怎样才能抚平纳兰容若的忧伤，去安慰他内心深处的寂寞，但是对纳兰容若来说，曾经的激情，已经消散无形，那曾经刻骨铭心的爱情，如今却变成了一道沉重的枷锁，不光是牢牢地锁住了他，也锁住了沈宛。

沈宛虽然从不说，但她心里真正想要的，恰恰是纳兰容若所无法再给予的。

纳兰容若也知道，自己对沈宛，实在是已经付出不了太多。

沈宛要的，他偏偏给不起。

此情可待成追忆，只是当时已惘然。

半夜三更的时候，纳兰容若常常会独自站在院子里。

四周，花丛里淡淡的花香在夜色里缓缓地飘散着，若有若无。银白色的月光如水般洒在院墙上、地面上，仿佛笼了一层薄薄的银纱。

此情此景，在纳兰容若的眼中，却与记忆缓缓地重合了。

多年前，是谁，也曾和自己一起这样站立在月下的庭院，看着天边的弯月，如今，那陪自己赏月之人，却是去了哪里？

此情可待成追忆啊，暮然回首，当年的记忆，仿佛是做了一场梦一般。

身后传来轻轻的脚步声，纳兰容若惊喜地回头，在见到来人的一刹那，脸上的喜色旋即变成了失望的神情，动作是那么快，快得来不及掩不住内心的一点一滴，在那一瞬间都毫无保留地敞露在沈宛的面前。

沈宛还是一如既往温婉地微笑，秀美的面孔上并未流露出其他神情，只是关心地替他披上外袍，但眼中，一抹无奈的神色却是清清楚楚地落进纳兰容若的眼中。

纳兰容若对沈宛是喜爱的。

但是，喜爱不是爱情，所以，半年之后，沈宛还是走了，回到了江南。

两人分别的时候，平平淡淡未有任何的波澜。

她离开，他去送行，临别之际，纵然有千言万语，最终也不过是变成轻轻的一句"一路顺风"。

不是不想挽留，而是纳兰容若觉得，他给不起沈宛想要的爱情，既然如此，与其在未来的岁月中让沈宛越来越落寞寡欢，还不如让她去继续寻找自己的幸福，去寻找能给予她爱情的人。

沈宛离开的时候，只说了这么一句话——

"枝分连理绝姻缘。"

这是沈宛《选梦词》中的一句，当时写下这首《朝玉阶》的沈宛怎么也没想到，那时无心的一句话，如今却已成真。

孔雀东南飞，本以为看的，是别人的故事，哪知到了最后，竟应在了自己身上。

离开的沈宛完全没有预料到，她这一走，便是永别。

从此阴阳两隔。

而今才道当时错，心绪凄迷。红泪偷垂，满眼春风百事非。

情知此后来无计，强说欢期。一别如斯，落尽梨花月又西。（《采桑子》）

在电视剧《康朝秘史》中，这首《采桑子》，是纳兰容若送与青格儿的。

青格儿是电视剧里面杜撰的人物，身世迷离，后来远嫁耿精忠之子，三藩之乱后便失去了踪影。纳兰容若随着康熙南巡下江南，无意中再度相见，那时候，青格儿已经改回了自己真正的姓氏"沈"，取名"沈宛"。

虽然是电视剧里的情节，也算交待了沈宛这位纳兰容若生命中最后出现的女子的前尘往事。

作为陪伴了纳兰容若最后岁月的沈宛，尽管也存在着不少的疑虑，但是相比于"青格儿"那位传说中的恋人，存在的证据就确凿得多。

对沈宛，纳兰容若心中是隐隐有着愧疚的吧？

"而今才道当时错"，如今回想起来，才说当初做错了，还来得及吗？

这句其实出自宋代晏几道的《醉落魄》词，"心心口口长恨昨，分飞容易当日错"。

说起晏几道，其实此人与纳兰容若也有几分相似。同样是天才的词人，同样才华出众，同样不愿被世俗约束，同样出身高门却不慕权势。

纳兰容若是颇推崇晏几道的，在他给梁佩兰的《与梁药亭书》中，这样写道：

仆意欲有选如北宋之周清真、苏子瞻、晏叔原、张子野、柳耆卿、秦少游、贺方回、南宋之姜尧章、辛幼安、史邦卿、高宾王、程钜夫、陆务观、吴君持、王圣与、张叔夏诸人多取其词，汇为一集，余则取其词之至妙者附之，不必人人有见也。

其中提到的"晏叔原"，便是晏几道。

他出身高门，乃是晏殊的第七子，黄庭坚称赞他是"人杰"，也说他痴亦绝人："仕官连蹇而不能一傍贵人之门，是一痴也。论文自有体，不肯作一新进士语，此又一痴也。费资千百万，家人寒饥，此又一痴也。人百负之而不恨，已信人，终不疑其欺己，此又一痴也。"由此可见，晏几道孤傲清高，不喜权贵。而且晏几道的词工于言情，十分有名，与父亲晏殊不分上下。不管是"落花人独立，微雨燕双飞"，还是"当时明月在，曾照彩云归"，"从别后，忆相逢，几回魂梦与君同"，在词风上与李煜颇为接近，情真意切，工丽秀气。

而纳兰容若会比较推崇晏几道的词作，也在情理之中了。

"而今才道当时错"，当时分开，如今回想起来，竟是如此地后悔，觉得自己是不是做错了什么？但是为时已晚，"心绪凄迷，红泪偷垂"，窗外，春风依旧，却早已物是人非。

"满眼春风，不觉黄梅细雨中。"早知道后来已经无法再相见，那么强颜欢笑着述说当初那些欢乐的日子，又有什么意义呢？

"一别如斯"，梨花在枝头上绽放过，如今再度落尽，春天已经过去了。但是，还会有相聚的日子吗？

在这首《采桑子》里面，一句"而今才道当时错"，写尽多少无可奈何，写尽世间多少的不完满。

月有阴晴圆缺，而世事何尝不是像那天际的月亮一般，此事古难全呢？

只是那时的遗憾，纳兰容若已经没有机会再度说出来。

仕途 不是人间富贵花

"非关癖爱轻模样，冷处偏佳，别有根芽，不是人间富贵花。"

康熙十六年的时候，纳兰容若终于踏入了官场，成为了乾清宫的一名御前侍卫。

从此，他跟随在康熙的身边，北上南巡，足迹踏遍大江南北。

康熙十六年。

纳兰容若终于获得任命，从此步入了仕途。

只是与他想象中的不同，或者说，和当时世人预料中的完全不一样，任命给纳兰容若的官职，竟然是皇帝跟前的三等御前侍卫。

这可是武职。

纳兰容若的词名早已远扬，在京城之中引起了轰动，再加上他考中功名，进士及第，怎么着都该是文职才对，可谁也没想到，皇帝给他委派的官职，却是御前侍卫。

什么是御前侍卫呢？

御前侍卫是清朝才有的侍卫制度，是天子的侍从，贴身跟班，待遇很高，地位也很尊贵，是专门为贵族子弟设立的特殊职位。因为经常跟着皇帝的关系，升迁的途径也比其他职位要宽得多，也容易得多。在清朝，由侍卫出身而最后官至公卿将相的，不在少数，像纳兰容若的父亲明珠，就是从侍卫做起，最后成为英武殿大学士而权倾天下的，还有与他同朝的索额图等人亦如此。所以，皇帝让纳兰容若做自己的御前侍卫，倒也不无道理。

以纳兰容若的出身，还有文武双全，都是御前侍卫的最好人选，三等侍卫，相当于是正五品的官员地位，对二十来岁的年轻人来说，相当不错了。所以皇帝这样安排，看起来并没有什么不妥的地方。

不对的，仅仅是纳兰容若并不适合做官而已。

并非说他没有能力，只是，在皇帝眼皮子底下的人，需要的是韦小宝那样见风使舵的性格，才能左右逢源，而不是李太白诗中的"安能摧眉折腰事权贵，使我不得开心颜"。对纳兰容若来说，他可以去值夜，去巡逻，去跟着皇帝南巡，一路上保护着皇帝的安全，但是，就是不知该怎么去歌功颂德，如同其他的官员一般，谄媚上主，寻求荣华富贵。

纳兰容若根本不屑去这样做。

他如同一个纯真的孩子，始终保持着一颗赤子之心，拥有着高贵的灵魂。

但是，现实与理想的冲突、纠结，却让他从此不再快乐。

作为侍卫的纳兰容若，是相当称职的。

他在很小的时候就开始练习骑射，学习武艺，只是，后来他的词名远远盖过了武艺上的成就，给人他只会文不懂武的错觉。

康熙皇帝不是傻子，他不会要个手无缚鸡之力的文弱书生当自己的御前侍卫，保护自己的安全。

康熙皇帝一生之中，曾经多次北上与南巡，身为御前侍卫的纳兰容若，自然跟着皇帝，一路随行。

八旗子弟出身的纳兰容若，骨子里，还是继承了先辈们马上打江山的豪迈，在这段跟着康熙皇帝东奔西走的日子里，他见了塞北风光，他的词中因而多出来不少描写塞外荒寒之地的作品。

纳兰小令，丰神炯绝，学后主未能至，清丽芊绵似易安而已。悼亡诸作，脍炙人口。尤工写塞外荒寒之景，殆亲从时所身历，故言之亲切如此。

这是蔡嵩云在《柯亭词论》中对纳兰容若的塞外词的评价。说纳兰容若的词虽然丰神炯绝，但还是比不上李后主，清丽有如李清照而已。悼亡词脍炙人口，尤其擅长描写塞外的景色，应该是因为他当初跟随康熙皇帝出巡的时候亲眼所见，所以描写得能让人觉得亲临其境。

纳兰容若的塞上词，历来都被大力赞扬而且推崇。

王国维甚至在《人间词话》中这样赞道：

"明月照积雪""大河流日夜""中天悬明月""黄河落日圆"，此种境界，

可谓千古壮观。求之于词，惟纳兰容若塞上之作，如《长相思》之"夜深千帐灯"、《如梦令》之"万帐穹庐人醉，星影摇摇欲坠"，差近之。

如此评价，当足矣。

第一节　随驾北巡

山一程，水一程，身向榆关那畔行，夜深千帐灯。

风一更，雪一更，聒碎乡心梦不成，故园无此声。（《长相思》）

这一年，作为康熙皇帝御前侍卫的纳兰容若，扈从皇帝北上，一路走永陵、福陵、昭陵，最后出了山海关。

这对一直居住在京城里、很少涉足他处的纳兰容若来说，是一次难得的体验。

他第一次见到了塞外呼啸的寒风，鹅毛般的大雪。这雄浑的北国风光，让他感受到从未有过的触动，素来清丽哀婉的词风，也随之一变。

纳兰词中偶有雄浑之作，大多数，就是出自这个时期。

最有名的，当属这首《长相思》了。

词牌很旖旎，长相思，相思长，可内容却一点也没有儿女情长，反倒是一派的豪迈磊落。

其实根据词风的不同，我们总是习惯单纯地把词分作"婉约词""豪迈词"，但是，很多词人并非是只能写其中的一类，往往两样都十分精通的，就像"醉里挑灯看剑"的辛弃疾，也有"蓦然回首，那人却在，灯火阑珊处"之句；苏东坡在写出"大江东去，浪淘尽，千古风流人物"的句子之外，也能写出"但愿人长久，千里共婵娟"；李清照"莫道不销魂，帘卷西风，人比黄花瘦"之外，也有"生当做人杰，死亦为鬼雄"的豪迈之句一样，纳兰容若这段时间所写之词，不复《侧帽集》的风流婉转，也不复《饮水词》的凄凉哀婉，而是想要把他骨子里的那种属于年轻人的、从父辈们那儿继承下来的热血与豪迈完全发泄出来一样，塞上词，竟因此成了他作品中一抹异样的光彩！

这首《长相思》，算是纳兰容若这类词中的代表作了。

简单直白，却生动地描绘出行军途中在荒原之上宿营的雄壮画面。

它是如此有名，以至于出现在小学语文课本中，是如今孩子们必学的诗词之一。

纳兰容若作为康熙皇帝的扈从出了关，眼中所见，不再是京城的软红千丈，不再是熙熙攘攘的人潮往来，远远看去，只有一望无际的荒漠，寒风呼啸着卷了过去，带着刺骨的寒意。

传令的声音远远地传来："皇上有旨，就地扎营。"

浩浩荡荡大队人马，就随着这一道命令，在原地扎营。

营帐连绵，在荒野之中蜿蜒，一眼望不到头。夜色缓缓降临，呼啸的寒风里也慢慢地夹上了鹅毛般的雪。

今晚轮到纳兰容若值班，用过晚饭，见时辰差不多了，纳兰容若便穿上盔甲，拿起兵器，起身出了营帐。

帐外，风雪越来越大，寒风刺骨。

纳兰容若并没有畏惧，他还有工作要完成。

如今已经不是在自己的家里了，他要去换下当值的同僚，让他们可以回到温暖的营帐内休息。

一片漆黑的夜空之下，连绵不绝的帐篷内，昏黄色的灯光错落地透了出来，仿佛天上的星星，在风雪的肆掠下落到了地面上，夜深千帐灯。

看着眼前无数点昏黄的灯光，纳兰容若突然想起，自己这一路上经过的地方，何尝不是一程山一程水？如今出了山海关，却山水不见，唯有一望无际的荒漠，还有眼前连绵不绝的营帐灯火。

望着眼前的这一幕，纳兰容若的心里，是有些激动的，脑子里突然浮现出来的词句，也与自己往日的词风截然不同，带着一些豪迈的味道。

千里行程，万种所见，尽数化为"山""水"二字，以小见大，满腹乡思，一腔愁绪。

而这无数的帐灯之下，又有多少人与自己一样睡不着呢？又有多少人是与自己一样，在思念着家乡的亲人呢？

风雪越来越大，纳兰容若听着帐外的风声与落雪的声音，数着远远传来的打更的声音。

一更过去，二更过去……

但是这风雪却也丝毫没有停止下来的意思，风声呼啸，卷着遥远的打更的声音，夜，突然变得更加漫长。

漫长得似乎永远也到不了尽头。

漫长得似乎永远也不会再见到天亮。

漫长得，把一颗颗思乡的心，都搅成了碎片。

风雪声声，尽入内心深处。

于是他不由得回想起还在京城时候的日子，虽然也曾起过大风，虽然也曾下过大雪，但何曾有过这样凄凉呼啸的风雪之声？

自己本该是在京城里，与顾贞观、朱彝尊等好友们在一起，编撰着词论，编撰着词集，而不是在这关外的荒野之中，听着帐外呼啸的风雪声，思念着家乡的亲人。

自己为何会在此呢？

纳兰容若不禁这样问自己。

他一向是厌恶官场中的生活的。

但是，肩上的责任却让他不得不，在这山海关外，看着夜深千帐灯。

灯下，是一颗颗思乡的心，更是一颗颗报效国家的男儿心。

如果不是如此，我们为什么要出现在这里？

难能可贵的是，虽然这首《长相思》中浓浓地满是思乡之情，却一改纳兰容若以前缠绵悱恻的哀婉风格，而在忧郁中散发出一股豪迈的、欲报效国家的慷慨之气。

也许是二十多年的人生岁月，在此刻终于得到了沉淀、得到了升华。

"夜深千帐灯"，不愧"千古壮观"。

万帐穹庐人醉，星影摇摇欲坠。归梦隔狼河，又被河声搅碎。还睡，还睡，解道醒来无味。（《如梦令》）

说起《如梦令》，很多人第一个想到的，八成就是李清照的《如梦令》。

纳兰容若似乎比较偏好《浣溪沙》《采桑子》等词牌，《如梦令》，则只有这么一首。

但就是这一首，后来与《长相思》一起，被王国维赞为"千古壮观"。

在山海关待了几天，康熙皇帝继续北上，纳兰容若也跟着一起，这一日来到了白狼河，也就是今天的大凌河。

已经到了现在的辽宁省，关外塞上，一切的景色与京城如此不同。

这是纳兰容若第一次远离京城，到达如此遥远的地方。

辽阔的大草原上，北巡行营的围帐耸立着，如同在山海关时候那样，连绵不绝，一望无涯。

如此的大军，却是鸦雀无声，听不见喧哗，只有夜风呼啸而过的声音。

在这样安静的时候，纳兰容若也是昏昏欲睡。

眼前有点昏花，看出去，连天上的星星也像是要掉下了一般，摇摇欲坠。

那就不妨沉沉睡去吧！

在香甜的睡梦之中，说不定还能梦到自己的家乡，梦到家中的亲人。

但是，正当想要在梦里回到家乡的时候，河水的浪涛声传来，顿时搅碎了好梦。

如今还能怎么办呢？

人远在千里之外，连梦回家乡都不成，在这漆黑安静的夜空下，自己又能做什么？罢了罢了，还是睡去吧，即使已经梦不到家乡与亲人，但也总好过醒来时的寂寞与无奈。

如此也好。

如此甚好。

这首《如梦令》，写景写情，豪迈之中却还是有着一股惆怅与无奈的味道。

康熙北巡，他想到的，是自己的帝王业，是自己的江山社稷，大好河山。

而作为扈从的纳兰容若，想到的，却是随行将士们的思乡之情。

"可怜河边无定骨，犹是春闺梦里人"，古往今来，将士们成就的，不过是一将功成万骨枯。

好在这一次只是北巡，而不是战争。

所以，将士们不用担心埋骨他乡，不用担心再也见不到家中的妻儿老小。

即使如此，思乡之情，却是连皇帝的圣旨都无法阻止的。

有人说，纳兰容若的这首《如梦令》，表面写景，其实写情，是作者在叹息人生际遇的多舛，与仕途不顺的惆怅，写出了词人在北巡时候的清冷心境。

后半句，我还算赞成，对前半句，却有些不赞同。

纳兰容若生性不喜官场，不喜俗务，却偏偏为此所困，心境清冷，尤其是在北巡之后，见识了雄浑的北国风光，见过了荒原之上一望无际的大军行营，风物的不同，让他的词境也有了不同，更加的宏大，不变的，依旧是字里行间的沉郁，说他此刻心境清冷，倒也不为过。

但是，若要说纳兰容若仕途不顺，人生不顺，那从古到今，从李白、杜甫到同时代的顾贞观、朱彝尊，可能就要提出抗议了。

如果连纳兰容若都属于人生不顺的话，想不出还有谁，能够

称得上"天之骄子"呢。

他本该是一直这么顺顺利利地走下去，走完应有的、充满鲜花与荣耀的一生。

在当时看起来，他也确实正在如此，沿着那条既定的、几乎没什么悬念的荣耀之道走去。

只不过，在纳兰容若的心中，他一直清楚地知道，如今眼前的一切，并非自己真正想要的，却又不得不这样走下去。

"三十而立"，他已经快要年满三十岁了，他已经有妻有子，有丈夫与父亲的责任。

现实不是童话。

我本人间惆怅客，知君何事泪纵横。

当年他写与朱彝尊的词句，此刻又突然浮现在脑中。

十年之后，纳兰容若突然再度懂得了朱彝尊。

非关癖爱轻模样，冷处偏佳。别有根芽，不是人间富贵花。

谢娘别后谁能惜，飘泊天涯。寒月悲笳，万里西风瀚海沙。（《采桑子·塞上咏雪花》）

在纳兰容若跟随康熙皇帝北巡的期间，他写了不少描写塞上风光的诗词，其中一首，便是这《采桑子·塞上咏雪花》。

边疆塞外，风雪大作，一年到头都看不见春天。

古时有岑参的"突如一夜春风来，千树万树梨花开"，写尽边关要塞苦寒之地大雪纷飞时候的情景。

雪花洁白，在空中轻盈地落下，在支楞的枝条上慢慢堆积起来，一片一片的雪白，竟像满树梨花盛开的情景。

在岑参的笔下，雪花就像那梨花一样，为这苦寒之地平添了几分姿色。

而雪花又非花，它自天上而来，哪里像人间俗世的富贵花需要用浓妆艳抹来装点自己，但是世人喜好的偏偏正是那富贵之花，趋之若鹜。

谁能来怜惜这"不是人间富贵花"的雪花？

昔日《世说新语·言语》中，曾经记载过这样的一件事。

"谢安见雪因风而起，便问自己的子侄辈们何物可比？有回答'撒盐空中差可拟'等的，只有侄女谢道韫回答'未若柳絮因风起'，谢安拍手叫好。"

在谢娘谢道韫之后，这仿若柳絮一样的雪花，还有谁来疼惜它呢？

没有了吧？如今，这天宫的使者也只能漂泊天涯，看着寒凉的月色，听着悲凉的胡笳，飘飘摇摇，万里西风瀚海沙。

在纳兰容若的心中，这"不是人间富贵花"的雪花，漫天飞舞着，是不是每一片，都被他看成了自己的化身呢？

一句"不是人间富贵花",语带双关。

若要以"人间富贵花"来形容纳兰容若,大约没有人会反对。

可是,被人艳羡不已的纳兰容若,却是这样说道。

"别有根芽,不是人间富贵花。"

他断然否认了自己在那些世俗人眼中的身份,他从未因为自己出身自鸣得意,反倒是毅然写明了自己的心意。

不是人间富贵花。

纳兰容若有着一颗高傲的心。

他不仗势欺人,他不趋炎附势,但是,当现实与理想互相冲突,妥协的,往往都是理想。

纳兰容若也不得不妥协。

来自俗世间的种种条条款款,仿佛铁箍一般紧紧箍住了纳兰容若,让他喘不过气来。

据说,纳兰容若担任侍卫以来"御殿则在帝左右,扈从则给事起居""吟咏参谋,多受恩宠",应付自如,"上有指挥,未尝不在侧",极受康熙信任。由于尽职称诣,他得到过康熙皇帝的许多赏赐,颇为让人羡慕。

由此可见,当官,纳兰容若未必不行。

他毕竟是出生在官宦世家。

他应该比任何人都懂,都清楚!

只不过他的心并不在此罢了。

他想要的,是以自己的才华,在文学上留下一笔,与自己的朋友们一起,用文字抒发胸臆,而不是用华丽的辞藻去歌功颂德。

但是对皇帝来说,他的出众才华,大概也就是在心血来潮的时候用来为自己歌功颂德。

历朝历代,不会拍马屁的人不一定升不了官,但擅长拍马屁的人,一定比不会拍的人升迁快!

纳兰容若并不想拍马屁,更不想做那些歌功颂德之事,但是,人在屋檐下,不得不低头,皇帝一声令下,他焉能不做?

他有着最纯正的儒生灵魂，汉文化早已深入他的骨子里。

文人可以是皇帝的朋友，可以是皇帝的老师，但若是为奴，便是侮辱了文化的清高。

不愿为奴的清高与骨气，在现实的强压下，终究是无可调和，化为纳兰容若一句无奈却悲愤的"不是人间富贵花"。

在电视剧《康熙秘史》中，演员钟汉良所扮演的纳兰容若，在临终之前面对前来探望他的康熙皇帝，说道："奴才这一辈子最大的福分，莫过于结识了皇上。而最大的不幸，也正在于此。我生为奴才，却从不想做奴才，心里一直在和皇上争高低。这高低不是君臣名位，而是做人的心志。如今，就要分手了，我虽不愿讲出一个输字，但却不能不说，我以皇上为荣。因为此生陪伴的，是一位能够恩泽天下的圣君。"

电视剧拍得如何，褒贬不一，但这段台词写得好，真的是好。

虽然是电视剧的台词，却也是在一定程度上写出了纳兰容若终其一生都在挣扎着的、却怎么也挣脱不了的樊笼。

他终究"不是人间富贵花"！

朔风吹散三更雪，倩魂犹恋桃花月。梦好莫催醒，由他好处行。

无端听画角，枕畔红冰薄。塞马一声嘶，残星拂大旗。（《菩萨蛮》）

《菩萨蛮》是纳兰容若北巡中又一首描写北国风光塞上景色的词。

乍见这首词，还颇觉得有点像是在行军途中，纳兰容若有感而发随性而吟的作品，没有"夜深千帐灯"的雄浑，也没有"不是人间富贵花"的悲凉，有的，是对眼前景色的赞叹。

塞外常年北风肆掠，如今也是一样。

昨晚下的那场大雪，堆积在荒原上、营帐顶上，白茫茫的一片，却被一阵又一阵的北风吹散了。

那被北风吹散的雪花，一片一片从空中缓缓飘散，仿佛漫天散落的梨花一般。

桃李芬芳，如果这雪花当真是梨花，莫非是倩女的灵魂所化，在留恋着昔日那些美好的时光？

如果是梦，那么就别去叫醒她吧。

画角的声音响了起来，已经是清晨时分了，被号角的声音给吵醒了，侧头一看，枕头旁边，半夜思乡而留下的眼泪早已结成了薄冰。

"枕畔红冰薄"，这一句，出自五代王仁裕《开元天宝遗事》中的"红冰"记载："杨贵妃初承恩召，与父母相别，泣涕登车。时天寒，泪结为红冰。"

这里纳兰容若用"红冰"的典故，当然并不是自比杨贵妃，否则那就搞笑了！他只是借用这个典故，来说明自己思念家乡、思念亲人的心情。

远远传来了战马嘶鸣的声音，渐渐地，本来寂静的行营也逐渐有了脚步声、喧哗声，人们起床了，准备拔营继续前进。

大军往前行进的时候，天色还未完全敞亮，天空中还隐隐挂着几颗星星，星光冷冷地洒在大旗之上，一片清冷之气。

清晨的空气清新中带着寒意，驱走了纳兰容若残存的几分睡意。

远远眺望着天空，纳兰容若突然回想起梦中熟悉的面容来。

在京城，妻子还在等待着他的归去吧？

想必她每天都亲自打扫干净了书房后，再焚上一炉香，就像他还在京城时那样，一切如故，只等待着书斋的主人回来。

如今想起来，每每"欲离魂"的人，其实不是别人，正是自己吧？

如果在梦中，就能再度见到自己心爱的亡妻了吧？

如果是离魂而去，就能再度与自己心爱的亡妻相会了吧？

三月三日长生殿，夜半无人私语时，如果真的能见到自己心爱的亡妻，又何必计较是不是梦中相会呢？

红泪枕边成薄冰，一点一滴，都是思念之情。

而这情，要如何才能传达到亡妻那儿？

一生一死，两个字的差别而已，却是天壤之隔，永远不能再见。

第二节　一次秘密的军事行动

　　试望阴山，黯然销魂，无言徘徊。见青峰几簇，去天才尺；黄沙一片，匝地无埃。碎叶城荒，拂云堆远，雕外寒烟惨不开。蹰蹰久，忽冰崖转石，万壑惊雷。

　　穷边自足秋怀，又何必平生多恨哉。只凄凉绝塞，娥眉遗冢；销沉腐草，骏骨空台。北转河流，南横斗柄，略点微霜鬓早衰。君不信，向西风回首，百事堪哀。（《沁园春》）

　　千里赴戎机，并不只有古代的花木兰，其实纳兰容若第二次北上，完全配得上这五个字。

　　那一年八月的时候，纳兰容若奉皇帝的命令，再次北上。

　　只是这一次，没有了皇帝北巡时的气魄雄伟，队伍浩荡，有的是执行隐秘任务的小心翼翼与如履薄冰。

　　根据有史可查的记载，康熙二十一年的时候，为了阻止沙俄的南侵，康熙皇帝派都统郎坦、彭春、萨布素等一百八十人，以"狩猎"的名义，沿着黑龙江一路往北，最后到达雅克萨。

　　当时雅克萨在沙俄的侵占下，于是，郎坦等人就装成寻常猎户的样子，探敌虚实，进行战略侦察，摸清了雅克萨的水陆通道。

　　有了这次侦查的情报，三年之后，清军与沙俄进行了史称"雅克萨之战"的反击战。清军取得胜利，朝廷与沙俄签订了中俄《尼布楚条约》，成功阻止了沙俄向南侵占与扩张。

　　当时参加这项隐秘侦查任务的人中，就有纳兰容若。

　　小榻琴心展，长缨剑胆舒。

　　当我们在回味纳兰容若那些优美词句的时候，也应该知道，这个男人除了会吟风弄月之外，也会提剑跨骑，上阵杀敌为国建功。

　　一世风流，一生至情，也同样有着不输给任何人的热血与豪迈。

　　徐乾学曾经赞他"有文武才，每从猎射，鸟兽必命中"，意思是说，在一干友人们去打猎的时候，纳兰容若也是英姿勃发，箭出必中，可想而知其神采飞扬。

　　对纳兰容若来说，武功并不是他得以自夸的资本，相比于骑射，他更喜欢的是诗词。但作为满族人的后裔，那种善骑射、骁勇尚武的传统，还是在他的骨血里根深蒂固，从

而造就了这位文武全才。

他不但武艺出众，而且胆色过人。

姜宸英的《通议大夫一等侍卫进士纳兰君墓表》中曾经这样记述道：

……二十一年八月，使战唆龙羌。其地去京师重五六十驿，间行或累日无水草，持干粮食之。取道松花江，人马行冰上竟日，危得渡。仅抵其界，卒得其要领还报，上大喜。君虽跋涉艰险，归时从橐囊倾方寸札出之，叠数十纸，细行书，皆填词若诗，略记其风土方物。虽形色枯槁不自知，反遍示客，资笑乐。

意思是说，康熙二十一年八月的时候，纳兰容若被康熙皇帝命令去参加这项危险的任务，目的地距离京城非常遥远，行进途中经常很多天都没有粮食水草，只能吃预先准备好的干粮充饥。一行人取道松花江，江面上早已结了厚厚的冰，他们在冰面上走了好几天，才勉强渡过了松花江。一到目的地，众人就分头进行自己的任务，把敌人的情况调查得一清二楚，回来禀告给皇帝，皇帝十分欢喜。纳兰容若君虽然跋涉艰险，困难重重，但回来的时候，从随身的皮囊内掏出只有方寸大小的数十张纸来，上面密密麻麻地写满了细小的字，都是纳兰容若在这一路上的所见所闻，风土方物，都填成了词，写成了诗。经过这一次危险的任务，他整个人都消瘦不少，但并不在意，和以往以前一样与朋友来往，而且还拿自己消瘦的模样来开玩笑。

短短一段话，纳兰容若那文武双全又豁达的形象顿时跃然纸上。

难能可贵的是，在这样危险的任务途中，纳兰容若还是见缝插针，抓紧一切可以利用的时间，把自己在这一路上所见到的，都记录下来，写成诗词。

俨然一位豪爽的英雄豪杰、江湖侠客。

纳兰容若一行人圆满地完成了任务，他们又平安地返回了京城。

这场收复领地的战争，纳兰容若只参与了前半部分，后半部分，他却无缘得见。

不是因为他能力不够，没有资格参与，而是上苍终究舍不得自己的宠儿，把纳兰容若召回了自己的身边。

第三节　江南好

江南好，怀古意谁传。燕子矶头红蓼月，乌衣巷口绿杨烟。风景忆当年。（《忆江南》）

在金庸老先生的小说《鹿鼎记》里面，曾经巧妙地用野史的手法，说康熙之所以六次南巡，为了寻找自己那位童年的好友韦小宝，专门派了曹寅常驻江南，寻探下落。

当然，这是小说，不是真的。

不过，康熙南巡却是真。

唐代诗人白居易曾经写过《忆江南》一词，家喻户晓。

到了现代，去随便问一位学生，都能随口流利地念诵出两句白居易的词来。

对自幼饱读诗书、满腹锦绣的纳兰容若来说，白乐天的词，只不过是他启蒙时候的读物，早已烂熟于心，倒背如流。

或许，他内心深处对江南的向往，就是在那个时候在心里埋下种子，然后日复一日、年复一年地慢慢萌芽。

如今作为皇帝的御前侍卫，纳兰容若跟着南巡的队伍一路南下，终于见到了白乐天词中那"日出江花红胜火，春来江水绿如蓝"的地方。

金陵，观音门外长江边，燕子矶三面悬绝临水，仿佛一只就要临空飞去的燕子一般，其景甚奇、甚险，悬崖下惊涛拍岸，卷起千堆雪。

燕子矶乃是金陵一名胜，来来往往游客很多。在这些游客中，有一年轻公子翩然而来。

他远远地看着那陡峭的仿佛临空燕子一样的山石，看着燕子矶四周无数的红蓼，带着旺盛的生命力在悬崖峭壁上顽强地盛开着，肆意张扬着它们短暂的生命。

人们来来往往，他们只是风尘仆仆的，来了又去，在长江水滚滚东去的浪涛声中重复着日出日落，重复着柴米油盐的平凡生活，最后渐渐老去，一年又一年，只留下燕子矶巍然耸立在江岩之上，冷眼旁观着人世间的一切。

燕子矶下，并无江南水乡的温婉秀美、安静宁和。它是陡峭的，甚至带着东坡学士笔下的"惊涛拍岸，卷起千堆雪"的气势，但饶是如此，当银白色的月光柔柔地洒下来，一弯新月斜斜地挂在天际之时，燕子矶下的江水也缓缓地沉静下来，只是轻轻地拍击着岸边的岩石，发出沙沙的响声。

金陵乃六朝古都，燕子矶何时矗立在此，无人可知、无处可考，但它就是静静地站立在长江岸边，看着改朝换代，看着昔日王谢堂前燕，不知什么时候飞入了寻常百姓家。

金陵东南文德桥南岸，便是乌衣巷。

东晋时期士族风流不羁，王导、谢安两大家族中也是名士尽出，那"未若柳絮因风起"

的谢道韫，还有那书圣王羲之，无不是名满天下的名士，王、谢两家子弟裙屐风流，又喜黑衣，人称"乌衣郎"。

那时，谢安在淝水以少胜多，草木皆兵、风声鹤唳，大败了苻坚的秦军。

那时，谢道韫刚刚成为王凝之的妻子，王羲之的儿媳，夫妻恩爱相笃。

那时，王、谢两家的少年儿郎们，穿着流行的黑色衣裳，风流倜傥，出入不羁。乌衣巷口，夕阳又再一次斜斜地把最后的阳光洒落在地面上，把人拉出长长的影子。

当纳兰容若行走在乌衣巷口那翠绿的杨柳之下，也许会有种错觉，仿佛他是自千年前缓缓行来的东晋名士，带着浑身的书墨香，在淡淡的烟雾缭绕之间渐渐走来。

夕阳，仿佛把千年的时光都凝固在了乌衣巷那古老的青石板路上。

凝固在了巷口婀娜的杨柳枝间。

于是容纳兰容若也说："江南好，怀古意谁传。燕子矶头红蓼月，乌衣巷口绿烟柳。风景忆当年。"

只不过，他忆的，却是哪个当年？如今早已说不清，但纳兰容若陪同康熙南巡到了金陵的时候，见到的燕子矶与乌衣巷，毕竟让他抒发了一通心中的怀古之意。

江南好，是白居易的"能不忆江南"，

是他的"何日更重游"。

更是他的"早晚复相逢"。

却不是纳兰容若的"风景忆当年"。

回忆当年那王谢子弟，乌衣倜傥，在物是人非的千年时光流转中，渐渐模糊了面容，只有隐隐绰绰的身影，在燕子矶头、乌衣巷口，烟雾般缭绕着，述说着千年前的风流宛转。

别后闲情何所寄，初莺早雁相思。如今憔悴异当时。飘零心事，残月落花知。

生小不知江上路，分明却到梁溪。匆匆刚欲话分携。香消梦冷，窗白一声鸡。

（《临江仙》寄严荪友）

纳兰容若作为皇帝的御前侍卫，随身近臣，比其他大臣与皇帝接触的时间要多，但侍卫是不参政的。虽然是有品级的军官，也并不统兵，他们与军政大事保持着一定的距离，职责只是保护皇帝的安全。

其实这么一想，也许御前侍卫是最适合纳兰容若的职位。

他素来不喜欢政治，本来也不想进入官场，但是因为家庭与出身的特殊性，让他不得不违背自己的意愿，走上原本不想踏上去的道路，而御前侍卫这个职位对他来说，或许是不错的选择了。

不过天子出巡，肯定不会只带几个人就悠然地晃晃荡荡，那是电视剧，是《康熙微服私访记》，而不是历史上的康熙南巡。

康熙皇帝一生六次南巡，并不是为了游山玩水去的，而是为了考察黄河水患、体察民情、整顿吏治，同时消泯满汉之间的对立情绪，笼络人心。这六次南巡，对稳定江南局势起到了积极的作用，同时最值得称道的是，长期肆虐让人束手无策的黄河水患，在康熙第六次南巡的时候，就已经基本上得到了控制，这大概就是康熙南巡最值得肯定的政绩了。

皇帝出巡，那阵势用千军万马来形容也不为过。为了迎接皇帝的驾临，翻修道路、修建凉亭驿馆，凡此种种，都是劳民伤财的。

曹寅深得康熙宠信，六次南巡，有四次是住在曹寅家，外人看来荣耀无比，但是也因此给曹家造成了经济上的重大亏空，虽然江南织造是个肥缺，但是自曹寅上任以来，亏空高达三百万两的巨额。

当然，这是后话，而在康熙第一次南巡的时候，随行的侍卫中，就有刚升为一等侍卫的纳兰容若。

对康熙皇帝来说，下江南，是君临天下的气概，是看这属于自己的大好河山。

所以，康熙是志得意满的。

甚至在乘船来到黄天荡，突然遇到狂风大作的时候，其他人惊慌失措，急忙去降下船帆，他却神色如常，下令升帆顺风而行，站立船头，射杀江豚。

当时年轻的康熙皇帝，是颇有着一股睥睨天下的霸气的。

在这次下江南的途中，纳兰容若写了一系列的《忆江南》。

在这组《忆江南》中，纳兰容若把自己一路上的所见所闻悉数写了进去，一时之间，传唱甚广。

但是对纳兰容若来说，平时只能在朋友口中听到的地方风物，想不到今天都真的看到了。

"生小不知江上路，分明却到梁溪。"

梁溪，是在无锡西边的一条小河，有时候也被称做无锡的代称，而无锡，正是纳兰容若的好友顾贞观与严绳孙的故乡。

纳兰容若行到无锡，见到这位好友的手迹，处处皆是，所谓"别后闲情何所寄"，如今身在他乡，却处处都能见到好友曾经留下的足迹与题铭，这让纳兰容若觉得，是在用一种奇妙的方式，与好友们一一重逢。

当然，纳兰容若知道，在江南，还有着一位好友，也在等待着自己的到来，等待着两人的重逢。

那，便是曹寅。

第四节　好友曹寅

籍甚平阳，美奕叶、流传芳誉。君不见、山龙补衮，昔时兰署。饮罢石头城下水，移来燕子矶边树。倩一茎黄楝作三槐，趋庭处。

延夕月，承晨露。看手泽，深余慕。更凤毛才思，登高能赋。入梦凭将图绘写，留题合遣纱笼护。正绿阴青子盼乌衣，来非暮。（《满江红》）

这首《满江红》，有个副标题叫作"为曹子清题其先人所构楝亭，亭在金陵署中"，那曹子清是谁呢？就是《红楼梦》作者曹雪芹的祖父，鼎鼎大名的曹寅。

曹寅的母亲孙氏是康熙皇帝的保姆，而曹寅因为和康熙年纪差不多，一直陪伴在他的身边，一起长大，十七岁的时候，曹寅当上了康熙的侍卫，两人之间的关系十分亲密。在康熙十一年，曹寅和当时十八岁的纳兰容若一起，在顺天府的乡试中双双考中举人。

纳兰容若与曹寅曾经共同担任康熙的侍卫长达八年之久，两人的交情十分深厚。当时纳兰性德在服侍康熙皇帝之外，还要负责照顾御马。而曹寅则是在养狗的地方充当头领。

两人同样是御前侍卫，又同样养马遛狗，在开玩笑的时候，都还拿对方的这段经历来互相取笑。

忆昔宿卫明光宫，楞伽山人貌姣好；马曹狗监共嘲难，而今触痛伤枯槁。

纳兰容若辞世之后，有一次聚会，曹寅想起故去的好友，曾这样用诗句来表达了自己对纳兰容若的悼念之情。

楞伽山人是纳兰容若的号，曹寅在诗中自嘲一般回忆，当年同在明光宫当侍卫的时候，纳兰容若年少英俊一表人才，居然也来做这"弼马温"的活计，马曹狗监，其他交好的同事便借此开他玩笑，无伤大雅，但是如今纳兰容若却已离众人而去，回想起来，很是伤感。

曹寅不愧是与纳兰容若"一起玩大"的少年玩伴，即使后来曹寅外放官职，两人之间的友谊依旧没有半点改变，就如少年时候那样。

多年之后，曹寅在题咏张纯修所作的《楝亭夜话图》的时候，不光是回忆了昔日同在宫中当值时期的欢乐时光，更是在词中叹息道："家家争唱饮水词，纳兰心事几人知？"

写这首诗的时候已经是纳兰容若故世十年之后，如今，他的词名已天下皆知，

《饮水词》家喻户晓，可如人饮水，冷暖自知，纳兰容若的心事，又有多少人能真正地明白呢？

除了他自己，谁也无法明白这位贵公子的内心。

其实很多人都只知道曹雪芹是文学大家，一部《红楼梦》，旷古烁今，成为我国文学史上不朽的巨作，可又有多少人知道，曹雪芹的祖父曹寅，也是通晓诗词、精通音律的文雅之士呢？

他曾经主编《全唐诗》，著有《楝亭诗抄八卷》《诗抄别集四卷》《词抄一卷》《词抄别集一卷》《文抄一卷》等作品，还有一种说法，说戏剧《虎口余生》与《续琵琶》的作者也是曹寅。

因为曹寅精通诗词戏曲，所以营造出曹家浓郁的文化艺术氛围，而曹雪芹在这样的环境中长大，也是精于文字，最后才写出了《红楼梦》这部不朽的巨著。

大概是由于祖父曹寅与纳兰容若的这层关系，曹雪芹在塑造贾宝玉这个人物形象的时候，很明显融入了纳兰容若的一些特质与影子。

当《红楼梦》面世以后，人们都纷纷考证贾宝玉的原型就是纳兰容若。清朝的经学大家俞樾曾在自己的书中这样写道："《红楼梦》一书，世传为明珠之子而作。明珠子名成德，字容若。"

后来，乾隆年间的时候，大臣和珅把《红楼梦》进呈给乾隆皇帝，乾隆皇帝看完之后，掩卷而道："这不写的就是明珠家的事情吗？"

下面这段记载出自赵烈文的《能静居笔记》：

曹雪芹《红楼梦》，高庙（指乾隆）末年，和（和珅）以呈上，然不知其所指。高庙阅而然之，曰："此乃为明珠家事作也。"后遂以此书为珠遗事。

虽然说纳兰容若就是贾宝玉的原型的说法模棱两可，而《红楼梦》即明珠家事的这种论点也稍嫌有点牵强附会，但无论如何，曹雪芹在写作的时候，将自己的家事、自己的经历，再加上从父辈们那儿知道的关于明珠家族的事情，相互融合在了一起，最后写进了小说之中，这种可能性，并不是没有。

"今宵便有随风梦，知在红楼第几层？"

第六章

情殇 一片伤心画不成

"谁念西风独自凉，萧萧黄叶闭疏窗。沉思往事立残阳。
被酒莫惊春睡重，赌书消得泼茶香。当时只道是寻常。"
康熙十六年，卢氏因产后患病，于五月三十日离世。
她永远离开了纳兰容若。

第一节 爱妻亡故

那是康熙十六年。

对于纳兰容若来说，这原本该是欢喜的一年。

这一年，父亲明珠从吏部尚书升为英武殿大学士，位极人臣，权倾天下。

也在这一年，妻子卢氏身怀有孕，算算日子，四月就要临盆了。

这个即将诞生的孩子并不是纳兰容若的长子。之前，姜室颜氏就已经为他生下了一个儿子，取名叫作富格。

作为明珠家孙辈的长子，富格这时还小，只知道自己要做哥哥了，欢喜着，盼着小弟弟的早日降生。

不光是小小的富格，府里上上下下所有的人都在盼望着这个孩子的出世。

纳兰容若更是分分秒秒都在数着、盼着，期待着孩子的降生。

这是他与卢氏的第一个孩子，无论男女，都将会是纳兰容若的掌上明珠。

四月的时候，卢氏顺利地产下了一子，起名海亮。

当府里上上下下的人都还沉浸在新生命诞生的喜悦中时，噩运却悄然地降临到了卢氏与纳兰容若的头上。

一个月后，卢氏因为产后受了风寒，缠绵病榻，终于在五月三十号那天，永

127

远地闭上了双眼，离开了她刚刚出生的孩子，离开了她深爱的丈夫。

"憔悴去，此恨有谁知，天上人间俱怅望，经声佛火两凄迷，未梦已先疑。"

有时候幸福是那么的圆满，可圆满的幸福总是那么的短暂，短暂得几乎是弹指间匆匆而过，刹那间，便已暗转了芳华。

执子之手，与子偕老。

他以为自己能够与卢氏一起，直到天长地久，哪知所有的海誓山盟在命运的无情面前，不过都是一句轻飘飘的笑话。

纳兰容若这才惊觉，原来所谓的"与子偕老"，简简单单四个字，竟是如此的遥远，穷尽一生的时光，都再也无法实现。

> 辛苦最怜天上月，一昔如环，昔昔长如玦。但似月轮终皎洁，不辞冰雪为卿热。
> 无奈钟情容易绝，燕子依然，软踏帘钩说。唱罢秋坟愁未歇，春丛认取双栖蝶。
> （《蝶恋花》）

明月几时有？把酒问青天。

在前人的诗词中，描写月亮阴晴圆缺的，是李白笔下的"花间一壶酒，对影成三人"，是杜甫的"露从今夜白，月是故乡明"，是张九龄的"海上升明月，天涯共此时"，更是苏东坡的"但愿人长久，千里共婵娟"。

但是，如今景依旧，却已物是人非。

当初陪着自己赏月的人，现在又在哪里？

看着天边的明月，纳兰容若这样喃喃自语。

"辛苦最怜天上月"，可怜你每一晚都高高地挂在天上，却总是亏多盈少，一个月之中，只有那么一两天的时间才是圆满的，其他的时候，夕夕都缺。

如果上苍真的能让月亮每晚都圆满无缺，那么，我们也就能永远幸福地在一起，永不分离了吧？

纳兰容若这样向着月亮默默祈祷着。

但是月亮无言，只是静静地看着人世间一切的悲欢离合，把银白色的月光温柔地洒向世间的每一个角落。

却唯独照不到人的内心。

看着天空中的圆月，纳兰容若想着，若是天路能通，自己就能再度与爱人相见了吧？

不辞冰雪为卿热，多么美好的故事。

那痴情的男人，为了重病的妻子，不惜在寒冬腊月，脱光衣服让风雪冰冷自己的身体，再与妻子降温，只是，这般痴情又如何？他心爱的妻子最终还是离世长辞，而这痴情男子最后也病重不起，追随妻子而去。

即使世人都纷纷斥责这个男人沉迷于儿女情长，但纳兰容若却从未觉得。在他的心目中，这个男人在世人看来"不正常""不理性"的种种举动，是如此正常，可以感同身受。

大概因为他们都是同一类人吧？

所以，才"不辞冰雪为卿热"。

如果上天能让我们再度相聚，如果上天能让我们再度幸福地厮守在一起，那该有多好？

如果说纳兰容若的《侧帽集》，还带着少年郎不知人间疾苦、潇洒不羁的风流，那后来的《饮水词》，当真就如标题所言一样，如人饮水，冷暖自知，个中的滋味，只有他自己知道。

经历了丧妻之痛，亲眼见证了生命的诞生，又亲眼见到挚爱的逝去，此时的纳兰容若，早已不是当年意气风发的少年郎，在他的心中，已经不可避免笼上了一层忧伤的色彩。

卢氏的故去，并未随着岁月的流逝而在纳兰容若的心中逐渐黯淡，反而越来越清晰，最终，化为他笔下一首又一首的悼亡词。

纳兰容若的好友顾贞观曾经这样说过："容若此一种凄婉处，令人不能卒读，人言愁我始欲愁。"

也正好说明了纳兰容若写与亡妻卢氏的悼亡词，哀婉清丽，情真意切，令人看了感同身受，肝肠寸断。

悼亡词古来便有，即使豪迈如苏东坡，"大江东去，浪淘尽"的气魄，也一样有"十年生死两茫茫，不思量，自难忘"的凄切哀婉，如今到了纳兰容若，因为卢氏的离去，他的字里行间，满是对爱妻的怀念，魂萦梦牵，字字句句柔肠悲歌，道不尽剪不断，当真是凄凄惨惨戚戚，摧人心肝。

这爱情的誓言，没有华丽的辞藻修饰，也没有慷慨激昂的字句，是那么浅显易懂，近乎白描一般的口语，读来却是那么清新自然，洋溢其中的浓烈深情，叫人看了在羡慕纳兰容若与卢氏之间那真挚爱情的同时，也不由得感慨，造化弄人，一对天作之合，竟是这么早便劳燕分飞，生离死别。

一僧曰幡动，一僧曰心动。

纳兰容若的悼亡词，清丽凄美，这是公认的，在他的笔下，曾经带给自己那么多欢乐的庭院、夕阳、星空、花树、回廊等，早已不复当初卢氏还在的时候，眼中所见的欢快与幸福。

谁念西风独自凉，萧萧黄叶闭疏窗。沉思往事立残阳。
被酒莫惊春睡重，赌书消得泼茶香。当时只道是寻常。（《浣溪沙》）
一句"当时只道是寻常"，如今，多少人耳熟能详。
简简单单的七个字，却是千言万语，多少深情都饱含其中。

纳兰容若与卢氏，少年夫妻，恩爱缠绵，但幸福的日子却只不过短短三年。

当幸福远去，以前曾经在一起时候的点点滴滴，便清清楚楚地涌上心头，来回萦绕，刻骨铭心。

那些平凡幸福的夫妻生活，当时看来，随处可见，随时可见，就像呼吸一般自然，自己也从来不曾去留心过，但为何如今回想起来，却是每一点每一处，甚至对方说过的每一句话，都那么的清楚。就像是融入了自己的骨血之中，随着时间的流逝，不但没有逐渐遗忘，反而更加清晰。

纳兰词的魅力所在，除了他的词清丽凄婉之外，便是因为他把他对亡妻的无尽相思都化成了一首又一首的悼亡词，在词中怀念着自己心爱的妻子，如泣如诉。字字句句皆是出自真心，是自然而然的，写着自己最真实的心情。

卢氏亡故，已经不知过了多久。

对纳兰容若来说，这段时间是多么的度日如年呀！时间似乎已经没有了意义，日出日落，连他自己都数不清楚了，只清楚记得，那一天，当他得知噩耗，失魂落魄地走进房间的时候，她就躺在那儿，面容温柔，仿佛只是睡着了一样，双目却紧紧闭着，再也没有睁开。

她是睡着了吧？如果一直呼唤她的芳名，是不是就能再度醒来，微笑着，和以前一样，在自己的耳边喁喁细语？

但是，她已经走了，永远地离开了自己的孩子，离开了自己心爱的丈夫。

她走得那样仓促，快得让所有的人都反应不过来，快得连话都没留下，更遑论告别。

短短三年的幸福，如今随着她的离去而散成了风中的飘絮，就像那一片片西风中的落叶，带着秋天瑟瑟的寒意，缓缓飘去。

在全府的悲伤中，纳兰容若失魂落魄一般，任由其他人忙碌地操劳丧事，自己只是呆呆地站着，就像魂魄早已不在此处。

他第一次觉得，面对生死，自己是如此的无能为力，当噩运突然来临，他竟毫无招架之力，只能眼睁睁地看着残酷的命运无情地带走自己心爱的妻子。

原来那些曾经让人艳羡的幸福，只不过是为了让他从云霄之上又高高地摔下，伤得更痛，伤得更深。

悲伤的并不只纳兰容若一人，对明珠与觉罗氏来说，失去了这么一位近乎完美的儿媳妇，也是无法弥补的遗憾，他们也感慨着，悲伤着，既为了卢氏的年少而亡，也是为了儿子的丧妻之伤，更有着对失去卢氏家族——封疆大吏势力支持的惋惜。

颜氏则一直安安静静的，表达着自己的伤痛。

她并没有趁机妄想去争夺卢氏的位子，而是照顾卢氏刚刚生下的儿子——海亮，尽心尽意地照顾着这个失去母亲的婴儿，这是她表达自己对卢氏的敬意和伤痛的方式。

唯一有权完全浸入悲伤的，只有纳兰容若。

突如其来的噩耗让他至今还无法相信，温柔的妻子已经永远地离开了自己。所以，他几乎是放任着自己被悲伤全然地侵蚀。

花草树木，楼台亭阁，甚至池子里的莲花、金鱼，每一处每一处，仿佛都还能看到妻子那纤细的身影。

就像从来不曾离去。

每一处妻子曾经待过的地方，空气中似乎还有着她身上那淡淡的、熟悉的香气。

当初两人携手共同走过的走廊，如今看起来，竟有这么长！

当初两人共读的书房，如今看起来，竟有这么空旷！

以前种种甜蜜的回忆，现在回想起来，竟是泛出了苦涩的味道。

在卢氏的丧礼结束之后，府中的其他人，就各自回到了自己生活的轨道上去。

他们并没有多余的时间来悲伤。

只有纳兰容若。

卢氏的死，给了他沉重的一击，在心中留下了永生都无法磨灭的伤痕。

好在就在这一年的秋冬，康熙皇帝下了命令，让纳兰容若担任乾清门的三等侍卫。

有了公职在身，原本赋闲的纳兰容若也忙碌起来。

这样也好，忙碌着，有着其他的事情分心，至少就不会再无时不刻地想着卢氏了吧？

纳兰容若这样天真地想着。

可是，思念不是这么轻易就能从脑子里被驱赶出去的。

工作再繁忙，任务再沉重，也总有做完的时候，每当这个时候，对卢氏那刻骨铭心的思念之情就会从每一个角落悄悄地窜出来，在心中萦绕不去。

在卢氏逝世之后，纳兰容若似乎突然对易学有了浓厚的兴趣，书桌上，堆满了古今各大易学家的著作。

他一头扎了进去，如饥似渴地吸收着这全新的知识。

这天并未轮到纳兰容若去乾清宫当值，他从一大早开始，就钻进了书房，全神贯注地阅读着那些大家的著作，沉浸在自己的世界内，对时光的流逝完全没有察觉。

直到传来轻轻的敲门声，他才发觉太阳已经移到了西边，夕阳西下。

啊，是了，已经这么晚了？

轻轻的敲门声又再度传来，纳兰容若想也不想地就唤着卢氏的名字。

以往，每当自己看书忘了时间忘了用餐的时候，卢氏总会贴心地替他端来饭菜，温柔地提醒他不要太过废寝忘食，累坏了身体。

所以，当听到门外传来敲门声的时候，他几乎是条件反射地，想也不想就脱口说出卢氏的名字。

那端着饭菜的温柔女子闻声，脸上的笑容微微凝固了一下，旋即带上一丝无可奈何，还有一丝悲伤。

她素来沉静惯了，如今，也只是恭敬地把饭菜放到桌上，然后有些担心地看了看自己的丈夫，才依依不舍地离开。

看着颜氏远去的身影，纳兰容若一时竟说不出话来。

当他面对这位安静的女子，却脱口唤出卢氏的名字的时候，他清楚地看到了，颜氏脸上那一抹无奈的神情。

如果卢氏……如果卢氏还活着的话，那么，刚才送饭菜来的人，便应该是她了吧？

当敲门声响起的那一刹那，纳兰容若几乎有种卢氏还未离去，马上就会推门而入的错觉。

桌上的饭菜渐渐凉了，纳兰容若却依旧毫无食欲。

他只是站在窗前，看着窗外逐渐西沉的夕阳，还有夕阳下，空荡荡的庭院。

"谁念西风独自凉"，这样的七个字突然钻进他的脑子里。

许久之后，纳兰容若轻轻地关上了窗户。

那被瑟瑟的秋风吹落一地的萧萧黄叶，在空中飞舞着，缓缓飘落在地，说不出的凄凉。

纳兰容若不忍再看，转过头去。

他无法阻止时光的流逝，更不能阻止秋叶的飘落。

就如他只能看着妻子逝去，无能为力一样……

如果她还在……

如果她还在身边，看到窗外落叶纷纷飘下的情景，会说些什么呢？

她总是微笑着，对所有的人、所有的事都那么的温柔……

自己喝醉了，躺在床上沉睡不起，任凭身旁的人儿怎么呼唤，都装睡，在对方无可奈何的时候，才悄悄地睁开眼睛……

浮现在脑海之中的，都是多么美好的回忆啊，两人之间的心灵契合，是如此的幸福。

"被酒莫惊春睡重，赌书消得泼茶香。"

这些，不都是当时自己与卢氏曾经做过的事情吗？

李清照《金石录后续》有一则记载：

余性偶强记，每饭罢，坐归来堂烹茶，指堆积书史，言某事在某书某卷第几页第几行，以中否角胜负，为饮茶先后。中，即举杯大笑，至茶倾覆怀中，反不得饮而起。

当初，自己与卢氏，不就像赵明诚与李清照，一般的诗情画意，一般的恩爱吗？

那些相处的片段，回想起来，分明只是些寻常的琐事而已，寻常的日子，寻常的时光。

本来以为会一直这么寻常下去，哪知道，在一起的日子只不过短短的三年。

当时只道是寻常。

恩爱再笃又如何？却抵不过命运的残酷。

就像赵明诚与李清照，终究，赵明诚还是先舍李清照而去，而自己，却是被卢氏先遗落在了这人世间。

一句"当时只道是寻常"，不知为何，让人想起万芳的一首歌来。

歌名唤做《恋你》，其中这样唱道：

想要长相厮守却人去楼空，红颜也添了愁，是否说情说爱终究会心事重重，注定怨到白头，奈何风又来戏弄已愈合的痛，免不了频频回首，奈何爱还在眉头欲走还留，我的梦向谁送？离不开思念回不到从前，我被你遗落在人间，心埋在过去，情葬在泪里，笑我恋你恋成颠……

歌是情歌，女声柔美，一句"离不开思念回不到从前，我被你遗落在人间"，唱的，何尝不是当时纳兰容若的心境？

如果我们能够回到从前，是不是就能再度相见？

心爱的人儿啊，你怎么可以如此狠心，把我独自遗落在这苍茫的人世间？在无尽的岁月中独饮回忆酿成的苦酒，永醉于痛苦的哀悼之中，夜夜沉沦。

古往今来，写过悼亡词的人不在少数，但没有人能像纳兰容若这样，十年如一日，无时无刻不在思念着亡妻，把对妻子的思念写进词中。

从卢氏刚刚亡故后的"判把长眠滴醒，和清泪、搅入椒浆"，到跟随康熙皇帝北上南巡之后的"旧欢如在梦魂中，自然肠欲断，何必更秋风"，我们可以看得出来，即使经过了这么多年，纳兰容若对卢氏的思念之情，并未因为时光的流逝而有丝毫的改变，仿佛妻子的离去永远都是昨天的事情一样，伤痛弥久愈新。

说纳兰容若乃是情种，当真一点都不为过。

只是强极则辱，而情深，却是不寿……

第二节　悼亡词

青衫湿遍，凭伊慰我，忍便相忘。半月前头扶病，剪刀声、犹共银釭、忆生来小胆怯空房。到而今，独伴梨花影，冷冥冥，尽意凄凉。愿指魂兮识路，教寻梦也回廊。

咫尺玉钩斜路，一般消受，蔓草残阳。判把长眠滴醒，和清泪、搅入椒浆。怕幽泉还为我神伤。道书生薄命宜将息，再休耽、怨粉愁香。料得重圆密誓，难禁寸裂柔肠。（《青衫湿遍》）

在词牌中，并没有《青衫湿遍》这首，也许是纳兰容若自制的新曲吧，却也是他无数悼亡词中，最早写给亡妻的一首。

这首词作于康熙十六年，大概六月中旬，那时候，卢氏亡故刚刚半个月。

想必这正是纳兰容若最伤心欲绝的时期吧？

思念亡妻，泪如雨下，以至于青衫湿遍，于是，才有了这首《青衫湿遍》。

悲伤的眼泪把衣衫都给打湿了，还妄想着能听到你安慰的声音，可是，如今早已成了一场虚幻。

人们说这首词大概是纳兰容若的悼亡词中最早的一首，依据应该就是这句"半月前头扶病"了。

半月前，卢氏产后受寒，病重而亡。

他如何才能控制住自己不去想念亡妻？

他如何才能控制住自己不去寻找亡妻的身影？

真的是很困难啊……

夜深了，烛火亮了起来。看着摇曳的烛火，仿佛耳边又响起了烛剪的声音，仿佛还能看到，卢氏一双纤手执着银剪，正小心地剪去烛泪，好让烛火更加的明亮。

每晚，妻子都会像这样，安静地陪伴着自己看书，如今，书依旧，烛依旧，房依旧，人却不见了影踪。只有窗外凄凄冷冷的梨花影子，说不出的凄凉。

在这首词里，我们见到的，是纳兰容若对妻子最深切的怀念，还有无尽的悲伤。

看到烛火，会让他想起亡妻，而其他的事物呢？

纳兰容若的词里很擅长用一些日常所见的事物来表达自己的心情。也许当真是伤心人别有怀抱，在他眼中，剪刀、烛火、梨花、回廊……这些平时再寻常不过之物，如今，却是那么凄凉，仿佛都在无言地述说着悲伤之意。所以越发显得他的词清新自然，不事雕饰。

自然，也让我们如今读起来，只觉口齿噙香。

最后再说一下《青衫湿遍》的词牌，此调应该是纳兰容若自制的新曲，而"青衫湿遍"，很明显是出自白居易的《琵琶行》："座中泣下谁最多，江州司马青衫湿"。

纳兰容若以此句作为新曲词牌，个中含义，不言而喻。

他还写过一首词，词牌与《青衫湿遍》颇为相似，只差了一个字，也是悼亡词。那便是《青衫湿》，全词如下：

近来无限伤心事，谁与话长更？从教分付，绿窗红泪，早雁初莺。

当时领略，而今断送，总负多情。忽疑君到，漆灯风飐，痴数春星。

这是一首小令，一如他平时的风格，清婉凄凉，饱含深情。

最近伤心的事情一件接一件，要向谁述说呢？而最伤心的，莫过于午夜梦回的时候，想起亡妻的音容笑貌，恍如隔世了吧？

丁巳重阳前三日，梦亡妇淡妆素服，执手哽咽，语多不复能记。但临别有云："衔恨愿为天上月，年年犹得向郎圆。"妇素未工诗，不知何以得此也，觉后感赋。

瞬息浮生，薄命如斯，低徊怎忘。记绣榻闲时，并吹红雨；雕阑曲处，同倚斜阳。梦好难留，诗残莫续，赢得更深哭一场。遗容在，只灵飙一转，未许端详。

重寻碧落茫茫。料短发朝来定有霜。便人间天上，尘缘未断；春花秋叶，触绪还伤。欲结绸缪，翻惊摇落，减尽荀衣昨日香。真无奈！倩声声邻笛，谱出回肠。

（《沁园春》）

"上穷碧落下黄泉，两处茫茫皆不见。"

当初在读到白居易的《长恨歌》之时，纳兰容若怎么也不会想到，有一天，自己也恨不得能如此做吧？

恨不得能够"上穷碧落下黄泉"，只要能再度见到心中的那一抹倩影。

那是丁巳年，是卢氏亡故的那一年。

已经快到重阳节了，府中的人为了这个节日，都开始忙碌起来。

看着众人准备糕点，做好了过节的准备，纳兰容若却不由想到，若是她还活着，此刻也是和其他人一样，采摘茱萸，做着重阳糕，准备菊花酒吧？

就像去年的重阳节一样。

但是，当今年的重阳节再度来临，那柔美的身影，却早已成了永诀。

只有在梦中才能再度相见了吧？

日有所思，夜有所梦，于是，就在重阳节的前夕，纳兰容若终于在梦中见到了自己心爱的妻子。

"丁巳重阳前三日，梦亡妇淡妆素服，执手哽咽，语多不复能记。"

梦中，妻子一身素服，雪白色的衣裳，依旧是那么清丽，依旧是那么温雅柔美，与记忆里相比，丝毫没有改变，只是，以前总是带着温柔的笑容的她，如今却是愁容满面，双目含泪。

即使是在梦中，再见到心爱的妻子，早已是惊喜交加，喜极而泣。

眼泪模糊了双眼,周围的一切都看不清楚了,只有妻子的身影还是那么的清晰。

执手相看泪眼,竟是无语凝噎。

千言万语,说了些什么,后来回想起来,竟是一句都不记得了,眼中只有妻子含泪的双眼,还有依依不舍的悲伤表情。

不……还记得一句……

那是在临别之时,妻子说的最后一句话。

"衔恨愿为天上月,年年犹得向郎圆。"

我是那么地舍不得你,如果能变成天上的月亮,那么定会每一年都陪伴着你,月长圆。

妻子虽然知书达理,却从来不擅长作诗的啊,为什么会向自己说出这样的两句诗来呢?

梦总是会醒的。

纳兰容若醒来之后,回想起梦中所遇,悲伤不已,当下披衣起床,就写下了这首《沁园春》。

"瞬息浮生,薄命如斯,低徊怎忘。"

第一句,就写出了自己满腔的惋惜之情。

浮生如此,卿却如此的薄命,那些欢乐的日子还未在岁月里沉淀,就已经变成了过去的回忆,点点滴滴在心里,如何能忘得了?

那是多么欢乐的记忆啊!

闲暇的时候,双双躺在绣榻之上,看那窗外桃花乱落如红雨。

日落的时候,便倚在长廊边,看着夕阳渐渐沉向西边。

如今回想起来,那些快乐的回忆,竟像是一场梦一样,偏生又美好得仿若诗篇。

如果是梦,为什么好梦总难圆?

如果是诗,为什么却是诗残难续?

如今却只能痛哭一场,无能为力。

即使在梦中再见了爱人的容颜,却是像快捷的风一样转瞬即逝,还未来得及细细端详,述说自己的相思之情,爱人的身影便已经飘然远去。

梦醒之后,眼前只有空荡荡的房间,哪里还有妻子的身影?

那熟悉的音容俱逝,天地茫茫,上穷碧落下黄泉,却依旧是两处茫茫皆不见,无处可寻,无处可找,不胜凄凉。

曾为纳兰容若之师的徐乾学,后来评价纳兰容若的词,是"清新秀隽,自然超逸"。而纳兰之词,胜在"自然"二字,在他的悼亡词中,更是仿若自肺腑流出一般,情真意切。

如果不是这一片真挚的感情,如今我们在读到纳兰词的时候,还会为之感动、为之潸然泪下吗?

泪咽却无声，只向从前悔薄情。凭仗丹青重省识，盈盈。一片伤心画不成。

别语忒分明，午夜鹣鹣梦早醒。卿自早醒侬自梦，更更。泣尽风前夜雨铃。（《南乡子》为亡妇题照）

文武双全，用来形容纳兰容若，自是一点也不夸张，而除了擅长写词之外，其实他的画技，也是十分不俗。

纳兰容若曾经专门请过师傅来教授他绘画，在他的好友之中，严绳孙以擅长绘画出名，被人以倪瓒称之。严绳孙的山水，深得董其昌恬静之意，又十分擅长画人物、楼阁、花鸟，尤其擅长画凤凰，翔舞竦峙，五色射目。有这样一位绘画大师在自己的身边，纳兰容若的画技，也是相当不错的。

因为英年早逝，纳兰容若并未在画坛上留下盛名，但其画技用来描绘亡妻的容貌，却是已足够。

也许是在某一天的夜里，纳兰容若突然想起来那个名唤"真真"的女孩子的故事。

记不清是什么时候了，他与她共读唐人杜荀鹤的《松窗杂记》，看到了这个关于一幅画的故事。

唐代的时候，一个名叫赵颜的人请了位著名的画家为他绘制屏风，屏风上画着一位非常美丽的侍女，赵颜便感慨道："如果她是活的便好了，我定要娶她为妻。"画师听了，边说："这有何难？此女名唤真真，只要你呼其名昼夜不歇，她便会答应，后以百家彩灰酒喂她喝下，便能活。"

赵颜当真照画师的话做了，昼夜不停，一直呼唤着真真的名字，在第一百天的时候，屏风上那美丽的女子竟然当真开口说话了："我在此。"赵颜大喜，当下就按照画师所教，用百家彩灰酒喂她喝下，那女子翩然而下，活生生地站在赵颜的面前。年底的时候，赵颜与真真有了一个孩子，两人十分恩爱。然而，正如一切的志怪小说中必然会有的情节一样，两年后，一位友人对赵颜说："此女必妖，当除之。"并且给了赵颜一把宝剑。赵颜也开始怀疑起自己的妻子来。疑心才动，真真就已经知道了，哭泣着对丈夫说道："君百日呼妾名，为使你达成心愿，我才走下屏风，如今生疑，我不可能再与你在一起了。"说完，便抱着孩子，一步一步慢慢地后退，就像来时一样，回到了画中，再度成为画上不会动也不会说话，更不会哭不会笑的人物形象，和以前唯一不同的是，画上多了一个孩子，那正是赵颜与真真所生的孩子。此时，赵颜才后悔不迭，再度呼唤真真的名字，却再也无法得到画中人的回应，徒留惆怅与枉然，还有后悔与伤心。

纳兰容若记得清清楚楚，自己与卢氏讲述这个故事的时候，妻子是如何惊叹故事的神奇，又是如何惋惜结局的惆怅，可如今，故事仿佛还在耳边，那听故事的人去了哪里？

也许是受到这个故事的启发，纳兰容若画了一幅亡妻的画像，并在一旁题上了这首《南乡子》。

如果自己对着这幅画像，也像赵颜那样，昼夜不停，呼唤着卢氏的名字，一直呼唤一百天，是不是卢氏就能像故事里的真真那样，也从画中走下来，与自己再度相聚？

很难说，纳兰容若没有这样试过！

他是那么的孩子气，带着从未曾变过的纯真，在这个充满荆棘的世界中艰难地跋涉前行，被残酷的命运一次又一次地伤害。他无力去改变这个世界，只能无奈地承受。

昔日唐朝诗人高蟾曾经这样写过，"世间无限丹青手，一片伤心画不成"。

如今，自己虽然描绘出了亡妻的笑貌，可其中的伤心无奈，又如何才能画出来呢？

就像后来他又写的另外一首《虞美人》。

春情只到梨花薄，片片催零落。夕阳何事近黄昏，不道人间犹有未招魂。

银笺别梦当时句，密绾同心苣。为伊判作梦中人，索向画图影里唤真真。

如果我也像赵颜一样，日日夜夜都呼唤你的名字，是不是在午夜梦回的时候，你就会再度出现在我的面前？

然后，白头偕老。

林下荒苔道韫家，生怜玉骨委尘沙。愁向风前无处说，数归鸦。

半世浮萍随逝水，一宵冷雨葬名花。魂是柳绵吹欲碎，绕天涯。（《摊破浣溪沙》）

北京西北郊外的皂甲屯，是纳兰氏的祖坟所在。

卢氏是明珠的儿媳妇，长子之正妻，完全有资格进入祖坟，与先人们静静地躺在同一处地方。

但是，她的灵柩并未马上葬入祖坟，而是被纳兰容若停在了北京郊外的双林禅院。

纳兰容若未说过为何要把妻子的灵柩停在此处，但他的用意，几乎所有人都能够猜得到。

他是想再多和妻子在一起待一阵儿，再多一点时间，一个时辰，一天，一月，一年，都是好的。

于是，卢氏的灵柩就这样在双林禅院停了一年有余，这段时间，纳兰容若几乎都住在双林禅院，禅院之中所藏经书典籍很多，纳兰容若就这样一边陪伴着妻子，一边看着佛经。

不管是伤心的时候，还是孤独的时候。

在这些佛经之中，纳兰容若最爱的，便是一部《楞伽经》，后来，他还给自己起了一个号——楞伽山人。

只是，不管他如何地看着佛经，如何地向佛祖祈求，得到的，永远都是佛像无声的静默，面带慈祥的微笑，怜悯地看向世人。

如果当真是怜悯，那么，佛为何不怜悯自己？为何不怜悯自己对亡妻的一片刻骨相思？

如今，一棺之隔，却是生与死的界限，永远都难以跨越。

那是个秋雨缠绵的午后。

雨水淅淅沥沥的，从屋檐上滴落下来，连成丝线一般，绵绵不绝，滴在了禅房前的石阶上，一滴又一滴，像是谁的眼泪，带着秋后凄冷的寒意，悲凉而哀伤。

纳兰容若正站在窗前，静静地看着窗外淅淅沥沥的连绵秋雨。

桌上，是他刚刚写就的一阕小令，即是这首《摊破浣溪沙》。

谢道韫乃是有名的才女，卢氏虽然不善诗词，可在纳兰容若的眼中，心爱的妻子又怎会输给那著名的才女谢道韫呢？只可怜如今玉骨委尘沙，红颜薄命，只留下自己冷冷清清，看着妻子的灵柩，一腔愁绪却无人可述说。

这半生的命运就像水中的浮萍一般，随水漂流，一夜的凄清冷雨，也把满地的落花给缓缓带走。

漫天飞舞的柳絮，那其实是爱人的魂魄吧？舍不得离去，在空中随风盘旋着，飞舞着，迟迟不肯离去。

自己又何尝舍得那逝去的爱

妻呢?

可如今,却是生死永隔。

卢氏再也听不到自己为她而作的诗词了。她那么安静地躺着,仿佛睡着了一般,安详地,陷入了永恒的黑暗之中。

她的芳魂也化为这漫天的柳絮,在空中来回地盘旋,就像有生命的精灵,眷恋着眼前的人。

一年之后,卢氏的灵柩下葬。

她终究不能永远停在双林禅院,而纳兰容若,也不能在双林禅院陪伴她一辈子。

所以,当父亲明珠再度提起把卢氏灵柩下葬的时候,这一次,纳兰容若并未拒绝,只是沉默着,一声也不出。

是默认了。

纳兰容若知道,与卢氏的缘分已经走到尽头,而自己的人生,还有无尽的岁月……

第三节　着意佛法

抛却无端恨转长。慈云稽首返生香。妙莲花说试推详。

但是有情皆满愿,更从何处著思量。篆烟残烛并回肠。(《浣溪沙》)

纳兰容若开始对佛法感兴趣,是他在双林禅院居住的那段日子里。他博览院中所藏的佛学典籍,以慰亡妻之痛,从而开始渐渐地进入了佛法的世界。

当人在遭遇不幸时,通常会把自己的目光转向探求生命奥义的宗教世界。

不能说当时纳兰容若就是绝望的,但卢氏的死,确确实实给了几乎没怎么经历过挫折的纳兰容若沉重一击,让他彻底地明白,命运才是永远不可抵挡的,在这样的情况下,他开始逐渐地进入了佛法的世界。

纳兰容若为妻子卢氏守灵的双林禅院,就在现在的北京阜成门外的二里沟。当年幽静清雅的禅院,如今变成繁华的街道,车如流水马如龙,哪里还找得到当年那清雅佛地的半点踪影?

当年,灵柩被送到了这里,在那段时间,纳兰容若都是滞留在这座清雅的禅院之中的。

暮鼓晨钟为伴。

眼前所见,是佛前的香火灯烛;耳中所闻,是佛经梵音,在这样的氛围之中,纳兰容若开始有意识地看起佛经来。

"佛说楞伽好,年来自署名。几曾忘宿慧,早已悟他生。"

在他的《渌水亭杂识》中,有很多关于他对佛法的见解看法,可以看得出来,纳兰容若读过不少的佛法书籍,也可见他对佛法的重视。

佛教在汉代的时候传入中国，与中华文化相互结合之后，便成为了中国传统文化的一个重要组成部分，带上了中国文化特有的性质。

纳兰容若在《渌水亭杂识》中这样写道：

儒道在汉为谶讳所杂，在宋为二氏所杂。杂谶纬者粗而易破，杂二氏者细而难知。苟不深穷二氏之说，则昔人所杂者，必受其瞒，开口被笑。

意思是说，儒学在汉代的时候混入了谶讳之学，在宋代的时候混入了佛学。混入谶讳之学，粗陋而容易被看破，混入佛学则会太过精细而难以理解。如果不深入了解与研究佛学，则无法理解其中的精妙之处，开口讨论，会被嘲笑。

纳兰容若是主张"深穷二氏之说"，同时也指出："三教中皆有义理，皆有实用，皆有人物""大抵一家人相聚，只说得一家话，自许英杰，不自知孤陋也。读书贵多贵细，学问贵广贵实。"

显然，这里的所指的"书"，乃是指的佛学之书，而所说的"学问"，自然也指的是佛教的学问。纳兰容若认为，读书不应该局限于一种学问，要想真正学到知识，应该把其他领域的著作认真地阅读，儒家、道家、佛家，都应该细读了解，学习别家的学问。

在这些佛家的著作之中，纳兰容若最常读的，或者说最喜欢的，便是《楞伽经》。这在他的《渌水亭杂识》中，也有着不少的记载。

楞伽翻译在武后时，千年以来，皆被台家拉去作一心三观。万历中年，僧交光始发明根性宗趣，暗室一灯矣。

"台家"指的是中国佛教的天台宗，而"一心三观"则是指的天台宗的基本教义，"事物依缘而生，故为假有；虚假不实，故为真空；空、有不离，非空非有，即为中道。须于心中同时观悟此三者"。纳兰容若这句话的意思是说，《楞伽经》被天台宗拿去作为一心三观的理论依据。由此可见，纳兰容若对于佛学书籍涉猎甚广，才会有此感慨。

而在《渌水亭杂识》的卷四中又写道："什师《维摩经》注有云：天人以山中灵药置大海中，波涛日夜冲激，遂成仙药。"

这里涉及一个小小的传说，说天上的仙人把灵药放置在大海之中，让浪涛日夜冲刷，便会成为灵验的仙药。

这倒是让人不禁想起关于"返生香"的传说来。

"返生香"又叫"还魂香"，在东方朔的《海内十洲记》中有着记载，传说聚窟洲上有神鸟山，山上长有返魂树，这种树的树根树心能够制成返生香，让已经死去的死者重新复活，再也不会死去。

纳兰容若在《渌水亭杂识》中记载下这个故事，未必没有回想起汉武帝见李夫人亡魂的典故来。

据说汉武帝的宠妃李夫人死去之后，汉武帝日夜思念，于是唤来方士招魂，唤出了李夫人的魂魄相会，传说那方士正是用返魂香从冥界地府唤回来李夫人的灵魂。

而纳兰容若在痛失爱妻之后，是不是也曾像当年的汉武帝一样，动过把爱人的魂魄从冥府召唤回来的念头呢？

"抛却无端恨转长。慈云稽首返生香。"

他是不是也曾在菩萨的面前，苦苦地祈求过佛祖赐予自己那传说中的"返生香"，让自己能够再见卢氏一面？

"有情皆满愿"，但是这终究是他一相情愿的美好心愿罢了。

第四节 对爱妻的怀念

十月初四夜风雨，其明日是亡妇生辰

尘满疏帘素带飘，真成暗度可怜宵。几回偷湿青衫泪，忽傍犀奁见翠翘。

惟有恨，转无聊。五更依旧落花朝。衰杨叶尽丝难尽，冷雨凄风打画桥。（《鹧鸪天》）

悼亡词，古往今来很多词人都写过，其中不乏知名的词作大家，但是，论数量，纳兰容若绝对是名列前茅。

在他的词集中，悼亡词的数量甚是可观，而且时间跨度很大。从康熙十六年卢氏亡故，一直到康熙二十四年纳兰容若病逝，一共八年的时间，悼亡词洋洋洒洒几十首。

丧妻的疼痛，成为纳兰容若心中一道永远无法愈合的伤口，直到他逝世。

伤心人别有怀抱，用来形容如今的纳兰容若，再是贴切不过。

本来寻常的事物，在现在的纳兰容若眼中看去，却都透着悲伤的意味，带着凄凉。

卢氏亡故之后，她以前喜欢待的房间，就成了纳兰容若不愿涉足的禁区。

只怕触物伤情。

这天夜里，纳兰容若本该回到自己的房间，竟来到这处房间门前。

房门紧闭着，并未上锁，轻轻一推，便"吱呀"一声缓缓打开了。

纳兰容若缓步走了进去。

这是一间小巧且精致的房间，透过窗户能看到花园，把院子里的美景尽收眼底。

以前，卢氏最喜欢在这房间内待着，看看书，做做针线活，消磨时光，如今，屋内一切布置都还和当初一模一样，却已物是人非。

屋内昏暗，并未点灯，纳兰容若点燃了桌上的半支蜡烛，举着烛台，缓缓地打量着这间屋子。

低垂的幕帘上，落满了灰尘，被风轻轻吹起，灰尘便缓缓地飘了起来。

那层层的纱幕飘动，仿佛卢氏的倩影就在纱帘之后，还等待着丈夫的到来。

纳兰容若定睛看去，空荡的房间，哪有爱妻的身影？

想到昔日的恩爱，心中甚痛。

一回头，见到那精巧的镜台上，犀牛角做成的镜匣中，卢氏的翠翘簪子还安静地在那儿，就像是在等待着主人再一次把它簪在乌黑的秀发之上。

窗外，隐隐传来打更的梆子声。

原来已经这么晚了。

纳兰容若缓步走到窗前，低头看去，不知什么时候，夜空中又无声地洒下了细雨，有些雨滴被风吹进屋内，把窗前的书案打湿了一片。

今夜，正是十月初四吧？

明天……明天就是卢氏的生日了，如果她还在……

如果她还活着的话，明天，将会是个多么欢乐的日子啊！

但是，如今一切都成了空。

只有这凄风冷雨，陪着自己度过一个又一个寂寞的夜。

此恨何时已。滴空阶、寒更雨歇，葬花天气。三载悠悠魂梦杳，是梦久应醒矣。料也觉、人间无味。不及夜台尘土隔，冷清清、一片埋愁地。钗钿约，竟抛弃。

重泉若有双鱼寄。好知他、年来苦乐，与谁相倚。我自终宵成转侧，忍听湘弦重理。待结个、他生知已。还怕两人俱薄命，再缘悭、剩月零风里。清泪尽，纸灰起。（《金缕曲·亡妇忌日有感》）

这首《金缕曲》，有个副标题叫作"亡妇忌日有感"。

六个字，明显地点出了这首词的主题。

康熙十七年的五月三十日。

对其他人来说，这一天，不过是普普通通的一天，和昨天、前天，没有什么不同。

可是对纳兰容若来说，这一天，去年的这一天，却是一个噩梦般的日子。

当下人惊慌失措地来报知噩耗时，纳兰容若简直不敢相信自己的耳朵，急忙赶去，映入眼帘的，除了周围人们惊慌与悲伤的表情之外，便是静静躺在床榻之上，面色苍白毫无血色的妻子卢氏。

她已经虚弱得说不出话来。

纳兰容若握住了她的双手，那纤巧的手掌，曾经那么的温暖，如今，竟变得如此冰冷，冷得就像寒冬的雪一般。

见到丈夫，卢氏张了张口，却发不出声音来。

她连说话的力气都没有了，连张开嘴巴，都像是用尽了浑身的力气，素来温柔的双眼，如今却满是恋恋不舍，还有不甘心，看看一旁颜氏怀中刚刚出生的海亮，她的目光便落到纳兰容若脸上。

四目相对，千言万语，不须再说出口。

她是多么舍不得自己刚刚出生的孩子，是多么舍不得自己心爱的丈夫，还有那些温柔的家人，可是时间已经不再给她继续下去的机会，就要残酷地夺去她孱弱的生命，从此与自己心爱的人永隔幽冥。

这个时候，卢氏的心中，肯定满是不甘与愤恨。

她才刚刚产下爱人的孩子，她还未来得及抚养孩子长大。她甚至还未来得及与丈夫说上最后一句话，就永远地闭上了双眼，带着满腹的遗憾，撒手而去。

她已经听不到四周传来的哭声了。

更感觉不到丈夫的眼泪一滴滴地，落在她的脸颊上，滚烫得仿佛要把肌肤灼伤。

男儿有泪不轻弹，只因未到伤心处。

可如今，心爱的人就在自己眼前逝去，此情此景，若不算伤心处，还有什么才算呢？

紧紧握着卢氏软绵绵的手，纳兰容若哭得好似一个泪人。

就在这一刻，他突然发觉了自己有多么无能为力。

不管你是豪门公子，还是平民百姓，在生死的面前，一样平等，谁也无法挽回那已经逝去的生命。

也是在这一刻，他突然发觉，原来痛彻心扉，竟是如此钻心刺骨。

如今，又是一年。

又到了那个噩梦般的日子。

这一天，正是卢氏的忌日。

像是老天爷也在惋惜卢氏的年少过世，从一大早开始，天空中就淅淅沥沥

地飘下了小雨。

卢氏的灵柩才从双林禅院葬到祖坟不久，坟土还是新的，再加上有看管人的细心打扫，颇为整洁。

这也好，卢氏向来爱洁，不是吗？

寻常人家扫墓，备下的，无非是些供果酒水之类。

但纳兰容若不一样，他给卢氏准备的，并非寻常可见的时鲜水果、蜜酒之类，而是自己在这一年之中，所写的悼亡词。

那是给卢氏的，独一无二的祭礼。

他一张一张，缓缓地烧给卢氏，纸灰被冷风吹得飞扬起来，打着旋儿，然后就缓缓飘散了。

看着飘远的纸灰，纳兰容若不禁这样告诉自己。

卢氏定是收到自己的心意了吧？

她……一个人在底下，可寂寞？可清冷？

海亮长得很好，健健康康，颜氏待他犹如自己亲生一般，照顾得无微不至。富格也俨然有了哥哥的自觉，很疼爱这个弟弟。你该放心了吧？

生与死的界限，往往只有那么一小步，代表的，却是永无止尽的距离，咫尺天涯。

第五节　续弦

一种蛾眉，下弦不似初弦好。庾郎未老，何事伤心早？

素壁斜辉，竹影横窗扫。空房悄，乌啼欲晓，又下西楼了。（《点绛唇》）

康熙十九年，纳兰容若二十六岁。

他是明珠的长子，叶赫那拉家族的继承人，传宗接代是他必须承担的责任，父母一再提议他续弦，纳兰容若推辞了三年，如今，已经再没了推脱的借口。

在家人的操办下，纳兰容若续娶了官氏。

如果说卢氏是出身"名门"，那么官氏便是出身"豪门"，官氏是图赖的孙女，是满清八大贵族之一的瓜尔佳氏的后人。

在汉族人的记忆里，图赖是一个血腥的名字。

他是清初名将，击败过李自成麾下大将刘宗敏，在扬州斩杀了史可法，擒了福王朱由崧。官氏的父亲费英东，也是清朝的开国元勋，努尔哈赤最为倚重的五位大臣之一。

出生在这样可以说是"世代簪缨"的大贵族家里，官氏是真真正正的豪门之女，尊贵显赫，与纳兰容若称得上门当户对。

她嫁进了这座当朝最显赫的权臣府邸，嫁给了如今最知名的才子，在世人的眼中，本来就身为天之骄女的她，如今更是幸运得连老天爷都忍不住嫉妒她。

但是，像聚集了全天下幸运在一身的官氏，在大婚之后，却茫然了。

自己新婚的丈夫，心思，始终停留在那早已逝去的卢氏身上……

官氏出身贵族豪门，想必也是受过良好教养的女孩儿，但毕竟是将门虎女，只怕还有着几分的霸气。总而言之，我们可以大概猜想出来，她与卢氏应该是截然不同的两种类型，并不像卢氏那样温柔贤惠。

很难说这样的女子，纳兰容若究竟有没有喜欢过她。

不过我们可以确定的是，纳兰容若与官氏之间，没有他与卢氏之间的那种刻骨铭心的爱情。

甚至很有可能，两人之间的夫妻关系，并不十分融洽。

纳兰容若写过一首《点绛唇》，其中有这么两句："一种蛾眉，下弦不似初弦好。"

在古代的时候，人们都以"续弦"来指代续娶，纳兰容若这首词中的"下弦"与"初弦"两个词，也颇有些意味深长的意思。

在他的这首词里面，"下弦"是不是指官氏呢？而"初弦"，想来就是指已故的前妻卢氏了吧？

在写这首词的时候，他与官氏已经成亲很久了，相互之间有了一定的了解，大概越是相熟，就越是觉得，官氏其实并不是自己喜欢的类型……

官氏也并非泼妇，更不是妒妇，事实上，她和其他的女子一样，善良、顺从，一旦嫁了人，就全心全意地对待着自己的丈夫。

官氏万万没有想到的是，丈夫的爱情，没有留给她一分。

官氏不是没有努力过。

她也学着像卢氏那样，为丈夫收拾书房，整理书案；在丈夫读书到深夜的时候，体贴地为他送上羹汤，并且对富格、海亮两个孩子，如自己亲生孩子般悉心照料，对妾室颜氏，也从无半分不耐，和气相处。

官氏做到了一个妻子应该做到的一切。

她是那么努力地想要去得到丈夫的爱情，可是，这世间并不是所有的事情，都能够等价交换，付出多少，就能得到多少回报的。

爱情从来不是。

你爱他爱到生死相许，他未必会对你付出真心。而你不爱的人，却恰恰爱你爱到刻骨铭心。

官氏对纳兰容若，纳兰容若对官氏，何尝不是如此？

纳兰容若本是情种，并非情圣。

这也是纳兰容若一直觉得对不起颜氏和官氏的地方。

但是，爱情不是道歉，不是心怀歉意就能拥有。

所以，当初他对卢氏说过多少句"我爱你"，如今，便对官氏与颜氏说了多少句"对不起"。

爱情的天平从来不是公正的，我不爱你，并不是因为你比不过对方，而是那千万年之中，没有早一秒，也没有晚一秒，正好与自己四目相对的，是她而已。

其他人，终究错身而过。

官氏出身尊贵，并非颜氏、沈宛所能相比的，但是在明珠祖坟，却并没有官氏的坟墓碑文，颇为蹊跷。如果说颜氏因为是妾室，身份不足以葬入祖坟，但官氏乃是正室，若说没有资格，也不太可能。根据记载，当时见过皂甲屯墓园的人，见院子里有九座坟墓，分别是明珠夫妇、纳兰容若与卢氏夫妇，还有其子揆叙夫妇、揆方夫妇及永寿，并没有官氏的坟墓，颇令人不解。而且在徐乾学写的《成德墓志铭》的石碑上，刻着的"继室官氏，光禄大夫少保一等公朴尔普女"，上面的"朴尔普"三个字被人凿了去，模糊不清，有人考据说可能是因为官氏的家人或者她的父亲犯了罪，所以"因罪讳名"，但

是根据史书记载，朴尔普并没有获罪，而且到康熙五十年之后才去世，所以，官氏的名字被从墓碑上凿去，并不是因为获罪，倒是很有可能是官氏后来已经不属于纳兰家的成员。既然已经不再是明珠家的人，那么自然不再葬入明珠家祖坟。颜氏在纳兰容若死后，就一直抚养孩子长大，终身不嫁，而官氏很有可能因为并没有子女的关系，改嫁了别人，既然改嫁，自然不再算是纳兰容若的夫人，皂甲屯祖坟中没有她的名字与坟墓，也是在情理之中了。

谁翻乐府凄凉曲？风也萧萧，雨也萧萧，瘦尽灯花又一宵。

不知何事萦怀抱，醒也无聊，醉也无聊，梦也何曾到谢桥。（《采桑子》）

情之一字，似乎是纳兰容若词作中一个永恒不变的主题。

也是他短暂的三十一年生命之中，永恒的、重要的一部分。

人间自是有情痴。他似乎是为情而生，又终究为情而伤的一般。

谁能说他不多情呢？

但是，在他短暂的人生之中，最单纯的初恋给了已经身在皇宫之中的表妹，最真挚最热烈的爱情，给了生死相隔的亡妻卢氏。他无法再给予官氏、颜氏，甚至还有后来的沈宛，那些女子最想要的东西——爱情。纳兰容若已经无法再给予、再付出。

纳兰容若似乎对《采桑子》这个词牌有着偏爱，填过不少词，都是《采桑子》。

就像这一首不知什么时候写下来的词，同样用了这个词牌。

这首词乍看之下，也颇有点像悼亡词，但是细看之下，却更像是在某一个夜晚，听着窗外不知哪里传来乐声，纳兰容若心有所感而随手写下的这阙小令。

"谁翻乐府凄凉曲"，夜色中，是哪里传来的乐声呢？听起来是如此凄凉，叫人不忍卒听，风声萧萧，雨声滴滴，凄风冷雨，如今又是这样过了一个夜晚，冷冷清清。

不知什么事情总是在困扰着自己，却怎么也想不明白，于是这日子就越发了无生趣，醒着的时候那么无聊，借酒浇愁，喝醉了为何还是那么无聊呢？

如果躺下来，在梦里是不是就能见到自己心爱的女子了？

古时候，称呼所爱的女子为"谢娘"，因而称其居所为"谢家""谢家庭院"或者"谢桥"。在这里，听着窗外那隐隐约约的凄凉乐声，纳兰容若此刻心里浮现的，究竟会是谁的身影呢？

在这首词里面，纳兰容若似乎想要表达的，是一种矛盾的心情，一种说不清、道不明的情愫。

他哪里察觉不到官氏的心情、颜氏的心情，还有沈宛的心意？

但是自己的激情与爱情，早已随着卢氏的亡故而逝去了，如今的自己，就像一潭死水般，再也泛不起波澜。也许正因为如此，在不知不觉中，他竟是冷落了她们，冷落了原本是不该被自己冷落的人……

所以，这首词难得地流露出一些自嘲来，还有自责。

自责着，自己如今的无情。

自嘲的，也是自己当初的多情。

人到情多情转薄，而今真个悔多情。

阑珊玉佩罢霓裳，相对绾红妆。藕丝风送凌波去，又低头、软语商量。一种情深，十分心苦，脉脉背斜阳。

色香空尽转生香，明月小银塘。桃根桃叶终相守，伴殷勤、双宿鸳鸯。菰米漂残，沉云乍黑，同梦寄潇湘。（《一丛花·咏并蒂莲》）

在纳兰容若的诗词之中，描写花卉的句子实在不少，例如这首描写并蒂莲的《一丛花》。

并蒂莲，顾名思义，一枝上开出两朵莲花来，很少见，历来都被人看做是吉祥的征兆，更被拿来当成夫妻之间的幸福与爱情圆满的象征。

这首词生动地刻画出了并蒂莲的形状与色泽，而且并蒂莲之代表着不离不弃，仿佛相互深爱着的恋人一般，心意相通。

"一种情深，十分心苦"，在纳兰容若的笔下，并蒂莲并不仅仅是美丽的，拥有吉祥的象征含义，更是他心目中完美爱情的化身。

如果有完美爱情的话，那就应该像这株并蒂莲一样吧？盘绕连接，相依相偎，不离不弃。

但愿人长久，千里共婵娟。

如今回想起来，简简单单的两句话，却已变成了心中不可触及的伤口。

这首词并未表明是悼亡词，但是，我们在读纳兰词的时候，总会不知不觉把它归入悼亡词之中，大概是因为，其中那九转柔肠，那字里行间的凄然与悲伤，与其他悼亡词是一模一样的吧？

不知官氏看到这首词的时候，心中是怎么想

的，但是，她肯定知道，很久以前，自己的丈夫还写过一首咏并蒂莲的七绝：

水榭同携唤莫愁，一天凉雨晚来收。

戏将莲茹抛池里，种出花枝是并头。

那七绝中提到的人，在纳兰容若身边的那位，并不是自己，而是卢氏。

也许是两人在开玩笑的时候，说过要在这池子里，抛下莲花的种子，说不定会长出并蒂莲。

纳兰容若在花开之际再填词写并蒂莲，是想告诉卢氏，当初我们种下去的莲花，现在已经真的开出了并蒂莲，但是芳魂渺渺，与自己携手赏花之人，如今却已离去。

物是人非事事休，同样是并蒂莲，在纳兰容若的心中，早已是："一种情深，十分心苦，脉脉背斜阳。"

离世 纳兰心事谁人知

"家家争唱纳兰词，纳兰心事谁人知？斑丝廊落谁同在？岑寂名场尔许时。"

康熙二十四年，乙丑。

五月三十日，容若因七日不汗病故，是年三十一岁。

康熙二十四年。

这一年，纳兰容若三十一岁。

正是刚过而立之年的时候，纳兰容若已经从最初的三等侍卫，升到了一等侍卫。

这一年，沈宛离开了，四月的时候，严绳孙也离开京城。

严绳孙请了假，说要南归省亲，其实就是弃官不做，回家乡专心作画了，纳兰容若知道好友去意已决，也并未执意挽留。

当时他们都还天真地认为，即使分别，也总还有再见的一天！

那时所有人都没有想到，纳兰容若的人生，竟会永远地定格在这一年的五月三十日，在他亡妻卢氏逝去的同

152

一天。

巧合吗?

也许吧。

很多时候，我们肆无忌惮地挥霍着时间，以为还有机会，哪知却容不得我们再次回头。

第一节 与梁佩兰合作词选

仆少知操觚即爱《花间》致语，以其言情入微，且音调铿锵、自然协律。唐诗非不整齐工丽，然置之红牙银拨间，未免病其板折矣。（《与梁药亭书》）

这一年的春天，梁佩兰从广东南海来到了京城。

起因，是因为接到了纳兰容若的一封信，而那封信，便是中国文学史上很重要的《与梁药亭书》。

梁佩兰是广东的宿儒，字芝五，号药亭，著名的诗人，也擅长书画，当时王士禛、朱彝尊等人对他都十分推崇。

大概也因为如此，所以纳兰容若才专门修书给他，邀请梁佩兰北上京城，帮助自己完成心愿。

那便是编撰一部自己最最满意的词选集。

这封信，就如纳兰容若的其他作品一样，清新自然，情真意切:

仆少知操觚即爱《花间》致语，以其言情入微，且音调铿锵、自然协律。唐诗非不整齐工丽，然置之红牙银拨间，未免病其板折矣。

从来苦无善选，惟《花间》与《中兴绝妙词》差能蕴藉。自《草堂词统》诸选出，为世脍炙，然陈陈相因，不意铜仙金掌中竟有尘羹涂饭，而俗人动以当行本色诩之，能不齿冷哉。

近得朱锡鬯《词综》一选，可称善本。闻锡鬯所收词集凡百六十余种，网罗之博、鉴别之精，真不易及。然愚意以为，吾人选书不必务博，专取精诣杰出之彦，尽其所长，使其精神风致涌现于楮墨之间。每选一家，虽多取至十至百无厌，其余诸家，不妨竟以黄茅白苇盖从荑剃青琐绿疏间。粉黛三千然得飞燕玉环，其余颜色如土矣。

天下惟物之尤者，断不可放过耳。江珧柱入口而复咀嚼，鲍鱼马肝有何味哉。仆意欲有选如北宋之周清真、苏子瞻、晏叔原、张子野、柳耆卿、秦少游、贺方回，南宋之姜尧章、辛幼安、史邦卿、高宾王、程钜夫、陆务观、吴君持、王圣与、张叔夏诸人多取其词，汇为一集，余则取其词之至妙者附之，不必人人有见也。

不知足下乐与我同事否? 有暇及此否? 处崔喧鸩闹之场而肯为此冷淡生活，

亦韵事也。望之。望之。

在信中，纳兰容若这样说道："我很喜欢《花间词》，因为那些词言情入微、音律铿锵自然。唐诗也不错，但是和《花间词》相比就显得有些刻板了。

"我一直苦恼没有一部好的词选，算下来也只有《花间词》与《中兴绝妙词》要好一些。但是在经过《草堂词选》的各种选本刻印之后，虽然也算是脍炙人口，但却还不够精炼，而显得良莠不齐。以至于后来的一些人因为它的影响，而把一些庸俗的作品也当成了好词，未免令人齿寒。

"最近朱彝尊编成了一本《词综》，的确算得上是善本，很不错。我听说他在编写的时候阅读收集了一百六十多种词集，由此可见，朱彝尊的鉴赏能力是很强的。不过我认为，编选词集不一定非得在意数量的多少，只要能选择出佳作，数量并不是主要的问题。所以，只要词作写得好，一位词人也不妨多选上几篇，如果作品不好，那又何必选进去呢？

"当然，那些天底下最美的东西是万万不能放过的。我打算多选北宋的周清真、苏子瞻、晏叔原、张子野、柳耆卿、秦少游、贺方回，南宋的姜尧章、辛幼安、史邦卿、高宾王、程钜夫、陆务观、吴君持、王圣与、张叔夏的作品。对其他的词人，则只选录他们绝妙的作品就好。

"不知梁先生是否愿意与我一同完成这件事？是不是有这个时间来完成？身处这样浮躁的世界，默默地选编古人的诗词佳作，虽然冷淡了一些，但也算得上是一件雅致的韵事了吧？"

在纳兰容若的眼中，世间并无一本真正合格的词集。世人大多数都缺乏鉴别能力与审美能力，把一些庸俗的作品当成了佳作。

正是因此，纳兰容若动了想要选编一本自己满意的词集的念头来。

从这封信里，我们也可以看出纳兰容若这位天才词人对词的态度。

只从作品的优劣好坏出发，着眼作品的质量，而不是去看作者有多大的名气之类的因素，这一点，倒是与欧美新批评主义的观点不谋而合。

欧美新批评主义认为，文学作品是一个完整的多层次的艺术体，本身就是文学活动的本源，是以作品为本体，把作品本身作为文学研究的对象，而不去考虑作品之外的其他因素。

纳兰容若在这封信中提出了自己选择词作的观点，与此几乎一模一样，从词作本身，而不是从作者去选择作品，这样才能选择出最好的作品来。

纳兰容若同时也在信里写出，"仆少知操觚即爱《花间》致语"，他是比较偏好《花间词》的，而且从他的《侧帽集》《饮水词》中也可以看得出来，他那些悼亡之词婉约清丽，颇得《花间词》的精髓，明显是受其影响。

收到了信，梁佩兰果然来到了京城，与纳兰容若见了面，相谈甚欢。

但是谁也没有想到，他们还没来得及开始进行他们的事业，几个月后，纳兰容若就急病而死，一番理想，终究成为了镜中花，水中月。

第二节　最后的诗作

阶前双夜合，枝叶敷华荣。
疏密共晴雨，卷舒因晦明。
影随筠箔乱，香杂水沉生。
对此能消忿，旋移近小楹。（《夜合花》）

康熙二十四年，接到纳兰容若书信的梁佩兰，千里入京。

对于梁佩兰的到来，纳兰容若是十分惊喜的，五月二十二日，他在渌水亭设宴，邀请的宾客仍是素日的好友，梁佩兰、顾贞观、朱彝尊、姜宸英、吴雯等人。

这个时候，已经没有了吴兆骞与严绳孙。

对吴兆骞的逝世、严绳孙的辞官归去，纳兰容若心中一直是十分怅然的。

如今，因为梁佩兰的到来，纳兰容若暂时一扫心中的怅然神伤，在自家的渌水亭，与好友们再度聚会。

和以前相比，渌水亭畔多了两株小小的花树，那是夜合花，纳兰容若记不得是自己什么时候种下的了，不过如今倒是颤巍巍地生长了起来。

夜合花又叫合欢花，在盛夏的时候会开花，花朵是粉红色的，叶子一到晚上就会一对一对地合起来，所以叫作“夜合花”。如今正是花期，众人便以《夜合花》为题，各自赋诗。

纳兰容若也不例外。

他的作品是一首典型的命题诗，还是一如既往地带着纳兰容若内心的忧虑，萦绕不去。

台阶前长出了两株夜合花树，枝头枝繁叶茂，疏密有致。因为昼夜的变化，花朵开合不同，那摇曳的树影倒映在了竹帘之上，芬芳的香气飘了过来，但并不是单纯的花香，中间还混合了沉水香的味道。看着这两株夜合花，心中的怨忿似乎也烟消云散了。

不过当时谁也没有想到，这首《夜合花》，竟成为了纳兰容若的绝笔！

就在这场相聚的第二天，纳兰容若便病倒了，那是一直困扰着他的“寒疾”，整整七天，终于不汗而死。

过世的那天，也正好是卢氏的祭日——五月三十日。

他终于可以不用再挣扎在理想与现实的冲突之间，徒劳地想要发出自己那微弱地呼唤，而是留下了这璀璨夺目的《纳兰词》，从此翩然远去。

第三节　纳兰死因

对于纳兰容若的死因，官方记载向来语焉不详，就是一句"寒疾，不汗而亡"便轻描淡写地略过，后来有学者研究，众说纷纭，但大体可归为以下几种：

寒疾、忧郁自杀、天花说，还有被害说。

"被害"这种说法，据说是出自《李朝实录》，康熙二十八年的时候，朝鲜使臣发回朝鲜国内的一份别单。

别单上写的，都是这位朝鲜使臣的所见所闻，其中有这么一句"又有成德者，满洲人，阁老明珠之子，自幼文才出群，年才二十擢高第入翰苑为庶吉士。皇帝嫉其才，而杀之。明珠因此致仕而去矣"。

简单地说，就是因为纳兰容若才华出众，康熙皇帝嫉妒了，于是命人暗中害死了他，明珠在后来渐渐在仕途上失利，最终被罢相。

说的倒是有板有眼的，但是仔细想一想，逻辑上颇为不通。

首先，此说是不是出自《李朝实录》还有待确认，而且，皇帝因为嫉妒臣子的才华而杀之，确实也有些无稽。

纳兰容若确实是当时公认的天才词人，连康熙皇帝也颇为赞赏他的才学，经常把他带在身边，北上南巡，走遍大江南北，但是，要说是因为此就嫉妒纳兰容若的才华，我觉得两者之间是毫无关系的。

一位文人的才学并不能威胁皇帝的宝座，而且正好相反，再有才华的文人，他的命运最终也是掌握在皇帝的手中，就像"奉旨填词"的柳永，何尝不是因为皇帝的一句"且去浅酌低唱，何要浮名"而改变了自己一生的命运呢？

康熙也是难得的贤明皇帝，创造了中国最后一个盛世"康乾盛世"的繁荣，而且他与纳兰容若、曹寅乃是少年伙伴，相互之间感情是颇为深厚的，如果说他因为嫉妒纳兰性德的才华，从而命人害死了这位少年时期的好友，怎么都说不通。

至于说明珠后来被罢相，是因为被儿子纳兰容若连累，导致被康熙不待见，就更荒唐了。

明珠后来结党营私，在某种程度上来说，康熙并非不知道，只是默许，因为他要用明珠党来牵制索额图党，维持朝廷势力的平衡，一旦这个平衡被打破，弊大于利，便会着手整顿。何来明珠因为儿子的缘故而仕途急转直下呢？

所以，纳兰容若"被害"这种说法，不过是流言蜚语。

至于说纳兰容若是康熙年间一场失败的外交政策的牺牲品，被迫自杀，就更是无稽之谈了。

纳兰容若到死为止，官职都只是一等侍卫，作为国家大事的外交，完全没有参与的资格，而且康熙皇帝虽然信任他，但是一直不曾重用他，只是在康熙二十四年的时候，开始隐隐有些要委以重任的苗头，何来"牺牲品"一说？更何况，如果当真是因为纳兰容若在工作上有什么重大的失误，需要用自杀来避免连累家人，那么当时的官家记载也应该会有这项记录才是，而且，纳兰容若乃是明珠之子，多少眼睛盯着，若真的出了需要自杀谢罪的纰漏，难道那些明珠的政敌会放过这么好的机会吗？

还有一种，便是"天花说"。

天花是一种烈性的传染病，在当时医疗条件不发达的情况下，这种疾病是很致命的，据说顺治就是死在此病上，当然，后来民间传说顺治皇帝因为爱妃董鄂之死而毅然放弃了帝位，出家为僧，那毕竟只是小说家言，并没有确凿的证据。而康熙皇帝能够继承皇位，很大一个原因也是因为他幼年时候得过天花，有了免疫力。

从顺治皇帝得痘疹到病亡，病期只有六天，纳兰容若从生病开始，也只有七天的时间，便永远地离开了这个世界。

韩提在《神道碑铭》中这样提过一句："而不幸速病，病七日遂不起。"徐乾学也写过纳兰容若"其葬盖未有日也"。翁叔元写过："康熙二十四年五月晦，

己丑，我容若年世兄先生捐馆舍，叔元往哭于其第。既殡，往哭于其位次。越三日再往，阁人辞焉。又十日偕同馆之士五人旅拜于儿筵哭如初。又八日，以夭子命出殡于郊外。……于骊车之出也，姑为相挽之词以饯之。"

如此一来，便产生了几个疑问。

纳兰容若死后几个月，为什么才请人作铭，很久都没把尸体下葬？为什么要皇帝下令出殡？

这么结合起来一看，说纳兰容若死于天花，也并不是没有道理。

第一，他死亡得太迅速，病期只有七天。

第二，根据记载，纳兰容若在生病之后，康熙皇帝十分关心，于是派来宫中的御医给纳兰容若诊治，"使中官侍卫及御医数辈至第诊治，于是上将出关避暑，命以疾增减报，日再三，疾疾亟，亲处方药赐之，未及进而段，上为震悼"。这段话很有些微妙之处。

首先，纳兰容若刚死，康熙皇帝就带着皇子和诸位王爷、大臣们急急忙忙地离开了京城；接着，在途中，四皇子生了场小病，康熙顿时紧张起来，命令他返回京城，看好了病才继续前进。这倒很像是为了躲避什么似的。

难道纳兰容若当真是因为天花而病死的，康熙皇帝担心传染开来，才匆匆忙忙地带着众人离京的吗？再加上当时因为天花而死的人都必须火葬，贵为皇帝的顺治也不能避免，而纳兰容若死后，要皇帝下令出殡，那数月未葬，很有可能是火化的托词。

流传最广的，在官方记录上言之凿凿的，就是"寒疾说"了。

其实从纳兰词中去看纳兰容若的人生轨迹，我们可以发现，纳兰容若那光彩夺目的一生当中，始终潜藏着一个阴影，那便是"寒疾"。

康熙十二年，十九岁的纳兰容若正在准备参加殿试的时候，就因为一场突如其来的寒疾，在病榻之上躺了数月，错过了这场殿试，并且留下了一首七律《幸举礼闱以病未与廷试》：

晓榻茶烟揽鬓丝，万春园里误春期。
谁知江上题名日，虚拟兰成射策时。
紫陌无游非隔面，玉阶有梦镇愁眉。
漳滨强对新红杏，一夜东风感旧知。

诗里满是失意伤感的意味。

寒疾导致他错失了这一次的殿试，而且在他今后的岁月中，也是像幽魂一样，不时地出现，让纳兰容若深受其苦。

翠袖凝寒薄，帘衣入夜空。病容扶起月明中。惹得一丝残蒙、旧薰笼。

在这首《南歌子》里面，我们可以窥见，纳兰容若深为寒疾所困扰。

每当天寒地冻，这顽固的疾病就会紧紧纠缠住他，使他病容憔悴。

随着日子一天一天地过去，这可恶的"寒疾"，就像一团巨大的阴霾，越来越庞大，几乎是随时笼罩在纳兰容若的周围，仿佛一只不祥的蝙蝠，张开了那巨大黝黑的翅膀，狰狞地盯着纳兰容若。

每次生病，寒疾就会困扰纳兰容若很长时间，而且病期越来越长，从寒冬一直到春暖花开。

"人说病宜随月减，恹恹却与春同。"

如果说随着岁月的流逝，病情就会减轻的话，那为什么直到春天来临了，我却还躺在床榻之上。

纳兰容若显然感觉到了，这个一直纠缠着自己的病魔，是如此地顽固，不管是春去秋来，不管是在京城，还是出差在外，这可恶的寒疾仿佛幽灵一般，不时窜出来。

黄昏又听城头角，病起心情恶。药炉初沸短檠青，无那残香半缕恼多情。

曾记年年三月病，而今病向深秋。卢龙风景白人头，药炉烟里，支枕听河流。

"年年"二字，纳兰容若写出这寒疾是如何频繁，几乎每年都会发生一次，而且还不到寒冬腊月，仅仅是在深秋，病魔就再度来临了，这说明因为生病的关系，身体的抵抗力已经大不如从前。

康熙二十三年，康熙皇帝第一次南巡，照例，纳兰容若随行在康熙的身旁。也许是因为旅途的劳累，在行至无锡的时候，纳兰容若再度病倒，这一次，病情时好时坏，一直到了次年的春天，才渐渐地有所好转，但是并未痊愈，"可怜暮春候，病中别故人"。虽然医生叮嘱他不要饮酒，但是在五月与梁佩兰、顾贞观、姜宸英等人的聚会中，趁着兴头，纳兰容若还是喝了不少，结果旧病复发，寒疾再度击倒了这位年轻的天才词人。

这一次，一直如影随形在纳兰容若身边的阴霾终于夺走了他年轻的生命。

寒为阴邪，易伤阳气，其性凝滞，这正是纳兰容若长期被"寒疾"所困的原因。也许是因为出生在冬天，又长期生活在寒冷北方的关系，纳兰容若的身体对于"寒冷"是比较敏感的，这种敏感也表现在了他的诗词之上。

在纳兰容若所作的诗词中，不知是有意还是无意，秋冬的景色出现的次数是最多的，频繁不说，而且凄凉哀婉。

"萧萧几叶风兼雨，离人偏识长更苦。""木落吴江矣，正萧条、西风南雁，碧云千里。落魄江湖还载酒，一种悲凉滋味。""谁念西风独自凉，萧萧黄叶闭疏窗，沉思往事立残阳。""衰草连天无意绪，雁声远向萧关去。不恨天涯行役苦，只恨西风吹梦成今古。""欲寄愁心朔雁边，西风浊酒惨离颜。黄花时节碧云天。""身向榆关那畔行，北风吹断马嘶声。深秋远塞若为情。"……

在纳兰容若的词中，描写秋冬的，竟有一百多首之多，由此可见纳兰容若对于冬寒的敏感，而这，大概也正是他一直深为寒疾所苦的原因之一吧？

《素问·痹论》中曾这样说过："痛者，寒气多也，有寒故痛也。"说明寒疾会给人带来剧烈的痛苦。按照《素问》一书的解释，就是"寒气客于脉外则脉寒，脉寒则缩踡，缩踡则脉绌急，绌急则外引小络，故卒然而痛。"意思是说，当寒气侵袭肌表则脉寒，而脉寒则会导致经络、血脉收缩，从而导致肢体屈伸不力，浑身疼痛不堪。

纳兰容若既然长期被寒疾所苦，身体上所承受的痛楚也是可想而知。越是频繁地感染风寒，越是饱受疼痛的折磨，长年的病痛之下，自然而然也会影响到精神层面，"锦样年华水样流，鲛珠迸落更难收。病余常是怯梳头"。这种病痛中孤独又失落的心情，正好切合了他词中贯穿始终的清冷之意。

一直被寒症所苦的人，难免潜意识中也会对秋冬，对一些幽静的事物比较敏感，就像《红楼梦》中的林黛玉，体有不足之症，居处是幽冷清静的潇湘馆，而她的诗词，也大多透着股清冷的味道，无论是《葬花词》，还是《秋窗风雨夕》，无不流露出秋冬一般的凄凉与悲伤，"已觉秋窗秋不尽，那堪风雨助凄凉"与纳兰容若的"谁念西风独自凉，萧萧黄叶闭疏窗""黄叶青苔归路，屧粉衣香何处。消息竟沉沉，今夜相思几许。秋雨，秋雨，一半因风吹去"竟是有着异曲同工之意。

虽然林黛玉只是曹雪芹虚构出来的人物，但是我们也可以看得出来，这种身体上的病痛折磨慢慢侵入到人的精神层面的时候，会让人对人世间的阴晴冷暖更加敏感，也会更加感受到一种生命无常、人生短暂的凄凉。而这对纳兰容若本人那忧郁性格的形成，也起了至关重要的作用。

丧妻之痛、好友的过世与远离，还有对侍卫生涯的厌恶，都开始像毒药一般一点一点地侵蚀着纳兰容若的生命。

"浮名总如水，判尊前杯酒，一生长醉。"在《瑞鹤仙》一词中，纳兰容若这样写道。

显然，现实已经与他的理想越来越背道而驰。

他一次次地感慨"身世等浮萍，病为愁成"。

常年纠缠着他的寒疾，在纳兰容若自己本身的心绪郁结之下，终于从普普通通的风寒变成了陈年旧疴。

《素问》一书中这样说道："人有五脏化五气，以生喜怒悲忧恐。"即是说，人的心情与自己的身体健康有着很密切的关系，心胸宽广、开朗之人一般说来身体都会比较健康，而内心抑郁的人，未必就身强体壮。所谓"怒伤肝""喜伤心""思伤脾""忧伤肺""恐伤肾"，也是这个道理。

纳兰容若自身的心结未能解开，一年一年的郁结，最终和寒疾一起，成为夺走他短暂生命的祸患之一。

在这个大家都比较认可的纳兰容若死于寒疾的说法之下，其实还有一种比较浪漫的、却也是十分凄凉的观点。

纳兰容若是死于康熙二十四年的五月三十日，而他的妻子卢氏也正是死于五月三十日。

同月同日逝世，这便为纳兰容若的逝世，带上了一丝儿微妙的感觉。

我们形容纳兰容若，经常用的词语之中，有一个便是"情深不寿"。

倒也有点道理。

生命中的这几位女子，只有卢氏，才是他一直最深爱的人，即使到死，也从不曾改变过自己的心意。

纳兰词之中，公认成就最高的，是他写给亡妻的悼亡词，而数量，达到五十首之多。

古往今来，悼亡词并不乏大师的作品，但很多只是一两首，表达了对逝去恋人的怀念之后，就依旧故我，随着时间流逝而渐渐淡了感情，只有纳兰容若，从始至终，对卢氏的感情都没有改变过。

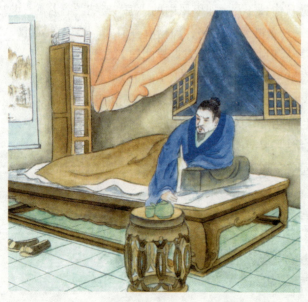

红颜薄命，留给纳兰容若的，只有无尽的思念与悲伤。

爱情上的重大打击，还有成为康熙侍卫之后，近距离亲眼目睹了官场内的相互倾轧、尔虞我诈，种种的现实，都让纳兰容若越来越心灰意冷。

所有的天才都是忧郁的。

纳兰容若正是天才，他的抑郁，也是众人所见的。

爱情、现实的双重打击，让纳兰容若屡遭不幸，在他的诗词之中也有着很明显的体现，抑郁不欢，他的逝世与卢氏是同一天，如今看来，也很有些意味深长。

如果不是巧合，那么，很有可能纳兰容若是专门选择了这一天，也就是说，他的死亡，说不定含有自杀的成分。

用我们如今的科学眼光看来，纳兰容若也许患有抑郁症。

抑郁症是一种很常见的精神疾病，也很普遍，很多人或轻或重都有，严重者甚至会产生自杀的念头与行为。自身深受寒疾所苦，几方面的重压之下，导致抑郁症越来越严重，最终因为卢氏祭日的临近，而让纳兰容若选择了这样一条让亲人好友伤心欲绝的路。

当然，说纳兰容若是因为抑郁症而殉情，并无确凿的证据，而从他好友徐倬的两首诗里面，隐隐约约可以看出一丝影子来。

第一首，是《成容若同年以咏合欢树索余和》：

青棠细缬映晴莎，韩重相思未足多。

花似鄂君堆绣被，叶同秦女捲轻罗。

树犹如此能堪否，天若有情奈老何。

定织云中并命鸟，深宵接翼宿琼柯。

另外一首，徐倬写完了还未来得及寄还给纳兰容若，对方便已经离开了这个人世间，于是，徐倬的第二首诗，便用了和前面一首一模一样的韵脚，以表达自己对纳兰容若的悼念之情。

玉树长埋在绿莎，玉楼高处恨争多。

文章于世犹尘土，才调惟天恣网罗。

气夺千秋轻绛灌，诗传五字接阴何。

晓风残月招魂去，只恐难寻梦里柯。

其中的"深宵接翼宿琼柯"，还有"气夺千秋轻绛灌，诗传五字接阴何""晓风残月招魂去，只恐难寻梦里柯"的句子，徐倬隐隐流露出自己不安的感触。

作为纳兰容若的好友，他是不是已经隐隐地猜到了纳兰容若死亡的真相呢？

纳兰容若的去世，是十分突然的，包括亲人在内，都认为是和以前一样，是普通的寒疾。

根据《康熙起居注》的记载，康熙二十四年乙丑五月三十日，明

珠尚在朝堂以折本请旨。

如果之前纳兰容若就已经病到垂危，以明珠之爱子心切，还会有心思去上朝吗？可见，当时明珠完全没有意识到，就在这一天，他会白发人送黑发人，爱子纳兰容若会永远地离开自己。

就在纳兰容若过世的这一年秋天，沈宛生下了他的遗腹子富森。

第二年，也就是康熙二十五年，纳兰容若葬在了叶赫那拉氏的祖坟所在的皂甲屯，与妻子卢氏葬于一处。

纳兰容若的生前好友们，纷纷撰写悼文，怀念这位天才的词人。

呜呼！始容若之丧，而余哭之恸也。今其弃余也数月矣。余每一念至，未尝不悲来填膺也。呜呼！岂直师友之情乎哉。余阅世将老矣，从我游者亦众矣，如容若之天姿之纯粹、识见之高明、学问之淹通、才力之强敏，殆未有过之者也。天不假之年，余固抱丧予之痛，而闻其丧者，识与不识，皆哀而出涕也，又何以得此于人哉！太傅公失其爱子，至今每退朝，望子舍必哭，哭已，皇皇焉如冀其复者，亦岂寻常父子之情也。至尊每为太傅劝节哀，太傅愈益悲不自胜。余闲过相慰，则执余手而泣曰：惟君知我子，惠邈君言，以掩诸幽，使我子虽死犹生也。余奚忍以不文为辞。

徐乾学乃是纳兰容若的老师，两人关系一直很好，在纳兰容若亡故之后，徐乾学便写了这篇《通议大夫一等侍卫进士纳兰君墓志铭》，第一句，就写出了他为纳兰容若的过世感到十分的伤痛。

纳兰容若的天才，世人公认，徐乾学也毫不吝啬自己的赞美，称赞纳兰容若"天资纯粹、识见高明、学问淹通、才力强敏"，是他所见过最具有天分的人，只可惜天不假年，如此杰出的人才却英年早逝，不得不说是遗憾。而明珠痛失爱子，悲伤不已，每每退朝回到家中，看到儿子那空荡

荡的房间，睹物思人，都会忍不住痛哭，哀叹儿子的逝去，这份父子深情，感人肺腑，闻者无不落泪，有人安慰明珠节哀，明珠却更加地哀伤。徐乾学自然也去安慰过明珠，明珠握着他的手含泪说："只有您是最明白我的儿子的，希望能请您来为他写这篇墓志铭。"

徐乾学自是这么做了，而写了悼文的，也并不只徐乾学一人，当时的名士都纷纷表达了自己对纳兰容若英年早逝的哀悼之意。

徐乾学不但写了这篇《墓志铭》，还写了《神道碑文》，另外还有韩菼的《神道碑铭》，姜宸英的《通议大夫一等侍卫进士纳兰君墓表》，以及顾贞观的《行状》、董讷的《诔词》，张玉书等人撰写的《哀词》，严绳孙等人写的《祭文》，等等。

"家家争唱纳兰词，纳兰心事谁人知？"

康熙三十四年的时候，当远在江宁的曹寅回想起自己的好友之时，曾经感慨万千。

如今纳兰词早已名满天下，人人都在吟唱着优美的《纳兰词》，争相传颂着"一生一代一双人""人生若只如初见"的时候，又有谁能真正了解纳兰容若的内心呢？

家家争唱纳兰词，纳兰心事谁人知？斑丝廓落谁同在？岑寂名场尔许时。

曹寅感叹着，自己现在已经是白发苍苍，空寂寂寞，回想起昔日的好友纳兰容若，如何能够不叹息世事的无常？

纳兰容若已经远去，以他短暂的三十一年的岁月，留下了璀璨的华丽诗篇，仿佛最后一段清丽的传奇，在天际划过，燃烧出绚丽的痕迹。

"家家争唱纳兰词"，正如当年柳永"有井水处，皆唱柳永词"一般，对一位天生的词人来说，俨然是最好的荣耀。

也足以安慰纳兰容若那绝世的才华。

千年之前，柳永的"忍把浮名，换了浅斟低唱"，在千年之后，化为纳兰容若的一句"别有根芽，不是人间富贵花"。

恰好，也正好。

当生就富贵命，却不屑权贵、不喜浮名，"身在高门广厦，常有山泽鱼鸟之思"，这样的人，当真不是人间富贵花。

王谢堂前燕何去？当上苍早早地召回了自己的宠儿，唯有词人留下的不朽华章，代代流传。

纳兰容若
词作赏析

◎ 临江仙 ◎

点滴芭蕉心欲碎，声声催忆当初。欲眠还展旧时书。鸳鸯小字[1]，犹记手生疏[2]。

倦眼乍低缃帙乱[3]，重看一半模糊。幽窗冷雨一灯孤。料应情尽，还道有情无。

那是另一个时空雨打芭蕉的夜晚。

心欲碎，不知是芭蕉心碎，还是纳兰心碎。"早也潇潇，晚也潇潇"，古往今来的诗词中，芭蕉似乎总喜欢同雨相伴出现。雨滴芭蕉，入梦，美酒半酣有唐汪遵心恋江湖；入画，王摩诘《雪打芭蕉》令人忘却寒暑，白石老人大叶泼墨酣畅淋漓；入乐声，《雨打芭蕉》淅淅沥沥，似雨滴蕉叶比兴唱和，急雨嘈嘈，私语切切，诉尽人间相思意。

至于这芭蕉心，正如易安所言，"舒卷有余情"。禅语云"修行如剥芭蕉"，如果我们的心已被世间种种欲念所裹，那么修行便是将层层伪装脱去，"觅心"即找回纯真的自我，"明心"则是彻悟尘世的一切杂念，方可见性。

纳兰心中，芭蕉心在其不展吧？因其不展，枝枝叶叶才藏得住纳兰梦萦半生的回忆，层层叠叠容得下纳兰多愁又敏感的心。其实何止善感的纳兰，"此夜芭蕉雨，何人枕上闻"，纵是梅妻鹤子的林逋也难掩芭蕉雨下那些撩人的情思。

"忆当初"，短短三字便如一把利剑斩断今生。今生已作永隔，窗外雨声风声入耳，曾有多少夜晚流逝于情意缱绻的呢喃？未来又将有多少不眠的孤夜，唯有旧忆聊以回味？所幸，过去的日子并未消逝于流年，在那发黄的红笺之上仍可略窥一二。

"鸳鸯小字，犹记手生疏"，怕是纳兰也在怀念把笔浅笑的她吧。此语原出王次回《湘灵》：

> 戏仿曹娥把笔初，描花手法未生疏。
> 沉吟欲作鸳鸯字，羞被郎窥不肯书。

　　纳兰与这位明末的才子是颇有渊源的。王次回出身金坛望族，仕宦之家，连他的女儿王朗也是著名的词人。与他的祖上相比，王次回的仕途之路一生不得志，仅在晚年做了松江府华亭县训导，不过是个无名无实的小官。然而他的作品上承李义山，下启清初词坛，对近代的鸳鸯蝴蝶派也颇有影响。纳兰诗词中常见王次回《凝雨集》的影踪，可又有多少人知道，王次回也如纳兰一般，爱妻早丧，不过凉薄人世一孤伶人。若可同世而立，纳兰与次回或许也能成惺惺知己吧。

　　当年的娇俏语长萦耳畔，那副欲语还休的羞涩模样犹在心头，鸳鸯小字里，似可见这位解语花的身姿若隐若现。然而，以为是一生一世的一双人，所托竟几页满蘸相思意的旧时书。南宋蔡伸曾慨叹，"看尽旧时书，洒尽今生泪"。蔡伸是书法家蔡襄之孙，官至左中大夫。名门之后，位高权重又如何？三更夜，霜满窗，月照鸳鸯被，孤人和衣睡。

　　旧时书一页页翻过，过去的岁月一寸寸在心头回放。缃帙乱，似纳兰的碎心散落冷雨中，再看时已泪眼婆娑。"胭脂泪，留人醉"，就让眼前这一半清醒一半迷蒙交错，梦中或有那人相偎。

　　又是一窗冷雨，纳兰看到了半世浮萍随水而逝，如记忆中挥之不去的她，"一宵冷雨葬名花"。还是纳兰身边这盏灯，只是不再高烛红妆，唯有寒月残照，灯影三人。太白对孤灯空长叹，"美人如花隔云端"。故人入梦，又渐行渐远，"是邪？非邪？立而望之，偏何姗姗来迟"。汉武帝为李夫人招魂，灯影明灭处，留得千古一帝不得见的叹息。

　　罢了，一梦似千年，从来是"人生长恨水长东"。刘禹锡一句"东边日出西边雨"，留多少痴念在人间。已道无情，而情至深处难自已。这般深情厚意，在纳兰心中恐怕已不是简单的有情，而是人生难得的知心人。如果说情是前生五百次的回眸，爱是百年修得之缘，那么知心便是三生石畔日日心血的倾注。

　　有情无？

　　纳兰笃定不念今生，料想今生情已尽。一心待来生，愿来生再续未了缘，可有来生？

》注释

①鸳鸯小字：指相思爱恋的文辞。《全元散曲·水仙子·冬》："意悬悬诉不尽相思，谩写下鸳鸯字，空吟就花月词，凭何人付与娇姿。"
②生疏：不熟练。
③缃（xiāng）帙（zhì）：浅黄色书套。亦泛指书籍、书卷。

◎ 少年游 ◎

算来好景只如斯。惟许有情知。寻常风月^①，等闲谈笑，称意即相宜^②。十年青鸟音尘断^③，往事不胜思。一钩残照^④，半帘飞絮，总是恼人时。

想来纳兰应是掰着手指写这首词的吧。

细细数来，好景不过只那些时日，翻来覆去地搜寻也不再多。常说人生如戏，其实又何尝不是一种全新的尝试？只是这些尝试不可以倒带、定格或重复，更没有机会再次完善，只有眼睁睁地看错误客观地存在，走过的路难再回首。几千年前，子在川上曰："逝者如斯夫！不舍昼夜。"

是啊，逝者如斯！我们可以征服自然，天堑变通途；可以改造世界，高峡出平湖。而面对奔流不复回的岁月，不见古人，不见来者，悠悠天地间只一句逝者如斯，昼夜间便越过几千年。

好景不长，这是千百年流传的古训。墨菲定理告诉我们，越害怕的事情越会发生。越渴望，越难求；越珍惜，便越易失去。相知相伴，最是难求。若为友人，"海内存知己，天涯若比邻"；若为爱人，万两黄金容易得，知己一个也难求。如当年的钟子期与俞伯牙，管仲与鲍叔，苏东坡与黄庭坚，可唱和，可调笑，甚至可以意见相左。知己，是求同存异，即使并不赞同也可以理解。

这里的知己，不是纳兰的那些好友，而是她——"寻常风月，等闲谈笑"。她能与他共剪西窗烛，与他同赏夜雨芭蕉，与他依偎着听残荷雨声。她或许没有咏絮才，抑或谈不上停机德。但她懂他，懂他的浅唱低吟，懂他的眉尖心上。只一个"懂"字——芳心重，即使离去，也沉沉地压在纳兰心头。从与纳兰相知相许开始，她便像一棵树深深地植于纳兰心头，狠狠地扎下根去，发芽，长大，平平淡淡的岁月里成长着他们的记忆，而后便永久地定格成一幅画。也有落叶，也有花开，那是三分谈笑，二分思念，一分微嗔，剩下的是半生相忘于江湖。

那些日子虽无大喜，回忆起来却总是沁着丁香一般若有若无的甘甜。何谓幸福？这是人世间无法量化衡量的参数。身处名利场，纳兰集权势、财富、地位、才情和皇帝的宠信于一身，却久久难以感到幸福。知己不在，五瓣丁香已伴斯人远去，惟余悠悠清香轻浮人间。这位令他念念难忘的知己，定是如丁香一般的女子吧：

她默默地走近 / 走近 / 又投出 / 太息一般的眼光。

她飘过 / 像梦一般地 / 像梦一般地凄婉迷茫。

像梦中飘过 / 一枝丁香地 / 我身旁飘过这个女郎；

她默默地远了 / 远了 / 到了颓圮的篱墙 / 走尽这雨巷。

这般女子，比之西湖，比之西子，"淡妆浓抹总相宜"。
相宜，陆游曾吟《梨花》，"开向春残不恨迟，绿杨窣地最相宜"。
无论是在人生的春秋还是晴雨，遇到她，孤单消弭，一切未知
便立刻有了答案——那不是参考，而是确定，是唯一。
她随风而过，不似斯佳丽那般疯狂固执的爱，却如
一杯陈年女儿红，令人沉溺于往事中久久不愿醒
转。可惜，可叹，十年音尘断，连送信的青鸟
也无影无踪！

青鸟又名三青鸟，传说女神西王母的使者，
"赤首黑目"分别唤做一名曰大鹜，一名曰少鹜，
一名曰青鸟。古时的"鹜"即"鹏"，听名字
便知是三只亮丽轻快的小鸟。其实这三青鸟本
是凤凰的前身，为多力健飞的猛禽，后来才转变
为一代玲珑小鸟。三青鸟是有三足的神鸟，只有在蓬
莱仙山可见。传说西王母驾临前，总有青鸟先来报信。
"青鸟不传云外信，丁香空结雨中愁"，可见青鸟也常
作为传递幸福佳音的使者出现在诗页中。

送信的青鸟不见，那些陈年往事日日温习，愈思量愈清晰，愈清晰愈徒增烦恼。
本是"花有清香月有阴"之时，本应与爱人尽享"春宵一刻值千金"，那千古同
月落下的清辉在人间划出一道铜墙铁壁，一边"琴瑟在御，莫不静好"，另一边
只剩"一钩残照，半帘飞絮"。所谓"世上本无事，庸人自扰之"，不过未到伤情处。
那一份执著的念想，那些共同走过的细细碎碎的日子，她的一颦一笑，他的一言
一语，打碎了，搅匀了，和一团泥。捏一个你呀塑一个我，生当同衾，死亦同椁，
成就一生的承诺。

》注释

①寻常：普通，一般。风月：本指清风明月，后代指男女情爱。
②称意：合乎心意。相宜：合适，符合。
③青鸟：神话传说中为西王母取食传信的神鸟。《山海经·西山经》："又西二百二十里，
曰三危之山，三青鸟居之。"郭璞注："三青鸟主为西王母取食者，别自栖息于此山也。"又，
汉班固《汉武故事》云："七月七日，上于承华殿斋，正中，忽有一青鸟从西方来，集殿前。
上问东方朔，朔曰：'此西王母欲来也。'有顷，王母至，有两青鸟如乌，侠侍王母傍。"
后遂以"青鸟"为信使的代称。
④残照：指月亮的余晖。

◎ 调笑令 ◎

明月，明月。曾照个人离别。玉壶红泪相偎[①]，还似当年夜来。来夜，来夜，肯把清辉重借[②]？

其实，这首《调笑令》满含自嘲之意。

调笑令又名转应曲、三台令。关于这词牌名，在胡适《词选》中有一段解释："【调笑】之名，可见此调原本是一种游戏的歌词；【转应】之名，可见此词的转折，似是起于和答的歌词。"纳兰以调笑之名写彼时的红妆相偎，是嘲弄命运无常，也是在自讽西风独自凉。

开篇直呼明月，似谪仙般的邀月？举杯邀明月，对影成三人。不知一向谨慎的他，会不会也拍着玉板月下长歌，对酒当歌，人生几何？明月，明月，纳兰是想劝慰吧？海内存知己，自然天涯共此时，何必以身形羁绊？或者也是在祝福，既不得相守，便不如放开心胸祈祷，但愿人长久，千里共婵娟。

然而那一片月明中，纳兰好似又眼睁睁地看见那个人由远及近渐渐走向了他，咫心之距时，又远远地推开了他，狠狠地退出了他的视野。他们心意相交，却终天各一方。

永远，相守时难以实现的诺言；遥遥，离别时执手相看泪眼，一个转身便耗尽了一生的时间。

"玉壶红泪"一说，来自三国时期魏文帝曹丕的宠妃薛灵芸。灵芸本是当时东吴浙西常山赞乡人。怀着对父母兄弟和家乡风物的恋恋之情，怀着对那宫廷生活的陌生和恐慌，灵芸从江南远赴洛阳。这一路灵芸泪如泉涌，随从便用玉唾壶给她承接泪水，只见流进壶中的泪水都带着血红。等到抵达洛阳，玉唾壶中已盛满了血泪，因此后世称女子的眼泪为"红泪"。

"夜来"之意还是取自薛灵芸。为了迎接灵芸，曹丕在洛阳城外筑土

台，高三十丈，直入云间；在台下四周布满蜡烛，唤名"烛台"，蜡烛沿灵芸入城的路线从烛台一路绵延至洛阳城郊。魏文帝在烛台静候佳人之时，远远望见车马滚滚，尘埃翻腾，宛如云雾弥漫，不由感叹："古人云，朝为行云，暮为行雨，今非云非雨，非朝非暮。"因而改薛灵芸的名字为"夜来"。

到这里，词意也豁然开朗，这个被纳兰以自嘲的笔触留在诗行间的女子，多半应是纳兰思之念之而终不得相守的表妹。不似纳兰发妻卢氏离去时的痛彻心扉，直问"天为谁春"；不似沈宛不告而别返回故乡时，他叹息"等闲变却故人心，却道故人心易变"。他久久珍藏于追忆中的这份情，不似烈火般的热情，却因为凄清更惹人疼惜。不知纳兰回忆起了表妹的哪般，只一句玉壶红泪诉尽相思意。玉壶红泪，盛着互诉衷肠的甜蜜，家族的殷殷期望，对未知前途的恐慌，还有那伴君千日、终须一别的结局。

行至下片，纳兰低叹，来夜，来夜，以轻不可闻的声音，简单得不能再缩略的呢喃，重温那个已经冷却的旧梦，就像东坡轻言"作个归期天定许"。或许纳兰也是怀着几许期待的吧，虽明知好景已逝，却依旧忍不住希望；虽然到头来只落得往事如风信子的花瓣一般，散落一地，惟余"缥缈孤鸿影"。

纳兰希冀的来夜，更多的怕是在追寻那些终成回忆的昨夜，春风拂面灯火阑珊的昨夜，与表妹相知相伴的昨夜，逝去的情意缠绵的昨夜。这一段往事像是中了岁月的魔咒被封在心底，既没有结果，也难以诉说，唯有叹息悠悠时常回荡于心间。多少年过去后，才终于明白，那时光的封印唤为"此情可待成追忆"。

罢了，借一缕清辉，想佳人旧影，凭栏凝望，还是那一轮明月，却是年年新月照旧人。连月色都已变换，谁又能回到过去？没有过不去的，只有回不去的，纵使相逢应不识吧。

记得席慕容曾写过，我们也来相约吧，相约着要把彼此忘记。

还是明月如霜，还是好风如水，纳兰不知能否放下那份执著，与表妹相约着，各自走各自的人生。

》注释

①玉壶红泪：晋王嘉《拾遗记》卷七："（魏）文帝所爱美人，姓薛名灵芸，常山人也……时文帝选良家子女以入六宫，（谷）习以千金宝赂聘之，既得，乃以献文帝。灵芸闻别父母，嘘唏累日，泪下沾衣。至升车就路之时，以玉唾壶承泪，壶则红色。既发常山，及至京师，壶中泪凝如血矣。"后因以"玉壶红泪"称美人泪。
②清辉：清澈明亮的光辉，多指日月之光，这里指月光。

◎ 虞美人 ◎

绿阴帘外梧桐影，玉虎牵金井①。怕听啼鴂出帘迟②，恰到年年今日两相思。

凄凉满地红心草③，此恨谁知道。待将幽忆寄新词，分付芭蕉风定月斜时。

提到虞美人，脑海中总躲不过后主的绝笔，"春花秋月何时了，往事知多少"。才忆起故国月明，便有项王一曲悲歌回响耳畔"虞兮虞兮奈若何"。战场上的争斗虞美人无奈，却愿为连理枝再续前缘。传说战后受到战争蹂躏的土地遍开虞美人，那如鲜血般浓艳的色彩是地下安眠人的呓语。后主也罢，虞姬也罢，那些长眠的精魂也罢，花开艳丽的虞美人背后站立的竟是无情的决绝与分离。

这应是作于春末夏初的一首词吧。

帘外树已成荫，不似那只得遥看的朦胧草色。若是糊上松绿色的软烟罗作为窗纱，更应是春意盎然。说到这号称"百树之王"的梧桐，民间盛传其知时知令，"梧桐一叶落，天下皆知秋"便是知秋的写照。《魏书·王肃传》中曾有言"凤凰非梧桐不栖"，说的便是这百鸟避之的青桐。不同于人们印象中的法国梧桐——那些写在张爱玲笔下秋风里那簌簌的梧桐，那些遍布衡山路淮海路的老树——这绿阴帘外的梧桐，正是"一株青玉立，千叶绿云委"的青桐。

玉虎金井，极尽巴洛克式的奢华，可再精美的雕饰也不过是深井和缠于深井之上用以汲水的辘轳。"玉虎牵金井"的描摹下，看到的是"雕栏玉砌应犹在"的背影，只为等待那宿命般的"朱颜改"。抑或，我们也可以换一个角度思量：纳兰日思夜想的那人今已栖于梧桐枝上，她的命运犹如那看似繁华的辘轳，被紧紧牵于皇家金井之上。今生能让纳兰作此隐晦叹息的，除了他的表妹还能有谁呢？"虞美人"之曲不负其名。

"郎骑竹马来，绕床弄青梅"，纳兰当时或许并不知他的人生中相思相望不相亲的人，不只是他的表妹。梧桐雨，长恨歌，纳兰短暂的生命中几度春秋，"春风桃李花开日，秋雨梧桐叶落时"，竟像是偈语一般，划过他的人生。纳兰与表妹此时虽是生离，却难言再见。思之而不得之，纳兰的周遭似有着一层离情别怨。连那窗外杜鹃之声，似也在用自然的语言诉说着，预言着，让人不忍听闻。

杜鹃，亦花亦鸟，传说是望帝杜宇所化。相传岷江恶龙为害人间，当地的少女龙妹为了解救百姓迎战恶龙，却被恶龙囚禁于五虎山铁笼中。又一个英雄美人的开端，结果也是顺理成章。少年杜宇得仙翁相助救出龙妹，打败恶龙，受拥戴为蜀地王。然而传说到了这里却峰回路转。杜宇被篡位贼臣囚禁，龙妹因不愿为贼人妻也被锁入牢笼。传说杜宇惨死山中，化作一只小鸟，飞到龙妹身边，啼叫着："归汶阳！归汶阳！"龙妹知丈夫已去，芳魂化作杜鹃鸟，从此同丈夫比翼于天地间。

　　鸟鸣无心，听者有意。听不得杜鹃的啼血声声，它最勾人伤怀。"山无棱，天地合，江水为竭，冬雷阵阵夏雨雪，乃敢与君绝"，纵然没有鸟鸣，年年今日，两人异地相对同相思。此恨谁知？天知，空中划过啼血杜鹃；地知，便开出了似红泪般的红心草。那红心草开于飘过淡淡柳絮的湖畔，开于光影错落的月下荷塘，开于花径绿篱畔。它吐露着新叶，新叶也泛着红晕；它羞涩地绽开小花，小花也羞赧地顶着深红的小帽。低头，不语，晴空过处，只那么寂静地，婷婷而立。

　　"自在飞花轻似梦"，携红心草梦回春秋，便有一曲《西施挽歌》。相传唐代王炎，夜梦侍吴王，闻言西施已香消玉殒，应诏作此诗。"满地红心草，三层碧玉阶。"从此，红心草如那逝去的美人，在"春风无处所"的季节，娉娉婷婷地摇曳于浮云飘过的微风中，微叹"凄恨不胜怀"。

　　即使是这样凉薄的一叹也难容于尘世。李清照对芭蕉，叹"阴满中庭，叶叶心心舒卷有舍情"。这无端的情愫抑郁于胸中，剪不断，亦载不动；不能大声哭，也不能放声笑。"何处合成愁？离人心上秋。"梦窗以芭蕉说文解字："不雨也飕飕。"红樱桃，绿芭蕉，云破月来的良宵，漏断人静的春夜，这纠缠于胸的幽幽往事只得寄存于诗行中。风飘飘，雨潇潇，月子弯弯千年同照九州；离人魂，昨夜梦，年年今日，但见流光无情把人抛。

》注释

①玉虎：井上的辘轳。金井：栏上有雕饰的水井，一般用以指宫庭园林里的井。

②啼鴂（jué）：啼鸣的杜鹃鸟。

③红心草：草名，一说为红心灰之俗称。相传唐代王炎，梦侍吴王，久之，闻宫中出辇，鸣箫击鼓，言葬西施。吴王悲悼不已，立诏词客作挽歌。炎应教作了《西施挽歌》，有"满地红心草，三层碧玉阶"之句。后以"红心草"作为美人遗恨的典故。

◎ 采桑子 ◎

严宵拥絮频惊起，扑面霜空①。斜汉朦胧②，冷逼毡帷火不红。

香篝翠被浑闲事③，回首西风。数尽残钟④，一穗灯花似梦中。

这首词作于何年何月何地，已经难以考究，从词中所描写的情景来看，大约是写于扈驾巡幸途中，还有一种说法是这首词写于纳兰妻子卢氏病殁之后，本就心情孤寂，偏又逢爱妻离去，来到塞外，看着那片苦寒之地，自然是有感而发。

这片孤苦之词的背景已经无从推断，但从词的内容可以看出，纳兰当时做这首词的心境并不平静。

这首词写塞外的苦寒、孤寂：霜气卷扬着雪花阵阵飞起，扑面而来的是冬日寒冷的天空。天空的银河迷蒙昏惑、模糊不清，寒气袭来，连帐篷中的炉火都不再暖和。在家中时那熏香缭绕枕衾温暖的往事，真是让人不堪回首。面对"一穗灯花"，耳边几许"残钟"，一切都好似在梦中一般。

整篇词围绕着边塞的寒夜进行描写，上片用的全是景语，用"严宵"、"拥絮"来透露塞上寒夜的寒冷，也从中透露出自己的凄苦心境。频频地惊起，拥着被子，能感受的除了满面的寒气，只有塞外无际的空寂。

这里的"絮"也做两个解释，一个就是上文中所写到的棉被，意思便是半夜用被子裹着身体。还有一个是指柳絮般的雪花。整句话的意思便是严寒的霜气卷

起雪花，令其如柳絮般飞舞在空中。不过从"频惊起"这三个字来推敲，这里的絮当是作棉被来解。

因为夜里太过寒冷，几次从睡梦中被冻醒，屋内尚且如此，屋外的旷野上更是不用说了，"扑面霜空。斜汉朦胧，冷逼毡帷火不红"。天空寒雾迷漫，银河仿佛横亘在夜空上的河流，被寒气所笼罩，在这样的天气下，军营里的炉火，再怎么添加柴火，也是烧不旺的。

既然在清冷的夜里清醒过来，想要再睡着也不是那么容易的事情，万籁俱寂，一人独行，这样的时刻，最容易胡思乱想了。于是纳兰的下片便峰回路转，从景转心，开始了联想、回忆、幻境相结合的心理描写。

"香篝翠被浑闲事"，一段似梦非梦的描述，仿佛让读词的人与他一同回到了温暖的家中，守着暖炉，怀拥翠被，温暖舒适。这里的描述并非完全是身体上向往的舒适，更多的则是表达心理上的一种向往，向往轻松自由、宽松舒适的环境。

"香篝"是古人在室内焚香所用的器具，而"翠被"则是被面艳丽柔软的被子，这两样事物看似是纳兰对家的渴望，实则是纳兰在思念家中的某位人，很可能就是他的妻子。不过身在塞外毕竟是现实，纳兰也知道这一切都是"浑闲事"，他"回首西风"，一切不过是想象出来的美梦一场罢了。

在寒冷的毡帐里，词人听到稀疏的钟声，而此时毡帐里一点微弱的灯光提醒他，家在很远的地方，自己现在身处的是不知何处的塞外，一时之间，孤凄情怀，不免难以忍耐。只能以词写心，托物言志。

》注释
①霜空：秋冬的晴空。
②斜汉：指秋天向西南方偏斜的银河。
③香篝（gōu）：熏笼。古代室内焚香所用之器。
④残钟：稀疏的钟声。

◎ 采桑子 ◎

拨灯书尽红笺也①，依旧无聊。玉漏迢迢②，梦里寒花隔玉箫。

几竿修竹三更雨，叶叶萧萧。分付秋潮，莫误双鱼到谢桥。

在灯下给她写信，即使写满了信纸仍是意犹未尽，心里依旧惆怅无聊。偏又漏声迢迢相伴，不但添加愁绪，而且令人如醉如痴，仿佛在梦中与她相见，却又朦朦胧胧不甚分明。室外秋雨敲竹，滴在树叶上，点点声声，淅淅沥沥。将这孤独寂寞的苦情都付与此时的秋声秋雨中，不要忘了将书信寄给她才好。

世界之大，悠悠众生，能够有一个远方的人，付诸思念，也是幸福的事情吧。在昏黄的灯光下，将满腹的思恋都填于纸上，让飞鸿送去，我们天各一方，我对你无尽地想念。这种悲伤无望，却又充满想象的爱情，看似无聊，但却是持久永恒的。

纳兰将一首小词写得情谊融融，求而不得的爱情让他感到为难与痛苦时，也令他心中充盈着忽明忽暗的希望。

这首《采桑子》，一开篇便是无聊，写过信后，依旧无聊，虽然词中并未提及信的内容，信是写给谁的，但从"依旧无聊"这四个字中，就已经可以猜到一二了。纳兰总是有这样的本事，看似在自说自话，讲着不着边际的胡话，却总能营造出引人入胜的氛围，令读词的人不知不觉地沉沦。

纳兰将自己日常生活中的小事变为一台表演，读者成为了观众，与他一起沉思爱恋。词中的"红笺"二字透露出纳兰所记挂的人定是一名令他着迷的女子，红笺是美女亲手制作，专门用来让文人雅客们吟诗作对用的。

不过，诗词中红笺多是用来指相思之情，只要写出红笺，一切便都在不言之中了。下接一句"玉漏迢迢，梦里寒花隔玉箫"，引自秦少游的词句"玉漏迢迢尽，银河淡淡横"。漏是古时候计时的一种器具，不过用到古诗词中，为了美观，常被叫作玉漏、银漏、春漏、寒漏，等等。

诗词中，"漏"一向是寂寥、落寞、时间漫长的意象，在这里也不例外。以"玉漏"表达长夜漫漫、时空横亘的无奈之情，时间是相思最大的敌人，纳兰大概在这首词中是想表达自己爱着一个人，却无法接近。在接下来一句"梦里寒花隔玉箫"中，揭晓了纳兰感慨时光的缘由。

"玉箫"并非是指乐器，而是一个典故，是一个人名，宋词里有"算玉箫、

犹逢韦郎"，玉箫和韦郎并称，讲的是一段郎情妾意的凄美爱情。玉箫是唐代韦皋的侍女，二人日久生情，定下终生。后来韦皋因事离开，和玉箫约定：少则五年，多则七年，一定会回来将玉箫接走，却没料到他一走之后便杳无音信。苦等了七年的玉箫想着情郎是不会回来了，便绝食而死，为这段无疾而终的情感殉葬。旁人可怜这个女子，便将韦皋留下的玉指环戴在了玉箫的中指上，然后下葬，在玉箫死后不久，当了大官的韦皋回来了，看到玉箫的坟墓，他十分悲痛。其情感动了一位方士，施法术让玉箫的魂魄重新投胎，二十年后，一名女子来找韦皋，看她的中指，隐隐有一个环形的凸起，正是当年那个玉指环的形状。这名女子便做了韦皋的侍妾，弥补了上辈子的遗憾。

这个故事从此也令"玉箫"这个词成为了情人誓言的典故，在纳兰这首词里，"玉箫"一词为心头所思念的情人。而"寒花"又为何物？

顾名思义，就是寒冷季节里开放的花，寒冷季节开放的花有梅花、菊花，纳兰在这里到底是指什么呢？其实根据上面的分析已经可以知晓，纳兰是在思念一位女子，这女子必然是他所钟爱的人，此刻他们距离两地，纳兰在梦中想要与她相见，但梦境毕竟不是现实，所以，就算再怎么思念，二人还是无法牵手相望。

所以，纳兰所谓的"寒花"大概也不过是借了一个"寒"字，来表达内心凄冷的感觉吧？下片不再写心情，转而写窗外的景色，既然无法入睡，那干脆看着外面的景色，来缓解内心的惆怅吧！

"几竿修竹三更雨，叶叶萧萧"，雨后的夜景，树木萧萧，好比自己的心情，无奈之中透着几分茫然。最后结尾"分付秋潮，莫误双鱼到谢桥"，呼应了开篇的那一句"拨灯书尽红笺也"，也算是一种心意的表达，希望能够凡事完满结束。

要交代一下的是，"分付秋潮"中的"秋潮"是有来历的，秋潮的意象表示：有信。潮水涨落是有一定时期和规律的。人们便将潮水涨落的时期定为约定之期限，在潮水涨落几番之后，要回来的人便要如约回归。

这是诗词中的一个主要意象，诸如唐诗名句"早知潮有信，嫁与弄潮儿"。"秋潮"在这里也是如此意境，上片一开始便是说词人正在写信，在词的结尾，词人写的这句"分付秋潮，莫误双鱼到谢桥"，便是说信要寄出去了。要将信托付给秋潮，告诉那个收信的人，自己的心意是怎样的。

整首词全是词人的比喻和典故，基本上没有真实场景的出现，但通读全词，每一句都是浑然天成，与下一句连接得十分巧妙。一首爱情小词能够写到如此的境界，纳兰的手笔，不愧为才子之法。

》注释
①红笺（jiān）：红色笺纸，多用以题写诗词或做名片等。
②玉漏：古代计时漏壶的美称。

◎ 采桑子 ◎

明月多情应笑我，笑我如今。辜负春心①，独自闲行独自吟。

近来怕说当时事，结遍兰襟②。月浅灯深，梦里云归何处寻？

    这首词的写作背景有两种，一是怀友之作，纳兰是极重友情的人，他的座师徐乾学之弟徐元文在《挽诗》中对他赞美道："子之亲师，服善不倦。子之求友，照古有烂。寒暑则移，金石无变。非俗是循，繁义是恋。"

    这番赞美绝非虚假奉承之意，纳兰之友确是"在贵不骄，处富能贫"。纳兰喜欢交朋友，他也善于交朋友，在纳兰短暂的一生中，他有许多志同道合的朋友，所以，词中所写的"结遍兰襟"，并不是夸张的修饰之语。

    而纳兰本人也正因为爱交友，善交友，体现出了他性格中多情、重情义的一面。不过，重情又往往成了他的负担。正如词中所写，"近来怕说当时事"，在而今的事是人非面前，纳兰害怕回忆起往昔美好的一切。他将头埋进沙子里，犹如鸵鸟一般，自欺欺人地躲避着一切。但他终是无法逃脱的。

    纳兰在词中感伤：明月如果有感情，一定会笑我，笑我到现在都春心未结，独自在这春色中徘徊沉吟。最近很怕说起当年的那些往事，当时高朋满座，彼此惺惺相惜。如今月夜幽独寂寞，只有在梦里寻找往日的美好时光！

    他希望不美好的尽快过去，往日的朋友依然能够惺惺相惜，如同他在词中所写的最后一句一样："梦里云归何处寻"，这一切都仿佛梦一样，难以寻觅，难道，真的只有在云归深处，才能找到当日的美好？

    还有一说是，这首词是纳兰为沈宛而写，当日纳兰娶江南艺妓沈宛为妾侍，后来因为家庭的压力，二人被迫分离。这首词就是纳兰在离别之后，思念沈宛的佳作。

    纳兰曾在一方闲章里刻有"自伤多情"四字，可见他自己也在为自己的多情而苦恼，在纳兰看来，就连天上的那一轮明月，也在嘲笑他的多情，嘲笑他在如

此美好的春光下，却暗自苦恼，不解风情。

这首《采桑子》做得非常细腻，上片写出纳兰低沉黯然的心情，同时还烘托出纳兰怅然若失的心态。"辜负"、"闲行"、"独自"从这些词语中，能够体会到纳兰内心的寂寞和无聊，只有自己吟唱自己的孤独，因为他人不懂。

而到了下片的时候，他便解释为什么自己会有如此沉郁的心情，首先是害怕回首往昔，他害怕提起当日的事情。因为往事不堪回首，一切过去的都将不再重来，纳兰面对的回忆不过是空城一座，而他自己，只有在城外兴叹。

这也就是为何纳兰会在月光下愁苦，在灯光下，午夜梦回，依然能够温习往日的岁月。不论这首词是纳兰作给朋友的，还是沈宛的。都是他发自内心的感慨，细腻单纯，干净得几乎透明。

》注释

①春心：春景所引发的意兴或情怀。

②兰襟：芬芳的衣襟。比喻知己之友。《易·系辞上》："二人同心，其利断金；同心之言，其臭如兰。"襟，连襟，彼此心连心。

◎ 忆江南 ◎

昏鸦尽[1]，小立恨因谁？急雪乍翻香阁絮[2]，轻风吹到胆瓶梅[3]。心字已成灰[4]。

彤云密布的冬日黄昏，隐约一只瘦小的乌鸦，越飞越远，身影也越来越小，直到融进在那一望无垠、萧瑟的旷野尽头。旷野中，是谁惆怅无尽，若有所思？天宇间，是谁独立寒秋，无言有思？又何事令她难更思量？又何人令她爱恨交加？罢了罢了，"往事休堪惆怅，前欢休要思量"，罢了罢了，"人心情绪自无端，莫思量，休退悔"。

熏香如心，飘起袅袅的青烟，暖香熏透她的闺阁；急雪翻飞，缕缕纷纷，柳絮因风吹般地飘飞而起。雪白色的胆瓶中刚插上的梅花，冬风吹进暖暖的闺房，化作清风，卷起阵阵幽香。这本闲极雅极的适意景致，奈何她的心中竟如何也卷不起一丝快乐的涟漪。冬风益发强劲，心形的盘香燃烧殆尽，地上只留下一道心形的香灰。周体转凉，心中凄凉寂寞，次第已如燃尽的熏香一般，化成死灰。

这首词营造了两种不同而又互相联系的场景。"昏鸦尽，小立恨因谁"，是第一个场景；"急雪乍翻香阁絮，轻风吹到胆瓶梅。心字已成灰"，是第二个场景。前一个场景是在冬天黄昏的野外，从意象上看，"昏鸦尽"和情感主体"小立恨因谁"都能够看出来。第二个场景则在少女的闺房中。也可从意象上看出来，如天气情况是"急雪"，所在地方是"香阁"，感觉上为"轻风吹到胆瓶梅"。当然，情感上也有明显变化，且与环境的变化一致。开始是"小立恨因谁"，后来变为"心字已成灰"，明显感觉情感在承接前面的同时，变得深多了。回头来看，从旷野到香阁，从大环境到小空间，从"小立恨因谁"到"心字已成灰"，在各个层面都能看到这一种变化。而这中间也有一个转变的标志，就是"急雪乍翻"，这交代了词中情感变化的时空转换的交点。前面或许是"秋凉"罢了，而后面明显可以感觉到"凄冷"的环境氛围。

诗词中有种不成文的划分，便是依据字数多少进行的划分。长篇且不必多说，

即便是一篇名篇，也未必不允许其中有些败笔赘言。但是所谓的"短篇"、"小制"就不行了，若是名篇，是绝不会允许的，不仅仅是败笔赘言，就算平庸的句子也是不允许的，因为这样一来，就浪费了诗歌给人营造惊奇的"可能性"。诗歌给人以好的感觉，是离不开这种"可能性"的。

这首《忆江南》字数极少，是小令中的单调，在诸多词牌名中，也是字数最少之一。

这一词牌写得好的，如温庭筠的"梳洗罢，独倚望江楼。过尽千帆皆不是，斜晖脉脉水悠悠，肠断白蘋洲"。用字上讲求自然少造作，无赘言败笔。

纳兰这首词中"心字已成灰"巧妙而自然地用了双关的修辞手法。一方面在意象上指的是心形的熏香燃烧完后，在地面上留下的心形的灰烬；另一方面又可以来指词中人物的情感上的"心如死灰"。在黄天骥的《纳兰性德和他的词》中，他说这首词"语带双关，耐人寻味，但情调过于灰暗"，似乎觉得不合先贤的"哀而不伤"，可这样真挚的情感表现方式，也正是纳兰的词令人感动的根本。

事实上这里还透露了词人的另一重心境。纳兰出身贵胄，然而他自己受到十分鲜明的汉族文化熏陶，具有极强的归隐意识，这在他内心一直存在。他自己是帝王身边的一等侍卫，父亲是当朝宰相。这些高贵的身份几乎就是被命运安排的，不可更改。一方面有遁世淡薄，另一方面身在朝阙，处在与自己性格极为不协调的名利中，内心的痛苦与努力的挣扎是多么惨烈。纳兰一语双关的"心字已成灰"一语，是对他所描绘的女子情感的完结，也无意中透露出了自己的心态。

》注释
①昏鸦：黄昏时天空飞过的乌鸦群。
②香阁：古代青年女子居住的内室。
③胆瓶：长颈大腹的花瓶，因形如悬胆而得名。
④心字：即心字香，一种炉香名。明杨慎《词品·心字香》："范石湖《骖鸾录》云：'番禺人作心字香，用素馨茉莉半开者着净器中，以沉香薄劈层层相间，密封之，日一易，不待花萎，花过香成。'所谓心字香者，以香末萦篆成心字也。"

◎ 忆江南 ◎

江南好，水是二泉清①。味永出山那得浊，名高有锡更谁争②，何必让中泠③。

说到二泉，不得不想到《二泉映月》一曲，也就不得不想到盲人阿炳，好似见他右胁夹着小竹竿，背上背着一把琵琶，二胡挂在左肩，就这么咿咿呜呜地拉着，在飞雪中，发出凄厉欲绝的袅袅之音。二泉边上的这支曲子，便是这样来的。好曲有映衬之景，也不难想象二泉动人的景致，这才使着可怜可敬的身残者日日夜夜演奏不止。

这二泉，便是如今无锡的惠山泉，又被叫做"陆子泉"，被唐人称为"天下第二泉"，在那个时候，二泉在无锡被人熟知，也因泉水清澈适合煎茶而远近闻名。而无锡之所以为"有锡"，也是有典故的。当年无锡近处有一座山峰，在周秦时代盛产铅锡，因此得名锡山。到汉代，锡山之锡渐渐被采尽，山边之县于是得名为无锡。待到新莽时代，锡山锡矿复出，传为奇迹，故此县名改为有锡。后至东汉，光武年间锡矿再次枯竭，有锡自此被唤为"无锡"。

纳兰对二泉心怀眷恋，咏起杜甫的"在山泉水清，出山泉水浊"，引的是反意，说二泉之水，不论在山抑或出山，都是清澈的，不受污染，不变浑浊。纳兰以为，二泉之水已然天下无双，更有谁争？又何必让给中泠"天下第一泉"的称号呢？不服气的一个"让"字，巧而不显地做了一个隐藏的对比。

"天下第一泉""中泠"一名出自苏东坡诗句："中泠南畔石盘陁，古来出没随涛波。"江岸沙涨，如此天下第一，已然埋没于沙中留下永久的遗憾了。出水而浊，难怪纳兰要不服气。

看似只是写第一第二之别的泉，实则是将人和物再次巧妙地结合起来了。"出淤泥而不染，濯清涟而不妖"，实际上与"在山泉水清，出山泉水浊"，探讨同一个问题。两者反意行之，纳兰的心思确实明显。在山水清，出山如是。

身浮宦海，纳兰写这小词，写的是自己不愿被俗世之欲吞噬的决心和意愿。如此顽固的"不服气"，真是其顽固不服从于俗世条框的唠叨之言。听上去，反倒让这才子显得更为可爱。"举世皆浊我独清，众人皆醉我独醒"的人一定是寂寥的。毕竟身在其中，身不由己，看着众人醉，唯独自己不醉，痛楚难耐。但就是不愿与人们一同醉去，因这尘世也需清醒之人啊！此时的纳兰已经下了辞官隐退的决心，官场清浊，古往今来论述甚多，文人辞官的亦有不少。不愿与人同醉，只能放下金樽，不与人共饮就罢。

从另一个方面也有不同的理解。此时欣然期待回京娶得佳人归的纳兰日夜思念着南方的沈宛，这个江南的女子已将他的心牢牢俘获，却奈何总是离多聚少，心怀亏欠。"相见时难别亦难"，这时，纳兰急切地想要对爱人表明他坚定的决心和距离阻隔的思念。不知她可能听见？缱绻之情，金石可鉴。任凭时空如何变幻，这思念都是连绵不可断的。

在山水清，出水如是。

》注释

①二泉：指无锡惠山泉，又名"陆子泉"，因其有天下第二泉之称，故名。

②名高：崇高的声誉，名声显赫。

③中泠（líng）：泉名，即中泠泉。在今江苏镇江西北金山下的长江中。今江岸沙涨，泉已没沙中。相传其水烹茶最佳，有"天下第一泉"之称。

◎ 浪淘沙 ◎ 望海

蜃阙半模糊①，踏浪惊呼。任将蠡测笑江湖②。沐日光华还浴月，我欲乘桴③。

钓得六鳌无④？竿拂珊瑚⑤。桑田清浅问麻姑⑥。水气浮天天接水，那是蓬壶⑦？

望海之雄浑，方能有此遮天的恢宏手笔。

古人云，仁者乐山，智者乐水。然而能与上摩天的五千仞岳相比拟的，不是三万里河，而是纳百川之海。海以其宽广能容劝慰失意人，激励青云子，古往今来不知引多少英雄竞折腰。唐孟浩然凌云壮志未酬，问沧洲何在，意欲沧海寄余生。海上云帆直挂，那是飘摇的凌云壮志。

康熙二十一年，纳兰随皇帝东巡，时年二月驻扎于眸山海关。登澄海楼面朝大海，见天之苍茫，海之茫茫，可见纳兰小心翼翼隐匿于胸的豪迈。纳兰作词，向来以明白如话。可当他面朝大海时，这些凝结于胸长长短短的诗句竟难抒胸臆。一首浪淘沙，短短五十四个字，六次用典，这在纳兰毕生的作品中也是并不多见的。

纳兰这首词，大约是东临碣石的新篇。建安十二年秋，曹操彻底消灭了袁绍残部班师途中，曾于此地作《观沧海》歌以咏志。千载白云悠然过尽，一千四百多年后的纳兰面对着难得一见的海市蜃楼，那若隐若现的繁华，像极了天上宫阙，似恍然一梦，误入仙境。

这便是海。波涛汹涌的狂暴过后有海市蜃楼的妩媚，水天无边的缥缈背后总惹人追寻流传千年却无人见过的仙人去处。"以管窥天，以蠡测海"，身后入仙境的东方朔不知在嘲讽武帝不识千里马，还是自讽一介书生妄测天威，都是管窥蠡测之事，终见笑于大方之家。《秋水》中的河伯观天上来的黄河之水自诩尽天下之美，行至北海才明白什么是大方之家。河伯望洋兴叹的感慨犹在耳畔，庄生在一片汪洋不见中闻道神语，转录如许仙人事于人间，方才有了纳兰笑江湖的想象。未免惋惜，本应在仙家击水三千的庄子，却囿于尘世结无情游，似又一谪仙屈生人世。

"日月之行，若出其中；星汉灿烂，若出其里。"孟德慨而慷的感叹，满溢踌躇壮志；纳兰也出英雄略同之语。如众生灵一般，大海"集日月之精华，会天地之灵气"，方能纳百川，生万物。"道不行，乘桴浮于海"，孔子的政治理想偏废后也想过散发弄扁舟的吧，连赌气之语都说得诗意盎然。"我欲乘桴"，纳兰以手写心时似也露出了"道不行"的隐痛吧。

海上洪波涌起，似有仙山涌动，似闻踏浪高歌。现代人的思维浪漫早已被剥离，那些令古人充满遐思的潮起潮落被理智与科技分析后仅得一句简明而冰冷的"天体引潮力"。"六鳌骨已霜，三山流安在？"从来语出惊人的太白远望沧海时也不禁有问三山六鳌踪迹何觅。传说渤海之东的仙山竟以巨鳌为载。巨鳌迭三层，六万年轮岗一次，古人的时空观显然要放松缓慢许多。正如桃花源一般，仙人之所难免有凡人闯入。不知何处的龙伯人士不知以什么作饵，竟钓得修炼成神的六鳌。自此岱舆、员峤两山无所依托，"流于北极，沉于大海"，便剩下传统意义上的蓬莱三山。千年前的《列子·汤问》某种意义上是正宗的中国神话，毫不逊于希腊引以为傲的奥林匹斯山。

斗柄转回，人间寒暑屈指可数的几遍，年华便悄悄离去，不带走一片云彩。文人墨客常感慨岁月蹉跎，言沧海桑田却多为夸大之语。凡夫俗子怎敌得道仙人？古有麻姑亲见东海三为桑田。东汉时麻姑应王方平之邀作客人间，点米成珠，仙酒为乐，宴于蔡经家。麻姑言蓬莱之水已减半，"海中复扬尘"。莫不是沧海桑田之事再现？此问始于东汉，千百年来高悬于明月酒杯间没有答案，直到现在沧海依旧水澹澹。

白浪滔天，一片迷蒙中，哪得见蓬壶？纳兰在这万里一色中岂能仅仅赞叹海之壮阔，望而无思？非也，非也。纳兰那颗敏感的心早已澎湃，只是没有一个淋

漓的出口释放那些心底隐着的言语吧。"挥手谢人境，吾将从此辞"，千年的穿越也不过一瞬，蓬壶杳然，人间轻换，还有什么值得久久留恋于这真真假假的尘世间？

》注释

①蜃（shèn）阙：即蜃楼。古人谓蜃气变幻成的楼阁。

②蠡（lí）测：即蠡酌，以蠡瓢测量海水。比喻见识短浅，以浅见量度人，"以蠡测海"的略语。笑江湖：《庄子·秋水》中，"秋水时至，百川灌河。河伯欣然自喜，以天下之美为尽在己"，后见到大海，则望洋兴叹云："吾长见笑于大方之家。"

③乘桴（fú）：乘坐竹木小筏。《论语》云："道不行，乘桴浮于海。"

④六鳌：神话中负载五座仙山的六只大龟。相传渤海之东，有一深壑，中有岱舆、员峤、方壶、瀛洲、蓬莱五山，乃仙圣所居之地。然五山皆浮于海，常随潮波上下往还。《列子·汤问》："帝恐流于西极，失群仙圣之居，乃命禺强使巨鳌十五，举首而戴之。迭为三番，六万岁一交焉。五山始峙而不动。而龙伯之国有大人，举足不盈数步而暨五山之所，一钓而连六鳌，合负而趣归其国，灼其骨以数焉。于是岱舆、员峤二山流于北极，沉于大海，仙圣之播迁者巨亿计。"

⑤珊瑚：许多珊瑚虫的骨骼聚集物，树状，供玩赏。

⑥麻姑：中国神话人物。东汉时应召降临蔡经家，能掷米成珠，相传在绛珠河畔以灵芝酿酒以备蟠桃会上为西王母祝寿，故旧时为妇女祝寿多绘麻姑像以赠，称麻姑献寿。

⑦蓬壶：即蓬莱。古代传说中的海中仙山。晋王嘉《拾遗记·高辛》："三壶则海中三山也。一曰方壶，则方丈也；二曰蓬壶，则蓬莱也；三曰瀛壶，则瀛洲也。形如壶器。"

◎ 诉衷情 ◎

冷落绣衾谁与伴？倚香篝[①]。春睡起，斜日照梳头。欲写两眉愁，休休[②]。
远山残翠收[③]，莫登楼。

世人总说花间词，艳丽奢华，透出一股脂粉气。反观纳兰此作，则比之花间
词却有相似之处，更与温庭筠"梳洗罢，独倚望江楼"有几分相似。

《诉衷情》原为唐教坊曲，为温庭筠所创，后用为词牌名。温庭筠创制此调
时取《离骚》诗句"众不可说兮，孰云察余之中情"之意。后来，毛文锡词有"桃
花流水漾枞横"句，故又名为《桃花水》。纳兰这首词秉承温词一脉，描写思妇
春日无聊的情状。着墨不多，因此看似清淡，实则蕴藉有致。

"冷落绣衾谁与伴？"首句发问其实也是设问，自问自答。因无人相伴，看
那绣衾衣裳，就算华美艳丽，也只让人觉得了无思绪。因为无人相伴，此情此景
自然易解了。后两句："倚香篝。春睡起，斜日照梳头"。香篝本是古代室内焚
香所用的熏笼。一般来说，古代官宦人家，或者大家闺秀闺房中才有能力燃此香
笼，因此，倚香篝则再次点到此女子的身份。"春睡起，斜日照梳头"则点到时间，
初日迟迟，已经倾斜到满屋子，"睡起晚梳头"，毫无心绪。一副慵懒形象跃然纸上。
如果在此处还描写到女子动态特征呈现慵懒姿态的话，"欲写"二句则把这种慵
懒之态又向前推进一步，说那女子本想画眉，却看到自己双眉愁锁，算了还是不
描了，描来有谁看呢？"休休"则是这种心语的集中体现。

可想此场景：春日迟迟，少妇因幽枝独依，显得百无聊赖，则赖床度日，迟睡起，
斜阳已至，更算是薄暮，因此无心打扮，只有深锁愁眉，无奈中更不知怎么排遣
寂寞之念。因此想起温词倚楼断肠之句，更不敢登楼了。

自然，此处"远山残翠收"是实景虚写之笔。
也由此可以看出，景色已经极熟悉，不必
登楼就已知晓，想那断肠处自然是不
宜多去的。

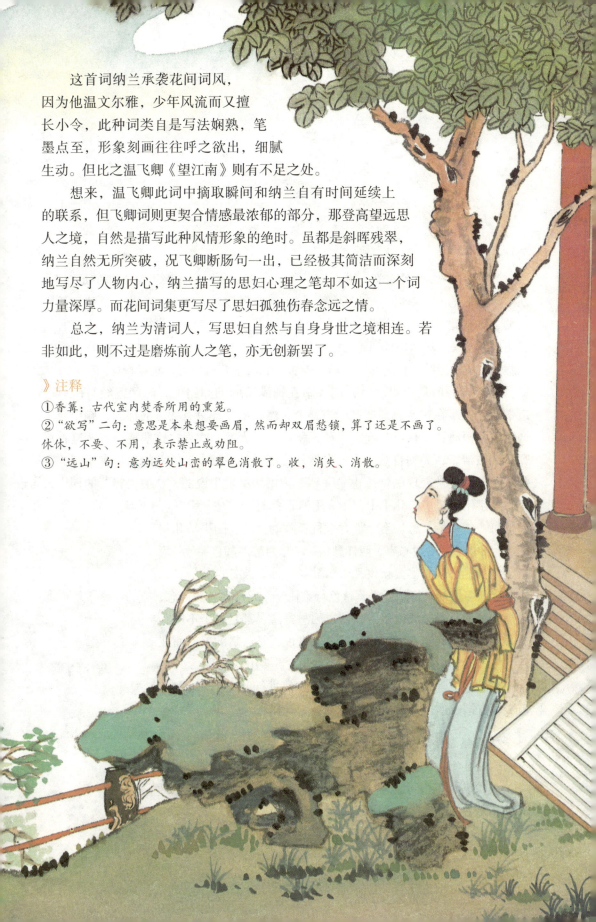

这首词纳兰承袭花间词风，因为他温文尔雅，少年风流而又擅长小令，此种词类自是写法娴熟，笔墨点至，形象刻画往往呼之欲出，细腻生动。但比之温飞卿《望江南》则有不足之处。

想来，温飞卿此词中摘取瞬间和纳兰自有时间延续上的联系，但飞卿词则更契合情感最浓郁的部分，那登高望远思人之境，自然是描写此种风情形象的绝时。虽都是斜晖残翠，纳兰自然无所突破，况飞卿断肠句一出，已经极其简洁而深刻地写尽了人物内心，纳兰描写的思妇心理之笔却不如这一个词力量深厚。而花间词集更写尽了思妇孤独伤春念远之情。

总之，纳兰为清词人，写思妇自然与自身身世之境相连。若非如此，则不过是磨炼前人之笔，亦无创新罢了。

》注释

①香篝：古代室内焚香所用的熏笼。

②"欲写"二句：意思是本来想要画眉，然而却双眉愁锁，算了还是不画了。休休，不要、不用，表示禁止或劝阻。

③"远山"句：意为远处山峦的翠色消散了。收，消失、消散。

◎ 如梦令 ◎

木叶纷纷归路，残月晓风何处。消息半浮沉，今夜相思几许。秋雨，秋雨，一半西风吹去[①]。

天已经凉秋，秋风吹落一树的黄叶，纷纷扬扬，如漫天蝴蝶纷飞，归来的道路上，铺上了厚厚的一层落叶。一层秋意一层凉，晓风残月人独立，今昔又是独对孤影而酌，难料此身何在，所爱又何在？生涯凄苦，人也沉浮，飘零如萍，今夜有多少相思呢？又一场秋雨凉风，天也一日日地冷，心也一日日地凉。过往一切，相思、伤感、红花、绿叶，都纷纷被这西风吹去了，心中若有所失，难以释怀。

这首词写的是相思之情，词人踏在铺满落叶的归路上，想到曾经与所思一道偕行，散步在这条充满回忆的道路上，然而如今却只有无尽的怀念，胸中充满惆怅。暮雨潇潇，秋风乍起，"秋风秋雨愁煞人"，吹得去这般情思么？这首词写得细致清新，委婉自然。委婉自然外，还有另一特点，纳兰的词最常用到的字是"愁"，最常表现的情感也是"愁"，正如梁羽生说的，"纳兰容若的词中，'愁'字用得最多，几乎十首中有七八首都有个'愁'字。可是他每一句中的'愁'字，都有一种新鲜的意境，随手拈几句来说，如：'是一般心事，两样愁情''几为愁多翻自笑''倚栏无绪不能愁''唱罢秋坟愁未歇''一种烟波各自愁''天将愁味酿多情''将愁不去，秋色行难住'，或写远方的怀念，或写幽冥的哀悼，或以景入情，或因愁寄意，都是各个不同，而且有新鲜的联想。"这一首就情感来说，是一贯的，然而在写法上却没有用一个"愁"字，这和他一贯多用"愁"字很不相同。那这首词表现"愁"是如何进行的呢？范成大有词《鹧鸪天》：

休舞银貂小契丹，满堂宾客尽关山。从今嬝嬝盈盈处，谁复端端正正看。

模泪易，写愁难。潇湘江上竹枝斑。碧云日暮无书寄，寥落烟中一雁寒。

这首词虽出现了"愁"，却有

和纳兰相同的写法，就是要写愁而不直接写愁，而是通过其他意象的状态来体现这种情感。

这首词还有个很重要的地方，也是造成这词本身在感觉上给人一种熟悉而又清新的重要原因，那就是化用了前人的许多意象以及名句。如"木叶"这一经典意象最早出于屈原的《九歌·湘夫人》"袅袅兮秋风，洞庭波兮木叶下"，曹植的《野田黄雀行》就说："高树多悲风，海水扬其波"，庾信在《哀江南赋》里说："辞洞庭兮落木，去涔阳兮极浦"，到杜甫，他在《登高》中说："无边落木萧萧下，不尽长江滚滚来"。这一意象具有极强的艺术感染力，予人以秋的孤寂悲凉，十分适合抒发悲秋的情绪。"晓风残月何处"则显然化用了柳屯田的《雨霖铃》中"今宵酒醒何处，杨柳岸，晓风残月"，"一半西风吹去"又和辛弃疾的《满江红》中"被西风吹去，了无痕迹"同。

这首词和纳兰的其他词比起来，风格也没有什么不同，仍然是婉约细致，但从版本上看却大有可说之处。这首词几乎每句都有不同版本，如"木叶纷纷归路"一作"黄叶青苔归路"，"晓风残月何处"一作"䴙粉衣香何处"，"消息半浮沉"又作"消息竟沉沉"。

且不谈哪一句是纳兰的原句，这考据，现下还难以确定出结果来，但这恰好给读者增加艺术对比的空间。比较各个版本，就"木叶纷纷归路"一作"黄叶青苔归路"两句来看，"黄叶"和"木叶"二意象在古典诗词中都是常见的，然就两句整体来看"木叶纷纷"与"黄叶青苔"，在感知秋的氛围上看，显然前者更为强烈一些，后者增加了一个意象"青苔"，反而导致悲秋情氛的减弱。"晓风残月何处"与"䴙粉衣香何处"则可谓各有千秋，前者化用了柳永的词句，在营造意境上比后者更有亲和力，词中也有悲哀的情感迹象；"䴙粉衣香何处"则可以在对比下产生强烈的失落感，也能增强词的情感程度。

》注释

① "秋雨"句：清朱彝尊《转应曲》诗句："秋雨，秋雨，一半因风吹去。"

◎ 好事近 ◎

何路向家园，历历残山剩水^①。都把一春冷淡^②，到麦秋天气^③。
料应重发隔年花^④，莫问花前事。纵使东风依旧，怕红颜不似。

誓言是开在彼岸的花朵，遥看美丽异常，但却无法触及，谁想要到彼岸去寻找这誓言之花，定当是会失望的，因为那之间隔得太过纷繁。不过，誓言却是许多男女愿意去相信的，誓言之所以存在，就是因为人们爱入轮回后，无法自拔，需要誓言当他们的救命索，令他们相信，爱情无价，值得坚守。

纳兰想来是相信誓言的，他写的这首词抒发与妻子的别离、相思之苦。纳兰对他每一个爱过的女子都十分珍惜。这首词里，更是将这种情感抒发到了极致，透过词的本身，仿佛可以看到，纳兰衣衫单薄地站于历史深处，神色苍茫地想念。

哪一条才是通往家园的路呢？眼前的一片都是零落的残山剩水而已。春天过去了，已经到了麦收时节，又一次将大好的春光冷落。料想去年的花今年又开了吧？而花前月下的旧事却不敢回味。即使景色如故，也已是年华老去，红颜不再了吧？

纳兰对于爱情，一丝不苟。是谁说誓言不过是开在舌尖上的莲花？是谁说誓言不过是无谓之人所做的无谓之事？对于纳兰来说，爱情便是此生无悔的誓言，无法更改的约定，所以，纳兰一旦爱上，便是此生此世。

站于路口，纳兰举目四望，"何路向家园，历历残山剩水"。词的一开始，就奠定了伤感的基调。家园无处可寻，回家的道路已经找不到了，抬头望去，满目都是一片残山剩水。

山就是山，水便是水，何来的残山剩水呢？纳兰将山水之景用"残剩"修饰，更显得心境荒凉，犹如残败的风景。

若早知道这只是一场有缘无分的情事，在相遇之时，就该按捺住内心的悸动，那时没有陷入爱的河流，今日便也不会在此苦苦相思了。

"都把一春冷淡，到麦秋天气。"春季转眼就过去了，为了思念，都冷淡了这大好的春光，当回想起来，春日的好风景都已错过，而眼下所看到的已经是萧瑟的秋景了。上片在一片嘘叹声中结束，简明轻快，没有晦涩之意，也不用典，但依然能够写出纳兰愁绪的心情。

下片依然承接上片简单的风格，既然春天都已经被错过了，那春日的花朵也没能看见，"料应重发隔年花"，料想去年的花，今年也再次开放了吧？花可以年年开放，错过了今年的花期，明年只要愿意，依然可以等到花开，遗憾就可以弥补，但是人事呢？只怕是错过一次，就终生无法补救了。

所以，那些曾经美好的花前月下的事情，最好不要再想起，每想起一次，都是折磨，面对无法重演的故事，真的还是"莫问花前事"的好。纳兰不是圣人，他只是一个平凡的、渴望爱的男子，他拒绝今春的这场花事，是为了不看到荼靡而心痛，但真的就可以躲避开来吗？只有他自己知道。

"纵使东风依旧，怕红颜不似。"景色依旧，物是人非，最后的这句感慨是许多词人都感慨过的，并无什么特别。纳兰写词总是这样，平淡的语气诉尽天下悲情。

人生就是这样错过一场又一场美景，有些人对这些错过不以为然，但对于纳兰来说，每一次错过都是一道伤痕。他用伤痕累累的心，吟咏出这些千年，甚至万年之后都不会被忘记的词。他与他那些隐约的心事，统统被记载了下来。

》注释

①历历：（物体或景象）一个一个清晰分明，意思是零落。残山剩水：残存的山岳河流，零散的山水，明灭隐现的山水。
②冷淡：不热情，不热闹。
③麦秋天气：谓农历四五月，麦子成熟后的收割季节。
④隔年花：去年之花。

◎ 昭君怨 ◎

暮雨丝丝吹湿[①]，倦柳愁荷风急。瘦骨不禁秋，总成愁。
别有心情怎说？未是诉愁时节。谯鼓已三更[②]，梦须成。

　　这首《昭君怨》情景交融，悲秋伤怀。讲的是纳兰对伊人不在、夜深独立的一片哀怨心绪。

　　《昭君怨》本琴曲名。相传古四大美女之一的王昭君作怨诗入琴谱，乐府吟咏曲，便是本调调名之来由，故而词牌《昭君怨》也是家国怨和闺中怨结合的经典。

　　细观上片，自然是"瘦骨成愁"的刳心之痛了。作者一片之中连用两个"愁"字，可见其寂苦心绪。王国维语"有我之境，以我观物，则物皆著我之色彩"，于是，此处，暮雨之形，实为愁之形、柳之倦、荷之愁、风之急，更非实景，全自词人心中出罢了。

　　都道纳兰对表妹情深之至，然表妹最终辗转进宫，侯门尚且深似海，更何况紫禁宫闱。于是只余得两人漫长相思却不能相守的煎熬，是夜，纳兰独看暮雨丝丝，秋雨凄苦，夜风凉薄凌厉，便是那柳树、荷花也是倦极愁极，国学大师王国维曾在《人间词话》中言："一切景语皆情语。"如是看来，却是纳兰由着这凄风苦雨中生出对表妹的无尽相思愁绪。

　　却有另一说言道：纳兰自幼饱受汉文化教育，封建伦理观念耳濡目染，由此他们和汉人一样，五服之内同姓男女绝对不婚，且从堂兄妹姐弟之间，更不可能有婚恋关系婚姻之约。而考证其表妹，入宫为妃享年近八旬，一生"秉志柔嘉"，自以皇帝是非为准，所以，纳兰之于其"表妹"一往深情，实难想象。又从一说，纳兰所思，为孝庄皇后视为掌上明珠的翠花公主。从纳兰借国丧之机，扮成僧人混入宫中得窥所爱之人一面，推断宫中只有翠花公主可与他引为知己：翠花公主自幼聪颖可爱，长大后更是贤良淑德，后康熙追封其为恭悫长公主（恭悫即具有宽和恭谦），这与纳兰妻子卢氏自然有几分相像，旧情新欢，纳兰与翠花公主之约自然不无可能，因此，纳兰之情并非为其表妹了，但终为一家之说，实难考证。

在下片，纳兰承接上景而引发清愁，"别有心情怎说"一问出，万古寂寥，道是家家争唱饮水词，却是纳兰心事几人知。不论是青梅竹马的表妹，抑或是贤良淑德的翠花公主，总是佳人一方，此岸却只身孤影暗销魂。

"未是诉愁时节"则是本词第三次提到"愁"，宋吴文英《唐多令》："何处合成愁，离人心上秋。"若不是那离情别绪缠绵难去，又如何翻来覆去地拿捏这个字，若不是那伊人回目、嫣然一笑的音容恍在耳畔，又如何会在失去之后生出这无边无尽的愁意来。

而自语"未是诉愁时节"则像是词人恍然发现此情难诉，对应发问那句，于是更显出无奈孤寂之情。是啊，未是诉愁时节，我何来这么多的愁绪。而那愁，却愁进了心底，愁成三更一片"谯鼓"之声。

"谯鼓"之声，则引此愁绪更见升华。谯楼，原为城门之上的了望楼，谯鼓则是望楼上的更鼓了，三更未眠，于此浅道：梦须成。却不点破何来纠结，家国之意若隐若现。于此，此词，言有尽而意无穷，让人无限回味。

》注释

①暮雨：傍晚的雨。
②谯（qiáo）鼓：谯楼更鼓。

◎ 清平乐 ◎

将愁不去[①]，秋色行难住。六曲屏山深院宇[②]，日日风风雨雨。

雨晴篱菊初香[③]，人言此日重阳。回首凉云暮叶[④]，黄昏无限思量。

找不到烦恼的缘由，却总也挣不脱这种没有缘故的心情，失落是每个人都体会过的。人们在人生中不断追求，前行的过程中，难免会有不如意的时刻，但纳兰却不应该是一个烦恼的人，在旁人眼中，他享尽了荣华富贵，可是在他自己看来，却并不如意。

这首词是重阳节的感怀之作：绵绵清愁挥之不去，无尽的秋色也难以留住。屏风掩映下那深深的庭院，整日愁风冷雨，不曾停歇。好不容易天晴了，菊花吐露出芬芳，听说今天正是重阳节。回望天边那阴云和暮色中的树叶，不由产生无限的思绪。

与纳兰的这首《清平乐》相似的一首，是晏殊所写的一首《清平乐》，晏殊作为有名的词人，可以说是纳兰的前辈，晏殊那首《清平乐》如下：

金风细细，叶叶梧桐坠。绿酒初尝人易醉，一枕小窗浓睡。

紫薇朱槿花残，斜阳却照阑干。双燕欲归时节，银屏昨夜微寒。

晏殊的这首小词抒发初秋时节淡淡的哀愁，语言十分有分寸，意境讲究含蓄，晏殊只是从景物的变更和主人公细微的感觉着笔，一直是旁敲侧击地描写，而从不是从正面来写情绪的波动，这首词读后，令人感到句句寓情、字字含愁。仔细品味之余，语言的清新、风格的婉约也是一大特色。

同样是抒发内心惆怅，纳兰的《清平乐》就显得更为简单直接一些，说愁便直接写愁，简单明了地道出自己的烦恼。"将愁不去，秋色行难住。"愁苦无法挥去，就连美丽的秋色都无法挥去愁闷。此处"将愁"表示长久的愁闷，秋色最是伤人的，因为寂寥，故而最能引起人们的伤感，因为迟暮，因而能让人们无法释怀。

在秋色中想挥手赶走哀愁，这无疑是愁上加愁，而纳兰也丝毫不避讳自己对于忧郁的无能为力，他坦然地告诉人们自己真的是"将愁不去"。比起晏殊的含蓄和隐藏，纳兰就好像一个孩子，毫无忌讳地将自己内心深处的感受讲出来，丝毫不怕被世人耻笑。

或者正是因为这份坦白，纳兰的词更显得有种直白的魅力，无人能够替代。

而后接下一句是："六曲屏山深院宇，日日风风雨雨。"屏风掩映下的庭院，日日风雨，愁云惨淡，人在这里，怎会不被感染！

纳兰居住的庭院，为何会让他感到哀愁？其实境由心生，所谓的庭院深深，还不是自己内心凄苦，所以才看什么都显出一副悲凉模样吗？是谁让纳兰如此哀伤，是谁家的女子让纳兰神色清冽地立于窗前，眉头紧锁，无限恨，无限伤。

纳兰的这首词是否为一个女子所作，不得而知。或者，这根本就不是纳兰为任何人写的词，而只是他在重阳之时，想起往昔，感怀往事的作品。我们无从知晓。纳兰的许多作品都是这样，看似表达了对某个人深深的思念，但其实这个人却好像虚无缥缈似的，让人摸不到任何踪迹。

"雨晴篱菊初香，人言此日重阳。"下片的风格稍显婉转，不再如上片那样晦涩，下片写到天气放晴，菊花绽放，香气扑鼻。然后词人才恍然大悟，原来是正逢重阳之日。重阳是一个让人伤感的节日。古人写道"每逢佳节倍思亲"，说的便是重阳，重阳节是个让人思念故人的节日。纳兰身逢重阳，想起往日，必然是感慨万千。今昔往日，多少不同，而今一同从脑海中掠过，那些过往，仿佛还历历在目。

黄昏正在换取这一天里最后的一抹阳光，暮日下的世界，被覆上了迷离的光芒。黑暗即将到来，带走这一天的明亮，重阳节也很快就会过去。第二天依然是崭新的一天，"回首凉云暮叶，黄昏无限思量"。只是在这即将告别白日的时刻，纳兰回首天边的云朵和落木，心头不禁思绪万千。这首重阳节感伤的词，写出了词人深埋心底的忧伤。

》注释

①将愁：长久之愁。将，长久。
②六曲屏山：如山峦般曲折往复的屏风。
③篱菊：谓篱下的菊花。语出晋陶潜《饮酒》诗之五："采菊东篱下，悠然见南山。"后用以为典实。
④凉云：阴凉的云。南朝齐谢《七夕赋》："朱光既夕，凉云始浮。"

◎ 清平乐 ◎

凄凄切切[1]，惨淡黄花节[2]。梦里砧声浑未歇[3]，那更乱蛩悲咽[4]。
尘生燕子空楼，抛残弦索床头[5]。一样晓风残月，而今触绪添愁[6]。

《清平乐》是一首很常见的词牌名，许多人都用这个词牌，写出了脍炙人口、流传千古的名词佳句。其中以宋朝词人用得最多，晏殊、晏几道、黄庭坚、辛弃疾等著名词人均用过此调，其中晏几道尤多。

留人不住，醉解兰舟去。一棹碧涛春水路，过尽晓莺啼处。
渡头杨柳青青，枝枝叶叶离情。此后锦书休寄，画楼云雨无凭。

晏几道的这首《清平乐》是写离别，他所写的景物却是与离别的凄凄之情无关，都是碧涛春水、青青杨柳枝、晓莺啼处等景象。这些都是春天美好的景物，用如此美好的景物去写离别，真是格外有意境。

比起晏几道的《清平乐》，纳兰的这首《清平乐》也有相似之处。晏几道开篇起笔便是"留人不住"四个字，而纳兰开篇也是"凄凄切切"四字，写出内心的凄惶和不安，离别在即，人难留住，故而凄凄切切，悲伤不已。

同样是写离别，晏几道是含蓄隐晦地写道"留人不住"，来隐射自己内心的不舍，但是纳兰就简单得多了，他只是一个词，就直接明了地写出了内心的情感。用重复的词来表述情感，这在词的写作上不是少数。

李清照就曾这样尝试过。"寻寻觅觅，冷冷清清，凄凄惨惨戚戚。"在《声声慢》中，循环往复的词句，让人可以品读到她内心的世界。能够简单地抒情之人，都是内心单纯如明镜的人。

纳兰写的这首词是一首触景伤情之作：在这惨淡的深秋之时，一切都变得凄凄切切，无限悲凉。那梦里的砧杵捣衣声还没停下来，又传来蟋蟀嘈杂的悲鸣声。你曾居住的楼空空荡荡，弦索抛残，晓风残月，无不是惨淡凄绝，如今一起涌入眼帘，触动无限清愁。

开篇便写到凄凄切切，道出内心悲凉，接着写道时节正逢黄花节，黄花节是指的重阳节，而所谓的黄花，便是菊花。这是纳兰又一首重阳佳作，借着重阳时节，抒写内心的情绪。在词中，纳兰永远是悲伤的。这首词当然也不例外。

201

纳兰用惨淡来形容黄花节，以示自己哀怨的心情。

或许，在深秋时节，万物萧条，看到任何事物都会觉得无限悲凉。而接下来这句，则让人联想到，纳兰是在想念什么故人。"梦里砧声浑未歇，那更乱蛩悲咽。"

这里需要解释几个地方，"砧声"是指洗衣服的声音，古人洗衣服，总是将衣服捣一捣，加快衣服清洁的速度。捣衣时，会发出阵阵声响。"蛩"则是指的蟋蟀。

词人在梦中听到捣衣的声音，声声慢慢，似有似无，悠远似乎又就在耳旁。捣衣的声音还没有停下，耳畔就又传来了蟋蟀的叫声，夜半时分，听起来让人内心都揪了起来。重阳深夜，午夜梦回，却是如此凄惶的情景。

纳兰梦中梦到捣衣的人是谁，想来应该是个女子。但这名女子究竟是谁，会在纳兰的梦中以如此凄凉的形象出现？按照常理推算起来，这名女子应该是离纳兰而去，让纳兰无法再见到的女子。于是有人猜测，这是重阳佳节，纳兰思念故去的卢氏所写的悼亡词，也有人认为这是纳兰为沈宛而作的。

但不管怎么样，这首词的确是写尽了凄凉之意。上片梦醒时分，顿觉离人不再，备感伤心。下片则是写道"尘生燕子空楼，抛残弦索床头"，醒来后自然是被忧伤打扰得无法再次入眠，只得起身。

起身后的纳兰看到的都是昔日的场景，想到空空如也的楼阁，想到往日温馨的情景，现在却是物是人非，想想就觉得增添几分愁绪。"一样晓风残月，而今触绪添愁。"再抬头望去，晓风残月，更是让人愁绪满怀。

这首怀念故人的词写在重阳夜，阁楼上，晓风残月，故人不再。独自倚靠栏杆，想着往日种种，纳兰写词，从来都是淡如清水，却能够让这水波荡漾而起时，带给后人无限的遐想和心疼。

》注释

① 切切：哀怨、忧伤貌。
② 黄花节：指重阳节。黄花，菊花。
③ 砧（zhēn）声：捣衣声。
④ 蛩（qióng）：指蟋蟀。悲咽：悲伤呜咽。
⑤ 弦索：弦乐器上的弦，指弦乐器。
⑥ 触绪：触动心绪。

◎ 清平乐 ◎　忆梁汾

才听夜雨，便觉秋如许。绕砌蛩螀人不语[1]，有梦转愁无据[2]。

乱山千叠横江[3]，忆君游倦何方[4]。知否小窗红烛。照人此夜凄凉。

　　这首词是秋夜念友之作，抒发对好友顾贞观深切的怀念。顾贞观是江苏无锡人，其曾祖顾宪成是晚明东林党人的领袖，可谓真正的书香门第。顾贞观的个人才情和文化素养也自然与众不同，是当时很有名气的江南文士。

　　康熙十五年的春夏间，他与权相明珠之子纳兰性德相识，成为交契笃深的挚友。或许是气质的相互吸引，或许是才情的彼此契合，两人第一次相见，便有"一见即恨识余之晚"之感，相见甚欢，相谈甚多，彼此引为知己。而在词坛的成就两人同样齐名，举凡清史、文学史、词史无不将二人相提并论，被视为风格近似、主张相同的词坛双璧。二人因为才情而惺惺相惜，在与顾贞观相交的日子里，纳兰是快乐的。他们时常以词会友，互相切磋文学。可是再深的友谊也不能保证天长地久地相处，纳兰因为官职在身，总需要外出办事。

　　这次，他又要随同皇帝外出游走，官场的事情总是枯燥乏味的，不如与友人饮酒填词来得痛快。但人在官场，身不由己，纳兰只得依依不舍告别友人，准备出发。在外出的日子里，纳兰一直是孤独寂寞的。虽然康熙很赏识他，但君臣毕竟有别，

二人不会无话不谈。纳兰恪守着君臣之礼，他将自己内心的一切都隐忍下来，这更加重了他内心的郁闷情绪。想要及早结束这场出行，好早日回去与友人团聚。

在这种心情下，纳兰写下了这首《清平乐》：才刚刚听到窗外的雨声，就已感觉到秋意已浓。是那蟋蟀和寒蝉的悲鸣声，让人在梦里产生无限哀怨的吗？乱山一片横陈江上，你如今漂泊在哪里呢？是否知道有人在小窗红烛之下，因为思念你而备感凄凉？单纯的想念，让人能够从词句中嗅到友谊的醇香。友谊就是这样，不论彼此身在何方，总是能够随时随地想起对方。纳兰外出公干，想起远方的挚友，虽然秋意正浓，但心头也是会涌起阵阵暖意。

"才听夜雨，便觉秋如许。"才刚刚听到窗外有雨声，就已经感觉到浓浓的秋意了。身上的寒意大多是心里的凄凉带来的，身边没有知己，自然感觉到凉意。夜雨之中，更能听到蟋蟀和寒蝉的悲鸣声，秋意渐浓，蟋蟀和寒蝉也知道自己生命无多，故而叫声凄厉。在夜色下，这更让人产生无限的哀怨。

"绕砌蛩螿人不语，有梦转愁无据。"上片在凄凄切切的情愫中结束，纳兰将思念友人之心情描述得如悲如切，这首词是思念友人，却又好像是纳兰自悲自切的呢喃自语。结束了上片的哀痛，下片则是沉思，依然饱含哀怨，所描写到的景物，也是蒙上一层灰暗色彩，看不到颜色。

"乱山千叠横江，忆君游倦何方。"眼前乱石堆砌，远山横陈江上，江水滔滔，滚滚东逝去。不知道友人而今漂游到了何方。杳无音信，只能靠着思念回忆过去美好的日子。纳兰与好友之间没有联系，让他内心充满不安。

"知否小窗红烛。照人此夜凄凉。"这是纳兰在反问友人的话，是否知道有人在思念你呢？是否会因为被思念而感到凄凉呢？友人自然是无法感受到纳兰千里外的思念的，但纳兰在此的疑问，可以看出纳兰的纯真心性，这个才华横溢的清初才子，其实只是一个渴望友谊与关爱的男子。

词的初衷是思念友人，但当写到最后，却变成了纳兰自怨自艾的一首自哀词，写不尽的哀伤情，透过词意里的风雨，飘洒而出，湿了人心。

》注释

①蛩（qióng）螿（jiāng）：蟋蟀和寒蝉。蛩，蟋蟀。螿，蝉。
②无据：不足凭，不可靠。
③横江：横陈江上，横越江上。
④游倦：犹倦游，指仕宦漂泊潦倒。

◎ 琵琶仙 ◎ 中秋

碧海年年①，试问取、冰轮为谁圆缺②？吹到一片秋香，清辉了如雪。愁中看、好天良夜，争知道、尽成悲咽。只影而今，那堪重对，旧时明月。

花径里、戏捉迷藏，曾惹下萧萧井梧叶③。记否轻纨小扇④，又几番凉热。只落得、填膺百感⑤，总茫茫、不关离别。一任紫玉无情⑥，夜寒吹裂。

　　这首词描绘了中秋月下的景致：年年岁岁，问那天上的明月在为谁圆缺？夜风吹得桂花飘香时，那月色更加清净如雪。这花好月圆的美好景色，在满怀愁绪的人看来也只觉伤感呜咽。形单影只，该如何去面对那旧时的明月？曾记得我们在鲜花小径追逐嬉戏，惹得梧桐树叶纷纷飘落，还记得那轻纱团扇陪伴了几个寒秋。如今却只落得胸中百感交集，无处申诉。任凭那幽咽的笛声唤起旧梦，吹到天明。

　　想必，纳兰所思念的，是他青梅竹马的恋人。看他所回忆的情节，"花径里戏捉迷藏，曾惹下萧萧井梧叶"。钟鼎人家的青年男女，家教甚严，举止必然大方稳重，及笄的丫头、弱冠的小伙儿必然不好意思跑来跑去地捉迷藏。能做这种游戏的，当是"郎骑竹马来，绕床弄青梅"的年纪。小小的姑娘一定还是"妾发初履额"，一点儿不懂得羞呢，会"折花门前剧"。

　　那真是不会再来的美好时光，我们玩得多么畅快，撒了欢地在满是花朵的小路上奔跑，连梧桐树的叶子都被我们夸张的笑声与叫声惊落了几片。我们曾经共同走过的美好日子，并不短暂，"记否轻纨小扇，又几番凉热"。用细薄的纨素糊就的小团扇，陪伴我们在漫长的夏日赶凉风，扑流萤，经历了几多华年？那时，我们天真烂漫，亲密无间。

　　回忆再美，也只是一片虚幻。诗人希望自己永远沉浸在美好的往昔中，可惜总有醒来的时刻。事实是，他们有个美好的开始，却没能继续让生命在幸福中浸淫下去。满洲女子成年后，都会有选秀的机会，这是她们的权利，也是她们的义务。

205

传说，纳兰初恋情人就不得已参加了选秀，进宫去了。境由心生，美好的秋夜在诗人眼中，是一片悲凉。

　　冰轮出碧海，美则美，却美得冷入骨髓。夜风吹动盛放的桂花，清冷的月光下，甜香的桂花竟然映现了白雪般冷艳的气质，让夜色更觉凄清。这样清冷的夜、清冷的心，唯有清冷的曲子才能与之相配。诗人用一支紫玉笛吹出哀婉的曲子，表达内心浓浓的抑郁与伤怀。

》注释

①碧海：此处指青天。
②冰轮：即圆月。
③井梧叶：井边梧桐的树叶。
④轻纨（wán）小扇：指纨扇，即用细绢制成的团扇。
⑤填膺（yīng）：充塞于胸中。
⑥紫玉：古人多截取紫玉竹为箫笛，因以紫玉为箫笛之代称。

◎ 御带花 ◎　重九夜①

晚秋却胜春天好，情在冷香深处②。朱楼六扇小屏山③，寂寞几分尘土。虬尾烟销④，人梦觉、碎虫零杵⑤。便强说欢娱，总是无聊心绪。

转忆当年，消受尽，皓腕红荑⑥，嫣然一顾。如今何事，向禅榻茶烟⑦，怕歌愁舞。玉粟寒生⑧，且领略、月明清露。叹此际凄凉，何必更、满城风雨。

　　重阳节这天，天涯孤客，倍思亲人。纳兰独上小楼，啜饮着比天涯孤旅更为孤寒的伤悲。离家者尚有还家之日，远离人世者又怎会有归来之时？这首词写重阳节的无聊心绪，同时忆旧抒怀。

　　深秋季节的景致要比春天更美好，无限风情尽在秋日的花香深处。小楼的屏风落下些许微尘，却无人打扫。盘香烟消，孤独的人被窗外传来的虫鸣声和捣衣声惊醒，再难成眠。即使强颜欢笑，那百无聊赖的心绪也难以消减。记得当年，有伊人相伴一旁，那嫣然一笑，如今犹自灿烂。现如今，却空寂无聊，独自禅坐，怕见那歌舞繁华。清风雨露，霜华渐生，不觉寒冷。纵使不是满城风雨，而是胜却春天的美好秋夜，也已经只能感受到无比的凄凉冷清了。

　　"冷香"一处，有两种说法。一说指菊花、梅花等傲寒之花清幽的香气，譬如"晚艳出荒篱，冷香着秋水"（唐王建《野菊》）。还有一种说法，指女人香。如侯方域在《梅宣城诗序》中写道："'昔年别君秦淮楼，冷香摇落桂华秋。'冷香者，余栖金陵所狭斜游者也。"

　　女人香在中外文化中都占有一席隐秘之地。欧洲学者曾这样写道："女人的气息令男人陶醉，一如既往，从来就是对她们个人整体的一种神化，在描写年轻貌美的布兰奇弗萝时，我们读到这样的诗行，大意为她的气息如何芬芳怡人，会令所有有闻到的男人一周之内既感觉不到痛，也感觉不到饥饿。"清代戏曲家李渔的传奇集《笠翁十种曲》中《怜香伴》一篇（有的版本索性将这篇记作《美人香》），石笺云嗅到风中逸来的女子气香，与曹语花一见倾心，可见女人香魅力之大，连女性也无法抵挡。

　　我们最为熟知的冷香当属薛宝钗。《红楼梦》第八回宝玉与宝钗比识通灵宝玉、金锁，与宝钗坐得近了，"只闻一阵阵凉森森甜丝丝的幽香，竟不知系何香气"。宝钗身上的冷香，源自奇妙海上方，洋溢中医文化与巫文化的神秘氤氲的气息，为宝钗之美点染了浪漫玄幻的色彩。

　　似乎在纳兰的印象中，妻子的气息就是这般带着凉意的甜蜜，除了这首《御带花》，他在一首《齐天乐·塞外七夕》中也用冷香代指自己的妻子："羁栖良苦，算未抵空房，冷香啼曙。"能萦绕着这样神秘幽艳香气的女子，是一位怎样的可人啊！难怪纳兰魂牵梦绕。任凭新人在侧，任时光在脑海中怎样反复冲刷，他依然记得当年"皓腕红萸，嫣然一顾"。

　　重阳佳节，秋菊盛放，本来是"萧疏篱畔科头坐，清冷香中抱膝吟"（《红楼梦·对菊》）的日子，如今的纳兰却只能自问"圃露庭霜何寂寞，鸿归蛩病可相思？"（《红楼梦·问菊》）没有快乐，只有哀愁。当年与妻子嬉戏欢愉的小楼，如今盛满的不再是欢快的笑声，而是沉重的寂静。虽未曾常伴青灯，没了你的陪伴，人世繁华也褪去了光彩。爱人生命凋萎，纳兰的心便也寂灭了，寻常日子由一幅青绿山水瞬间褪色成了黑白水墨。

　　纵然晚秋却胜春天好，能使人在这人间好景中感叹"此际凄凉"的，恐怕也只有爱情了。这样的爱情，我们读来心醉；那身处爱情中的人，却是无尽的心碎。此情此景此爱恋，闻者悲戚，说者断肠。

》注释

①重九：即重阳，阴历九月九日。旧时在这一天有登高的风俗。
②冷香：指清香的花。唐王建《野菊》诗："晚艳出荒篱，冷香着秋水。"
③朱楼：谓富丽华美的楼阁，《后汉书·冯衍传下》："伏朱楼而四望兮，采三秀之华英。"屏山：屏风。
④虬（qiú）尾：指盘曲若虬的盘香。虬，古代传说中有角的小龙。
⑤碎虫零杵：断续的虫声和杵声。
⑥皓腕：洁白的手腕，多用于女子，三国魏曹植《洛神赋》："攘皓腕于神浒兮，采湍濑之玄芝。"红萸：指重阳节插戴茱萸。
⑦禅榻：禅床。宋郭彖《睽车志》卷三："惟丈室一僧，独坐禅榻。"
⑧玉粟：形容皮肤因受寒呈粟状。

◎ 生查子 ◎

东风不解愁，偷展湘裙衩[1]。独夜背纱笼[2]，影著纤腰画[3]。
爇尽水沈烟[4]，露滴鸳鸯瓦[5]。花骨冷宜香[6]，小立樱桃下。

这首《生查子》为一篇咏愁之作，想来古诗词咏愁之构，佳作迭出，何其浩繁，如李煜的"问君能有几多愁？恰似一江春水向东流"，欧阳修的"离愁渐远渐无穷，迢迢不断如春水"均以春水喻愁，形象地写出了愁之绵长，有悠悠不尽之感；贺铸《青玉案》"一川烟草，满城风絮，梅子黄时雨"，层层递进的三种事物喻愁更于秦少游的"春去也，飞红万点愁如海"一样于夸张、比喻的结合中表达了愁之多、愁之深，而宋代著名女词人李清照的"只恐双溪舴艋舟，载不动，许多愁"，则于夸张与比较中衬出了愁之多、愁之重。想必在如此多的佳句面前，纳兰作词咏愁岂非易事。但这首生查子写来却也不落窠臼，显得较为别致。

且看上片，词人几笔便勾勒出一位浅浅女子的哀婉伤春形象。纳兰作词，大多评家谓之"尤善小令"，此处可见一斑。在这里，作者没有再直接描绘女子的容貌，而是以清朝贵族女子的平素所穿的湘裙和其纤纤腰身入手，从侧面展现出女子的姿态容貌，给人无限遐想的空间，想来此女何其俊秀，何其温柔。古人作诗，最高境界在于，造景塑性常在于言与不言之间的遐想，此作上片便有"深山不见寺，唯听暮鼓声"的效果。

　　细细品来，东风既是春风，写东风的不解风情，此处便是东风的人格化了。东风却是在偷看湘裙，一个"偷"字写尽了东风之态，可谓珠玑。湘裙表明了主人公的身份，此处偷看再次暗示出女子的美貌。猜想诗人应该是以东风的视角和身份来观视女子，东风也是女子寂寞的见证吧？下句"独夜背纱笼，影著纤腰画"则交代了时间是晚上：春夜，女子一人在室，视线渐移，细看女子姿态，背靠着丝纱的灯罩，灯光勾勒出女子的纤腰，孤独一影，此画面静谧优美，也有动静映衬，试想软弱的灯光若隐若现，女子的倩影也在摇曳着寂寞，却是那背影伫立安静。一细腰让人浮想，此女子是何等的纤细体态，轻柔娇媚，也让人看到她是如此的娇柔，似有"衣带渐宽终不悔，为伊消得人憔悴"之感。俨然一副思妇相，绝无半点造作情。让人想入画探视，猜想女子为何人而愁，在这孤独的夜里一个人难诉愁情。

　　上片，几笔文字落在女子身上之物，而非景物描写，在于刻画女子形象，给读者以朦胧之女子容颜，清晰之愁情丝绪。此谓画人。

　　下片文笔重在写景，描写女子身边环境。景入眼眸的是沉香燃尽的一瞬，香烟袅袅升腾，然后弥散在空气中，犹如女子的愁丝飘散，烟已断，情不断。此处说明夜已深，女子还在孤独徘徊。又转向鸳鸯瓦，露滴已沾瓦片，再次说明夜深难眠。鸳鸯瓦自成双，而女子却是形单影只。此处以双反衬单、以喜衬悲的效果油然而生。已是愁情极致，却还有"花骨冷宜香，小立樱桃下"的冷美景象。作者以花骨比喻女子，立于樱桃花下，静谧而清俗，因愁情而美丽动人。

　　此首《生查子》主题为咏愁之曲，作者上片画人，下片写景，无一愁叹之词，却处处渗透着情愁的气息，字里行间给读者感同身受的触觉。画面上，冷静优美，刻画人物形象上没有冗长的词句，寥寥数笔勾画出内涵丰富女子，笔法细腻。环境的衬托与渲染更是给形象增添了愁绪的内涵，让读者通过环境这一介质直通女子的心里。情与景的融合自然而舒适，优美的字句涂抹出一幅清晰的画面，画中之人，人之内心，与整体俨然相符，女子内心的愁绪也迷漫画卷，令人酸楚。

》注释

①湘裙：指用湘地丝绸制作的裙子。
②纱笼：纱制的灯笼。
③纤腰：细腰。
④蒸（ruò）：燃烧。水沈：即水沉香、沉香。
⑤鸳鸯瓦：指成对的瓦。
⑥花骨：即花骨朵，花蕾。

◎ 生查子 ◎

惆怅彩云飞①，碧落知何许②？不见合欢花③，空倚相思树④。

总是别时情，那得分明语。判得最长宵⑤，数尽厌厌雨⑥。

此词颇像悼亡之词。上片首句一出，迷惘之情油然而生。"惆怅彩云飞，碧落知何许？"彩云随风飘散，恍然若梦，天空这么大，会飞到哪里去呢？可无论飞到哪里，我也再见不到这朵云彩了。此处运用了托比之法，也意味着诗人与恋人分别，再会无期，万般想念，万分猜测此刻都已成空，只剩下无穷尽的孤单和独自一人的凄凉。人常常为才刚见到，却又转瞬即逝的事物所伤感，云彩如此，爱情如此，生命亦如此。"合欢花"与"相思树"作为对仗的一组意象，前者作为生气的象征，古人以此花赠人，谓可消忧解怨。后者却为死后的纪念，是恋人死后从坟墓中长出的合抱树。同是爱情的见证，但诗人却不见了"合欢花"，只能空依"相思树。"更加表明了纳兰在填此词时悲伤与绝望的心境。倘若从典故来看，也证明了此词的悼亡之意。

下片显然是描写了诗人为情所困、辗转难眠的过程。"总是别时情"，在诗人心中，与伊人道别的场景历历在目，无法忘却。时间过得愈久，痛的感觉就愈发浓烈，越不愿想起，就越常常浮现在心头。"那得分明语"，更是说出了诗人那种怅惘惋惜的心情，伊人不在，只能相会梦中，而那些纷繁复杂的往事，又有谁人能说清呢？不过即便能够得"分明语"，却也于事无补，伊人终归是永远地离开了自己，说再多的话又有什么用呢。曾经快乐的时光，在别离之后就成为了许多带刺的回忆，常常让诗人忧愁得不能自已，当时愈是幸福，现在就愈发地痛苦。

然而因不能"分明语"那些"别时情"而苦恼的诗人，却又写下了"判得最长宵，数尽厌厌雨"这样的句子。"判"通"拼"。"判得"就是拼得，也是心甘情愿的意思，一个满腹离愁的人，却会心甘情愿地去听一夜的雨声，这样的人，怕是已经出离了"愁"这个字之外。

王国维在《人间词话》中曾提到"愁"的三种境界：第一种是"为赋新词强说愁"，写这种词的多半是不更事的少年，受到少许委屈，便以为受到世间莫大的愁苦，终日悲悲戚戚，郁郁寡欢。第二种则是"欲说还休"，至此重境界的人，大都亲历过大喜大悲。可是一旦有人问起，又往往说不出个所以然来。而第三种便是"超然"的境界，人入此境，则虽悲极不能生乐，却也能生出一份坦然，一份对生命的原谅和认可，尔后方能超然于生命。

纳兰这一句，便已经符合了这第三种"超然"的境界，而这一种境界，必然是所愁之事长存于心，而经过了前两个阶段的折磨，最终达到了一种"超然"，而这种"超然"，却也必然是一种极大的悲哀。纳兰此处所用的倒提之笔，令人心头为之一痛。

通篇而看，在结构上也隐隐有着起承转合之意，《生查子》这个词牌毕竟是出于五律之中，然而纳兰这首并不明显。最后一句算是点睛之笔。从彩云飞逝而到空倚合欢树，又写到了夜阑难眠，独自听雨。在结尾的时候纳兰并未用一些凄婉异常的文字来抒写自己的痛，而是要去"数尽厌厌雨"来消磨这样的寂寞的夜晚，可他究竟数的是雨，还是要去数那些点点滴滴的往事呢？想来该是后者多一些，诗人最喜欢在结尾处带住自己伤痛的情怀，所谓"欲说还休，欲说还休，却道天凉好个秋"，尽管他不肯承认自己的悲伤，但人的悲伤是无法用言语来掩饰住的。

纳兰这首词，写尽了一份自己长久不变的思念，没有华丽的辞藻，只有他自己的一颗难以释怀的心。

》注释

①彩云飞：彩云飞逝。
②碧落：道家称东方第一层天，碧霞满空，叫作"碧落"。后泛指天上（天空）。
③合欢花：别名夜合树、绒花树、鸟绒树，落叶乔木，树皮灰色，羽状复叶，小叶对生，白天对开，夜间合拢。
④相思树：相传为战国宋康王的舍人韩凭和他的妻子何氏所化生。据晋干宝《搜神记》卷十一载，宋康王舍人韩凭妻何氏貌美，康王夺之，并囚凭。凭自杀，何氏投台而死，遗书愿以尸骨与凭合葬。王怒，弗听，使里人埋之，两坟相望。不久，二冢之端各生大梓木，屈体相就，根交于下，枝错于上。又有鸳鸯雌雄各一，常栖树上，交颈悲鸣。宋人哀之，遂号其木曰"相思树"。后以象征忠贞不渝的爱情。
⑤判得：心甘情愿地。
⑥厌厌：绵长、安静的样子。

◎ 忆秦娥 ◎

春深浅①，一痕摇漾青如翦②。青如翦，鹭鸶立处③，烟芜平远④。

吹开吹谢东风倦，缃桃自惜红颜变⑤。红颜变，兔葵燕麦⑥，重来相见。

唐代文豪刘禹锡因参与王叔文、柳宗元等人的革新运动被贬郎州司马。十年后，被朝廷"以恩召还"，回到长安。这年春天，他去京郊玄都观赏桃花，写下了《玄都观桃花》："紫陌红尘拂面来，无人不道看花回；玄都观里桃千树，尽是刘郎去后栽！"用以讽刺那些暂时得势的奸佞小人。

这首诗引起很多人的不满，于是他又因"语涉讥刺"而再度遭贬，一去就是十二年。十二年后，诗人再游玄都观，写下了《再游玄都观》："百亩庭中半是苔，桃花净尽菜花开。种桃道士归何处？前度刘郎今又来。"不改初衷，依然如故，"前度刘郎今又来"的不懈斗争精神，一直为后人敬佩。

纳兰化用刘禹锡玄都观诗的典实写了这首《忆秦娥》，却没有了刘禹锡的斗志，而是通过花开花落、世事变迁，暗透了今昔之感和不胜身世的孤独之情。

"春深浅"，这里用的是偏义词，指深。而后一句"一痕摇漾青如翦"则是写出春意深深、春水荡漾的情景。纳兰写词很注重词句的打磨，"摇漾"二字用得恰到好处，也很见功力。

"青如翦，鹭鸶立处，烟芜平远。"这首词的上片俨然一片大好的春光，岸边露出涨潮的水是青绿色的，犹如被剪刀剪过一般整齐。这样的景色想想也觉得宜人。在绿波之中，还有鹭鸶站立着，远处的草地在烟雾中一片迷蒙，看不清楚哪里才是尽头。

上片中，纳兰用了许多元素，构成了一幅春景图，有水鸟、草地、绿水，等等，

这些都是春日里最常见的景物，但是在纳兰的笔下，却是显得格外有生机，别有一番情趣在其中。上片写景之后，下片并未抒情，纳兰依然在描述春天的样貌。

"吹开吹谢东风倦，缃桃自惜红颜变。"春风吹来，桃花落下，风过，花落。这样的意境，纳兰许多词中也有用过，这是他用来写人世无常、岁月变迁常用的一种意象，但每次写起，都有不一样的感觉。

这首词中，纳兰用到了许多自然景物还有植物，例如"鹭鸶""缃桃"等，这些都给这首词注入了新鲜的活力，不显得刻板。在活泼的氛围中，书写闲愁，这恐怕是纳兰的拿手好戏，他将闲愁与春光结合得恰到好处。

最后，在一片美景中，纳兰写了他想要表达的意思："红颜变，兔葵燕麦，重来相见。"红颜易老，春光易逝去，只有抓紧时间，才能享尽人生。不然空待到最后，想见的人都不知道该去哪里相会了。

》注释

①深浅：偏义词，指深。
②摇漾：摇动荡漾。
③鹭（lù）鸶（sī）：又名白鹭。水鸟名，翼大尾短，颈和腿很长，捕食小鱼。
④烟芜：烟雾中的草丛，亦指云烟迷茫的草地。
⑤缃（xiāng）桃：即缃核桃，结浅红色果实的桃树。亦指这种树的花或果实。
⑥兔葵燕麦：形容景象荒凉。兔葵，植物名，似葵，古以为蔬。燕麦，一种谷类草本植物。

◎ 画堂春 ◎

一生一代一双人①，争教两处销魂②。相思相望不相亲，天为谁春？

浆向蓝桥易乞③，药成碧海难奔。若容相访饮牛津，相对忘贫。

这是一首爱情词，是词人对可遇不可求的恋情的独白：既然我们是天生一对，为何又让我们天各一方，两处销魂呢？相思相望却不能相亲相爱，那么这春天又是为谁而设呢？蓝桥之遇并非难事，难的是纵有不死之灵药，但却难像嫦娥那样飞入月宫去与你相会。若能渡过迢迢银河与你相聚，便是做一对贫贱夫妇，我也心满意足了。

这首描写爱情的《画堂春》与纳兰以往大多数描写爱情的词不同，以往纳兰的爱情词总是缠绵悱恻，动情之深处也仅仅是带着委屈、遗憾、感伤的情绪，是一种呢喃自语的絮语，是内心卑微低沉的声音。

而这一首《画堂春》却是仿佛换了一个人，急促的爱情表白，显得苍白之余，还有些呼天抢地的悲怆，仿佛是痛彻心扉的呐喊。也许，只有一次痛入骨髓的失去，才能够发出如此的悲怆之声。

古往今来，爱情总是教人欢喜教人愁苦，美好的爱情就好似夜空中兀自绽放的烟火，瞬间的美丽照亮漆黑的天空，但为这一刹那的美好，人们所要付出的往往是很多的。纳兰为爱情付出的更多，他由困顿到解脱，由渴望到爆发，这期间的情绪波动十分大，而这样的心绪，也就是这首《画堂春》。

这样，也便不难理解，为何这首词的气场如此强大，不同于纳兰以往诗词的风格。劈头便是"一生一代一双人，争教两处销魂"，似乎是在控诉，也是在向苍天指问：为何相爱容易，相守就这么难？

纳兰的这句话，毫无点缀，直来直往，犹如一个女子，素面朝天，但因为天资的底蕴，所以，耐得住人去看、去推敲。明明是天造地设的一对佳人，偏偏要经受上天的考验，无法在一起，只能各自销魂神伤，这真是老天爷对有情人开的最大的一个玩笑。

"相思相望不相亲，天为谁春？"既然相亲相爱都不能相守，那么老天爷这春天你为谁开放？纳兰的指天怒问让人叹息，他真是情何以堪。这悲怆的上片，

215

其实是纳兰化用骆宾王《代女道士王灵妃赠道士李荣》诗中成句："相怜相念倍相亲，一生一代一双人。"

纳兰将古人诗句加以修改，运用得十分到位。骆宾王的原句想来并无多少后人知晓，但纳兰的这首词却是传遍了大江南北。

下片转折，接连用典。其实小令一般是不会去频繁用典故的，这是禁忌，但是纳兰却偏偏视禁忌于不顾。

"浆向蓝桥易乞"，这是裴航的一段故事：裴航在回京途中与樊夫人同舟，他赠送诗歌表达情意，而樊夫人却是回他一首："一饮琼浆百感生，玄霜捣尽见云英。蓝桥便是神仙窟，何必崎岖上玉清。"裴航苦思不得其解，后来他去到蓝桥驿，偶遇一位名叫云英的女子，顿生爱慕。而当裴航向云英母亲求亲时，却遭到一个难题。云英的母亲说只要裴航为她找到一件叫做玉杵臼的宝贝，就将女儿嫁给他。裴航从樊夫人的诗句中得到启示，千辛万苦终于娶到了云英。而纳兰用这个典故，其实是想说像裴航那样的际遇于我而言，也是有过的。但至于纳兰遇到了什么样的往事，后人也不得而知。但想来，他也遇到了如同裴航一样的大难题，可惜他没有仙人指路，毫无解决办法，故而才苦恼万分。

苏雪林在《清代男女两大词人恋史之谜》中也提道："以为此恋人为'入宫女子'，'浆向蓝桥易乞'似说恋人未入宫前结为夫妇是很容易的；'药成碧海'则用李义山诗，似说恋人入宫，等于嫦娥奔月，便难再回人间；李义山身入离宫与宫嫔恋爱，有《海客》一绝，纳兰容若与入宫恋人相会，也用此典，居然与李义山暗合。"

这里写的"药成碧海难奔"也是一个典故，纳兰之后所写的"若容相访饮牛津，相对忘贫"也是一个典故。

传说大海的尽头就是天河，那里曾有人每年八月都会乘槎往返于天河与人间，从不失期。好奇的人便效仿，也踏上了探险之路，向东而去。漂流数日后，那人见到了城镇房屋，还有许多男耕女织的人们。他向一个男子打听这是什么地方，男子只是告诉他去蜀郡问问神算严君平便知道了。严君平掐指一算后，居然算出那里就是牛郎织女相会的地方。

纳兰用这个典故，是想说自己虽然知道心中爱的人与自己无缘，但还是渴望有一天能够与她相逢，在天河那里相亲相爱。这是纳兰的誓言，也是难以实践的约定，纳兰的爱，注定了漂泊，没有归期。

》注释

①"一生"句：语出唐骆宾王《代女道士王灵妃赠道士李荣》："相怜相念倍相亲，一生一代一双人。"

②争教：怎教。

③蓝桥：在陕西蓝田东南蓝溪上。传说此处有仙窟，相传唐代秀才裴航与仙女云英曾相会于此，求得玉杵臼捣药，终结为夫妇。专指情人相遇之处。

◎ 浣溪沙 ◎

酒醒香销愁不胜，如何更向落花行。去年高摘斗轻盈。

夜雨几番销瘦了，繁华如梦总无凭①。人间何处问多情。

文章看似怜花，实际借花写出了对故人的思念。

一夜酒醒之后却发现柔弱的花儿已经凋零，只剩下片片花瓣残留，回忆起这些花儿仍在枝头绽放时的美丽容颜，谁能料到眼前这番颓败之景？如何能迈步再去赏花，如何舍得踏上这娇嫩的身躯，再给他们沉重的破坏？

去年高摘斗轻盈，花儿已经凋零，逝去的美好不再复返。只有回忆慢慢升起，顺着血液在全身汩汩流淌，渐渐涌上心头：那悠远的场景缓缓出现，春红柳绿，听得到黄莺嘤咛，听得到笑声如铃，去年今日赏花时，高摘斗轻盈。一起攀上枝头摘取花儿，比赛谁的身姿更加轻盈，一路笑语不断，惊起一片飞鸟。伊人如画美如梅。当时只道是寻常，而今阴阳相隔，只能花下落泪，睹物思人，争教两处销魂！

"轻盈"二字出自于李白的《相逢行》：

怜肠愁欲断，斜日复相催。

下车何轻盈，飘然似落梅。

这首诗是主要讲了作者在以此谒见皇帝之后巧遇一位美丽的女子，这惊鸿一瞥令他毕生难忘。于是他看着女子优美的身姿，从心里发出感慨："下车何轻盈，飘然似落梅。"性德在这里主要是来形容心上人美如白梅。

即便是众星拱月，拥有繁华富贵、功名利禄又能如何，谁解其中味？欲说却无言，锦绣丛中只落得满心荒芜。内心厌倦了现在的一切，但又无法逃离，只得佳人伴也

就罢了，可总是天妒红颜，伊人早逝！

"夜雨几番销瘦了，繁华如梦总无凭。"风吹雨打，花儿怎禁得起如此，往日枝头的熙熙攘攘如烟如雾、如画如卷，如梦一场消逝了，不可依托。残留的花瓣无言地展示着时间的无情，繁华亦如此，不过是梦一场，不过是过眼云烟，欲借酒消愁，却愁更愁，醒来不过是更残忍的世界，绵绵阴雨带来的压抑加重了内心的孤寂，屋檐的水珠滴滴敲在心上。

落花飞尽，红消香断，往往惹得人吟出："一朝春尽红颜老，花落人亡两不知！"黛玉从小离开亲人进入荣国府，一介孤女只能在那样的大家庭中过着战战兢兢的日子，稍有不妥随时可能招来非议，于是她在《葬花吟》中感慨自己的身世是"一年三百六十日，风霜刀剑严相逼"，而生活在富贵之乡的性德不用担心自己寄人篱下看人眼色，但是他也面临着无奈的局面：出身贵族、超逸脱俗、才华横溢、宦海生涯平步青云，一切在别人眼里都是值得羡慕的，但是谁能了解他的天性，对仕途的不屑，对功名的厌倦，对友情的追寻，对爱情的坚守？这些堆积在内心深处无处诉说的话渐渐形成一层层厚厚的锈迹，一颗玲珑剔透的心，充满了斑斑伤痕。

李煜成为亡国君主后，日日梦回往事，但国家已灭，明月、雕栏仍在，朱颜不再，此恨悠悠，于是他感慨道"问君能有几多愁"，将心中的遗恨表现得淋漓尽致，从而流传千古！但是他的"问君能有几多愁"尚有"恰似一江春水向东流"的下句，人间何处问多情呢？性德无法得出结论，他在反问这个世界，反问世人，反问自己。

醉时的梦幻、酒后的残酷，往往令人唏嘘不已。夕阳渐渐爬上墙头，时光易逝，红颜老去，只留一地余香借以缅怀，内心的孤寂只能独自品尝，何处问多情？

浣溪沙，淘尽了英雄红颜，只留下千载的孤寂与相思。

》注释

①繁华：是实指繁茂的花事，也是繁盛事业的象征。无凭：无所凭借、无所依托。

◎ 霜天晓角 ◎

重来对酒①，折尽风前柳。若问看花情绪②，似当日、怎能够。

休为西风瘦，痛饮频搔首③。自古青蝇白璧④，天已早、安排就。

相逢又离别，离别又相逢，人生似乎就是在这相逢分别中慢慢损去，似乎是命运的轮回而已。看罢，如今眼前竟又是一盏离别酒，又要将它存进惆怅。

河边那一排排瘦瘦的柳树，春意未浓，绿芽始发，却早已攀折殆尽，一任那春风吹啊，却怎么也吹不绿了，春风又何能解憔悴？徒替柳枝伤感罢了。

与早春一道的，那早早的花儿已然开放，卑微，却露出生的希望——遥想那些一共赏花的年华，如水东流，一去不返。如今物是人非，再对花月，睹物思人，何谈情绪，哪有心思，真肝肠寸断。怎能还似当时呢？

可爱的人儿啊，不要在这西风中沉沦，不要为此而憔悴！经历了生涯那么多的坎坷、离别，面对过人生何其多的温热冷暖，难道脆弱的心灵还未粗糙，难道敏感的神经还未因此麻木？

痛饮下这一杯酒罢，让我们一道将离别的痛苦，赤裸裸地一点不留，浸泡在这催泪滚滚的烈酒中罢，还让我们自己也沉沉地败倒在这烈酒的冷寒里罢，让明日醒来时的我们，又回到原来并未相见的空虚中，回到我们从未结识的陌生中去，回到没有挂念的快乐中去。

人生不适，离别圆缺，清白逸邪，纷纷扰扰，永无宁日，自古便是如此啊，这千般烦恼，百般计较，命无不如此，皆由天定啊！

这是一首写饱受人生别离之苦后，借重聚饮酒之机，抒发人生无常之情的词。上片说重逢后，又临别酒，而此时，方寸所感，早与往日大相径庭。下片自己为这人生苦恼提出了解答："自古青蝇白璧，天已早、安排就。"

这首词属于纳兰性德深刻剖露自己精神苦闷，以及苦苦寻求解答与解脱的典型篇目。这词中体现了佛教思想对纳兰性德的影响。我们可以看见：一方面纳兰性德本曾积极进取，敢于直面人生，他早期和一切读书人一样，努力去考取功名，并且由于家族以及自身能力两方面的原因，顺利进阶，仕途可谓一帆风顺，成为帝王身边的武士，前途不可限量；另一方面，他完整人生中的另一面，也就是他敏感而易感伤的心理，坎坷而多遭变故的爱情生活，无常人生的生死、别离，等等，始终像水一样，慢慢浸透他全身。这样一对矛盾一并融入了纳兰性德的命运中，

他无比苦闷，寻找出路，终于找到了佛教禅宗思想。然而他并不是一个虔诚的佛教徒，也不是一个俗家弟子，他只是一个对世俗世界十分留恋又力图从中解脱读书人，一个伤感而敏感的诗人。

　　纳兰性德思想中的佛教思想有很多表现，如他的《饮水词》便是从"至于有法无法，有相无相，如鱼饮水，冷暖自知"中来的；又如他的词句"一日心期千劫在，后身缘，恐结来生里"，"待把来生祝取，慧业相同一处"等。

　　这首词写别情，却脱出别情外，终又回到别情上，始终想解脱，故作旷达语，又始终不可解脱，终归于一句对于人生的理解"自古青蝇白璧，天已早、安排就"，以此宽慰自己。全词可谓凄婉哀绝，能催人生出同感来，读之百遍，犹不觉厌。

》注释

①对酒：面对着酒。
②情绪：心情，心境。
③痛饮：尽情地喝酒。搔首：以手搔头，焦急或有所思貌。
④青蝇白璧：比喻谗人陷害忠良。唐陈子昂《宴胡楚真禁所》诗："青蝇一相点，白璧遂成冤。"青蝇，苍蝇，蝇色黑，故称。白璧，平圆形而中有孔的白玉。

◎ 减字木兰花 ◎

断魂无据①，万水千山何处去？没个音书②，尽日东风上绿除③。

故园春好，寄语落花须自扫。莫更伤春，同是恹恹多病人④。

　　这首词主题还是写伤春离别之情，属于纳兰性德常见的题材，然而在构思上却十分巧妙。可谓虽然同是一种酒，却用了不同的酒瓶盛装，最后让喝酒的人品出了不同的味道。

　　首先，在主题上仍旧是伤春怀人。伤春题材的诗词是传统诗词主题最重要的主题之一，写伤春的甚至比悲秋还要多，如杜甫《江南逢李龟年》"正是江南好风景，落花时节又逢君"，王安石《泊船瓜洲》"春风又绿江南岸，明月何时照我还"，陆游《豆叶黄》"一春常是雨和风，风雨晴时春已空"，等等。纳兰性德这首在对伤春这一风格的继承上有他自己的特点。他说"莫更伤春"，他用不伤春来表现自己的伤春，他要走出伤春的情结，然而始终又没能走出，只能是嘴巴上的一句话罢了。试想，他自己能不伤春么？他所思念的恋人能不伤春么？春的事实摆在面前，如同离别一样真实，不伤春，情何以堪？

　　这首词结构上很有其特色，使用了对话式的结构。全词分上下片，在一首词中创造了异空间中妻子和自己进行对话的可能性，这种可能性由词人自己去把握，恰到好处地表达了情感主题两方面的思念，并用对话来缓和由于空间差距造成的交流矛盾。

　　上片是从妻子的角度来说的。断魂飘忽无定，思量无限，万水千山，天涯海角，伊人何处去，为何一点音信也没有，一纸信笺也没来，整日独立东风，春风吹来，枝叶又绿。

下片是从自己角度来说的，承上对前面的妻子抱怨似的语言进行回答，似乎是在异空间中进行对话似的。怀想故园，想来春色正好，满园浓郁正春风，此时此刻，多想给你一封信啊，我要告诉你，去年一同赏花，一同看春华凋零，一同扫去那谢落满地的花，一同葬花，可惜今年，只你一人，独自赏花，独自面对花的凋零，最后一人扫去满地残红。这何等残忍，何等伤心，我又怎能提笔，如何给你这样的一封信呢？不要再伤春了，春去春又回，春色年年再，不能同在固可惜，你我同是天涯伤心客，同患相思疾。

无论如何，这种对话都只是一个假设而已，只是词人由于思恋太深而导致的情感爆发。词人无论怎么"解释"，在家中的恋人都不能听见，所以也不会"原谅"他，而这一点是纳兰性德自己也清楚的。所以说这首词的情感基调还是悲哀伤感的。

对话体的结构是这首词的典型特征，词人通过对话形式表达两地相思，事实则是表达了自己对妻子一片的深情。这首词上片立足于妻子的"问"，下片立足于自己的"答"，问答两方面中交点在于自己这一方面，主要是抒发自己对妻子的爱情以及各种主客观原因导致下的无奈，情感是悲伤、灰色的。

》注释

①断魂：销魂，形容哀伤、感动、情深。无据：无所依凭。
②音书：音信，书信。
③尽日：终日，整天。除：指夏历四月，此时繁花纷谢，绿叶纷披。
④恹（yān）恹：精神不振的样子。

◎ 卜算子 ◎ 塞梦

塞草晚才青，日落箫筘动[1]。戚戚凄凄入夜分[2]，催度星前梦。

小语绿杨烟，怯踏银河冻。行尽关山到白狼[3]，相见惟珍重。

《卜算子》又名《百尺楼》、《眉峰碧》、《楚天遥》等。相传是借用唐代诗人骆宾王的绰号。骆宾王写诗好用数字取名，人称"卜算子"。

这首塞梦是纳兰于塞外羁旅时思念妻子之作。

"塞草晚才青"，是日落时分，边塞的草在黄昏的天色里才显出青绿的颜色，此处也暗指白日行军匆忙，杂事诸多，只有黄昏时分陷入安静才开始觉得周围景致的苍凉。

"日落箫筘动"，夕阳才缓缓落下，箫筘之声便在大漠上蔓延开了，这里"箫筘"指的是管乐器。箫声婉转幽凉，筘声沉郁悲切，二者交错，突显出塞上荒凉空远的景色。卢纶《送张郎中还蜀歌》有句："须臾醉起箫筘发，空见红旌入白云。"也是借箫筘之声延伸出这个大漠的苍凉。

暮色四合，箫筘沉凉，这一个夜入得如此缓慢凄清，我已不忍再看，转回营帐时却一步一回顾天际星光，原来这一场羁旅，所想要逃避的也不过是对你的相思无涯。用情之至，却使得在各自天涯之时噬骨之痛，那么，我若速速睡去，你是否也能赶来见我一面，聊解相思，也告诉我，家乡的柳枝，请问可有了什么变化。

"戚戚凄凄入夜分"一句用典，出自李清照《声声慢》："寻寻觅觅，冷冷清清，凄凄惨惨戚戚"，描写的是自己在入夜后愁惨的心情，与易安相仿，那么不难理解所隐含的意思也是"乍暖还寒时候，最难将息"。杜甫《严氏溪放歌行》："况我飘蓬无定所，终日戚戚忍羁旅"，所要表达的也便是这般羁旅生涯惨淡悲愁的心情。

在这般心情的驱使之下，终究相思难耐，只得"催度星前梦"，催促引渡妻子的梦魂来到边塞，与自己相会。此句化用于汤显祖《牡丹亭·游魂》"生性独行无那，此夜星前一个"一句。《牡丹亭》又名《还魂记》，是汤显祖的传世之作，小说描写了杜丽娘与柳梦梅生死离合的爱情故事。汤显祖在该剧《题词》中有言："如杜丽娘者，乃可谓之有情人耳。情不知所起，一往而深。生者可以死，死可以生。生而不可与死，死而不可复生者，皆非情之至也。"而纳兰在此处用以指代夫妻情深，是以纵使关山阻隔，也愿梦魂相聚。

到了下片，也不知是睡了醒了，妻子那娇影袅袅娜娜地竟真的出现在了眼前，更欲耳畔轻柔情话私语，只是这个时节银河尚冻，路人皆不敢踏足那冰封的小河，杨柳蒙烟，天寒彻骨，却不知伊人独自如何能到得了这塞外边关荒凉之地。

于是紧接着"行尽关山到白狼，相见惟珍重"一句，便解释了妻子魂魄如何抵达塞外，却是将关山踏遍才寻到远在白狼的丈夫，这一句也暗喻了妻子不畏关山路途艰难，思念夫君，想要见到夫君，必要见到夫君的深情。晏几道《鹧鸪天》："从别后，忆相逢，几回魂梦与君同。今宵剩把银钉照，犹恐相逢是梦中。"与此处有相似的妙处，虽然纳兰并未真正见到妻子，但两首词皆是指情人相见，亦真亦幻，梦里梦外难辨，相见却又不敢确认的恍惚心情。

既是相见了，应是有百般情话关切相问，可是相别之久，相思之深，却让酝酿了这许多年的千言万语在心绪中百转千回，不知从何言起，最终吐出口的，仅仅只有"珍重"二字。想来情到深处反而不能言语，甜言蜜语该多是独处之时盘旋。词到此处，蕴含了一语将破未破的玄机，万里迢迢相聚却只道一声珍重，情意盘旋缠绵，一唱三叹，使闻者不由只觉一片感怀在心，却又不敢妄作言辞以打碎这梦魂相聚的深绵。

这首塞梦，典型而深刻地描写出纳兰常年羁旅在外，厌于扈从生涯，时时怀恋妻子，思念家园，故虽身在塞上而相思不灭，遂朝思暮想而至于常常梦回家园，与妻子相聚。短短数字，将这种凄惘的情怀刻画得淋漓尽致，入木三分。

》注释

①箫笳：箫和胡笳。
②戚戚：悲伤的样子。凄凄：形容心情凄凉悲伤。
③关山：关口和山岳。白狼：即白狼河，今辽宁大凌河。

◎ 雨中花 ◎ 送徐艺初归昆山①

天外孤帆云外树，看又是、春随人去。水驿灯昏②，关城月落③，不算凄凉处。

计程应惜天涯暮④，打叠起、伤心无数⑤。中坐波涛⑥，眼前冷暖，多少人难语。

纳兰的词中偶然可见美丽却生疏的词牌名，有他和朋友们自创的，譬如《青衫湿遍》、《踏莎美人》；还有很少有人谱度的词牌，譬如这《雨中花》。《雨中花》在《全唐诗·附词》仅有一首，双调，不过九十四字。

纳兰的《雨中花》写得短小清雅，起首一句"天外孤帆云外树"就足以使人倾倒。一点孤帆游于天外，便已经是说不尽的苍茫孤寂了，树影婆娑，影于云外，更显得这云天寂静高远。宋代贺铸《望西飞》有"计留春，春随人去远"之句，纳兰化用之：

离别的时刻，看天外孤帆远影，云外天低树稀，顿觉春天也将伴随着你的离开而远去。从此征途漫漫，无限凄凉。计算行程，收拾心情。虽无意触犯朝纲，但看尽人间冷暖后，也不由得感叹：多少人有苦难诉啊！

上片写景，下片写情，情景交融，浑然天成。这首天籁般的小词是赠与徐艺初的。

徐艺初是纳兰性德的老师徐乾学的儿子。提起徐乾学大家可能感到陌生，但是他的舅父可是无人不知无人不晓：明末清初著名学者顾炎武。据说徐乾学曾得到顾炎武的悉心指点，加之天资聪颖，八岁就能写出漂亮的文章。康熙九年（1670年），徐乾学金榜题名，得中榜眼，从此晋身仕途。没想到康熙十二年（1673年），爆发了"副傍未取汉军卷"案，两个主犯，一个是徐

乾学，另一个就是当年和他同榜的状元蔡启傅。那次考试徐乾学任顺天乡试考官，取纳兰性德为举人，因此徐乾学是他的"座师"。徐乾学因为"坐取副榜不及汉军镶级"而被事中杨雍建弹劾，遭到降级调用的处罚，回了老家江苏昆山。当时徐艺初还没有成家，一直陪伴在父亲身边。

纳兰性德对老师之不幸深表同情，故本篇大约作于送老师之时。他所赠虽为艺初，但艺初实为徐乾学之子，可见借题发挥之旨，词中既表达了对座师的同情和安慰，也流露出对自己前程的牢骚和不平。

纳兰性德去世那年，恰逢徐艺初中进士，不知纳兰可曾喝到了朋友那杯及第酒？纳兰的词非但柔美，更有真性情。这首昔年旧词，寓情于景，寄下的多少关切，多少同情。这样的词，每每读起，总是让人感慨不已。

》注释

①徐艺初：纳兰性德座师徐乾学之子，名树谷，字艺初，江苏昆山人，康熙进士。昆山：县名，今属江苏，因境内有昆山而得名。

②水驿：水路驿站。

③关城：关塞上的城堡。

④计程：计算路程。

⑤打叠：整理，准备，收拾。

⑥中坐波涛：此处指触犯朝纲。中坐，即中座，指星犯帝座。

◎ 鹧鸪天 ◎

独背残阳上小楼，谁家玉笛韵偏幽①。一行白雁遥天暮②，几点黄花满地秋。

惊节序，叹沉浮，秾华如梦水东流③。人间所事堪惆怅，莫向横塘问旧游④。

在中国古代，每到重阳佳节，人们就会登高，为的是避灾求福，而随着时间的推移，登高逐渐演变成古人的一种重要情结，每当他们在郁郁不得志时，通常以登高赋诗吟词，以排解心中的郁闷苦楚。

南唐后主李煜在国破家亡之后，在宋朝过了两年多的囚徒式生活，在被"囚禁"的日子里，为了缓解心中的愁苦，他经常独上西楼远望，想象着昔日南唐的宫阙，而亡国之恨总会在这时一次次冲击他的心灵，因此他悲愤地写下了"无言独上西楼"、"小楼昨夜又东风"之类感伤的诗句。

与李煜这个偏安一隅的没落国君相比，纳兰无疑要幸运得多，他出身贵胄，父亲是权倾一朝的宰相，自身又是皇帝的贴身侍卫，深得圣上赏识。然而，他却蔑视一切荣华富贵，想的是要如何遁迹山林，与清风明月为伍。纳兰的出身和性格，也就注定他要终身扮演一个不得志的失意者，而这首《鹧鸪天》，就是他内心中满腔惆怅的真实写照。

"独背残阳上小楼"，词一开篇，纳兰就为我们展现出一幅凄凉的画面，在一个秋日的黄昏，纳兰孤单地登上小楼，夕阳将他的影子一点点地拉长，就像他的心性一样，在时光的磨砺中消磨殆尽。

登上小楼之后，纳兰耳边传来幽咽的笛声，其中似乎还夹杂着些许的感伤。在中国古典诗词中，玉笛也是一个频繁出现的意象。"敦煌女伎持玉笛，凌空驾云飞天去"、"谁家玉笛暗飞声，散入春风满洛城"、"玉

笛凌秋韵远汀，谁家少女倚楼听"、"敦煌女伎持玉笛，凌空驾云飞天去"……那为什么很少用"金笛"、"铁笛"、"铜笛"来入诗词呢？这是因为在古代，人们对玉看得很重，正所谓"黄金有价玉无价"，文人君子必佩玉，于是，玉不仅是一种装饰品，更是一种人格、身份的体现。

登高必感怀，这是中国传统诗词的一个套路，另外还有"一切景语皆情语"的说法，所以纳兰在感怀之前，先看了看眼前的景色。"一行白雁遥天暮，几点黄花满地秋"，远处，一行白雁飞入天际，近处，枯黄的叶子落了一地。一个人孤零零地登楼远眺就已尽显凄凉，如果再看到眼前萧瑟的秋景，自然会触景生情，发出无限的感慨。

词到下片，纳兰开始慨叹世事无常，人生如梦，"惊节序，叹沉浮，秾华如梦水东流"，四季更替，人生浮沉，美好的时光像梦一样随着流水消失不见了，到这里，词人的惆怅之情已显而易见。

"人间所事堪惆怅，莫向横塘问旧游。"人间有无限的惆怅之事，既已如此惆怅，那就更不要向横塘路上询问旧游在何处了。读到尾句，我们不禁想起纳兰的另一首《浣溪沙》中的"我是人间惆怅客"，不同的季节，相同的意境，虽然时光飞逝，但惆怅的心情却如影相随。

有人说这首词是登高感伤之作，也有人指出横塘在江南，这是一首登高怀人之作，怀念的是沈宛或是江南的友人，哪种说法正确，我们无法做出裁定，但我们能够确定的是，纳兰内心中那无法倾诉的惆怅，将永远陪伴在他的左右，直到他生命的终结……

》注释

①玉笛：玉制的笛子，笛子的美称，指笛声。

②白雁：候鸟。体色纯白，似雁而小。

③秾（nóng）华：指女子青春美貌。

④横塘：古堤名，一为三国吴大帝时于建业（今南京）南淮水（今秦淮河）南岸修筑，亦为百姓聚居之地；另一处在江苏省吴西南。诗词中常以此堤与情事相连。旧游：从前游玩过的地方。

◎ 鹧鸪天 ◎

雁贴寒云次第飞①，向南犹自怨归迟②。谁能瘦马关山道，又到西风扑鬓时。

人杳杳③，思依依④，更无芳树有乌啼⑤。凭将扫黛窗前月⑥，持向今宵照别离。

这首词是一首相思之作，全词表现出一种清冷且萧瑟的相思之情，可谓是含思隽永、语近情遥。

大雁是一种候鸟，在我国北方每年秋去春来，在中国古代有许多赞美大雁的诗词，例如李清照在《一剪梅》中曾写道："云中谁寄锦书来，雁字回时，月满西楼"，温庭筠的《瑶瑟怨》中也有"雁声远过潇湘去，十二楼中月自明"的诗句，而在这首词中，纳兰一开篇就为我们描绘出一幅成行的北雁贴着寒云向南飞翔的景象，这不仅点明了季节——秋天已经来到，而且也为全词定下了萧瑟清冷的格调。

大雁一边向南飞翔，一边却在抱怨，它们抱怨的是"归迟"，连大雁都如此思家心切，纳兰自然会联想到自身的处境，接下来我们来看他描绘了一幅怎样的图画。

"谁能瘦马关山道，又到西风扑鬓时"，马并非膘肥体壮，而是瘦弱不堪，道路并非平坦阳关大道，而是崎岖不平的关山道，迎面扑来的并不是和煦的春风，而是萧瑟的秋风，这样一幅图画，让我们不由自主地联想到马致远《天净沙·秋思》中的诗句"古道西风瘦马。夕阳西下，断肠人在天涯"。而此时的纳兰，恐怕与马致远当时的心境是相差无几，他骑在一匹清癯衰疲的马上，冒着凛冽的西风，行进在关山道上，几分苍凉，几分悲寂。

接下来纳兰继续写愁思，"人杳杳，思依依，更无芳树有乌啼"，离人杳杳，相思依依，听到的是树间乌鸦的鸣啼，但是，这写的还是纳兰在行进途中的所见所闻吗？其实，从下片开始，纳兰就已经不再描写征人的所见所闻，而是转而描写思妇的相思之情，下

片的所闻所感都是从思妇的角度来写的，尤其是最后两句，纳兰更是用"月亮"这一意象，把千里相隔的征人和思妇联系在一起：那曾在窗前画眉时见到的明月，如今又照在征人的身上了。

在中国古典诗词中，十分讲究意境的创造，情与景是否能够巧妙地结合到一起，是能否构成意境的关键所在。王夫之在《薑斋诗话》说过："情景名为二，而实不可离。神于诗者，妙合无垠。"而王国维在《人间词话删稿》中也有"一切景语皆情语"的论断。以景托情，寓情于景，在景情的交融中构成一种凄凉悲苦的意境，这在古典诗词中是最常见的写作手法。

纳兰在这首词中，通过"寒""瘦""西风"这些景语，使浓郁的秋色之中蕴含着无限凄凉悲苦的情调，这些景物既是纳兰征途中的所见，是眼中物，但同时又是其情感的载体，更是心中物，全词景中有情，情中有景，情景巧妙地结合到一起，自然也就构成了一种动人的艺术境界。

》注释

①次第：依次，依一定顺序，一个挨一个地。
②犹自：尚，尚自。
③杳（yǎo）杳：犹隐约、依稀。
④依依：恋恋不舍。
⑤芳树：泛指佳木。
⑥扫黛：画眉，女子用黛描画眉毛，故称。

◎ 鹧鸪天 ◎

别绪如丝睡不成，那堪孤枕梦边城①。因听紫塞三更雨②，却忆红楼半夜灯③。

书郑重，恨分明，天将愁味酿多情。起来呵手封题处④，偏到鸳鸯两字冰。

在中国古典诗词中，有许多缠绵悱恻的诗篇，从"窈窕淑女，寤寐求之"的吟唱到"十年生死两茫茫"的悲叹，再到"才下眉头，却上心头"的相思情愁。我们在欣赏这些诗篇时，所能感受的不仅仅是那种热烈、深沉的感情，更能体味到洋溢在其中的绵绵相思以及幽幽愁丝。

纳兰的这首词是塞上怀远之作，仍然是相思的主题，首句"别绪如丝睡不成"，直抒胸臆，多情公子此时正在塞上，别后的相思之情让他辗转反侧，夜不能寐，而"那堪孤枕梦边城"则更进一步说明了纳兰的愁思之深。按照正常的理解，"梦边城"

应该解释为"梦见边城"，但是联系上下文，我们就知道其应该解释为"梦于边城"。

由于孤枕难眠，于是纳兰只好从床上爬起来，去倾听那塞外夜半的雨声，可是这潇潇的夜雨声，就如同愁苦之人拨弄琴瑟的弦声，凄凉震耳，声声敲痛着纳兰那颗充满愁思的心，也越发触动了他的情思，让他不自觉地回忆起家中灯前的妻子，她此时是否也在思念着自己？

紫塞，指的是北方边塞，鲍照在《芜城赋》中有"南驰苍梧涨海，北走紫塞雁门"的诗句。长城之下的泥土呈紫色，相传这是因为修筑长城的老百姓一批批全都死在城下，以至于"尸骨相支拄"，百姓的血肉之躯掺和了泥土，恰是紫色，所以边塞就被称为紫塞。

相思之情此时已如春日的野草一样，迅速地疯长着，于是纳兰拿起笔，铺开纸笺，开始给妻子写信，抒发自己的离愁别绪。"书郑重，恨分明"，纳兰在这里化用李商隐的"锦长书郑重，眉细恨分明"，李诗原是一首《无题》：

照梁初有情，出水旧知名。

裙衩芙蓉小，钗茸翡翠轻。

锦长书郑重，眉细恨分明。

莫近弹棋局，中心最不平。

李商隐当时新婚不久，由于卷入了"牛李党争"，因此在仕途上遭遇了不公正的待遇，新婚妻子王氏并没有因李商隐在仕途上的不得志而放弃他，而是一直不离不弃，与其患难与共。于是李商隐写下了这首诗。纳兰在此处截取"书郑重"和"恨分明"二语，语义上让人感到十分疑惑，至于他在当时要表达什么含义，我们今人就不得而知了。

接下来纳兰用一句"天将愁味酿多情"，将整夜的情思推向了高潮，人有七情六欲，会感到愁苦，而苍天似乎也在用滴滴答答的细雨声来酝酿自己的愁苦，一个"酿"字，可谓是全词的词眼。边塞严寒，纳兰好不容易写完信，呵着僵硬的双手封合了信封，在为信封签押的时候，偏签押到鸳鸯两字时，却发现笔尖被冻住了，只有一片冰凉的寒意。在这里，纳兰将自己的心境与天气巧妙地结合在一起，那被冻住的恐怕不仅仅是笔尖，更是纳兰的那颗心吧？

相传卢氏死后，纳兰在二十六岁时续娶了官氏，由于和官氏的婚姻带有政治色彩，所以纳兰一直对官氏非常冷淡，如果真是这样的话，那么这首词就应该不是写给官氏的，那么，我们是否就有理由推测，这又是一首怀念卢氏的悼亡之作呢？从"天将愁味酿多情""偏到鸳鸯两字冰"这几句来看，纳兰当时的心中确实有一种难以诉说的愁苦。

》注释

①边城：临近边界的城市。

②紫塞：北方边塞。

③红楼：红色的楼，泛指华美的楼房。指富贵人家女子的住房。

④呵手：向手呵气使暖和。封题：物品封装妥当后，在封口处题签，特指在书札的封口上签押，引申为书札的代称。

◎ 鹧鸪天 ◎

送梁汾南还，时方为题小影。

握手西风泪不干，年来多在别离间。遥知独听灯前雨[1]，转忆同看雪后山。
凭寄语，劝加餐，桂花时节约重还。分明小像沉香缕[2]，一片伤心欲画难。

在纳兰的诗词中，随处可见其对于友情的珍视，虽然他已早登科第，又是皇族贵胄，然而却虚己纳交，待人至诚至真，推心置腹。当时朝野满汉隔阂甚深，而他的朋友却都是江南人，而且皆坎坷失意之士，纳兰性德倾尽自己的全力帮助他们，这其中就有顾贞观。

有一天南方传来噩耗，顾贞观的母亲病故，他必须立刻离京南归，当纳兰得知这一消息后，他伤心、震惊的程度一点也不亚于顾贞观，甚至比其还要强烈，纳兰不仅为顾贞观难过，也为自己难过，因为顾贞观已经成为他精神生活中不可缺少的一个人，而现在他不得不面对其要离自己而去的事实，于是，他将自己的痛苦化成一行行长短句，填写了这首词。

"握手西风泪不干"，词一开篇，作者就为我们营造出一派依依惜别的景象，在秋风之中词人与友人握手作别，泪水止不住滑落。古人在离别时通常以握手表示诚挚的友情和一往情深的伤别之意，李白就有"握手无言伤别情"的诗句，而之所以"泪不干"，是因为古时候交通不便，通信极不发达，朋友之间往往一别数载却难以相见，所以古人在与亲人朋友离别时都会特别伤感。

作为康熙皇帝身边的一等侍卫，纳兰常常要入值宫禁或随圣驾南巡北狩，因此与朋友们聚少离多，很少见面，如今好不容易有一个相聚的机会，友人却又突然要南归，因此他才会发出"年来多在别离间"的感慨。

"遥知独听灯前雨，转忆同看雪后山"，前一句纳兰虚写未来，后一句则实写过去。纳兰想象着身在远方的友人灯前独坐听雨的愁苦，脑海中回忆起与顾贞观雪后一同看山的快乐日子。

"凭寄语，劝加餐"，这句化用王次回《满江红》词："凭寄语，劝加餐，难嘱咐，雨和雁"。此时词人已经摆脱了伤感的心情，转而叮嘱友人要保重身体，并希望他在桂花开的时候能够回来与自己相聚。

"分明小像沉香缕"，字面上的意思是小像在缕缕沉香的轻烟里历历可见，其实这里还有一个典故，李贺曾作过一首《答赠》诗，其中有一句"沉香熏小像，杨柳伴啼鸦"，在这句中，"小像"本作"小象"，是象形熏炉的意思，但由于误传的时间久远，也就约定俗成地变成了"画像"的典故。

"一片伤心欲画难"则化用高蟾《金陵晚望》中的"世间无限丹青手，一片伤心画不成"，高诗的意思是世间无数大画家，谁也难画出此刻的一片伤心之感，而纳兰将此句化用，用意也就变得十分明显，虽然容貌可以画出来，但是自己的伤心和不舍却难以画出，从而表达出对友人的思念之情。

最后两句照应了小序中的"为题小影"，顾贞观南归时，纳兰赠以小像，题以词作，只可惜这幅小像在道光年间毁于火灾，否则我们今人就能够通过小像来看一看这位多情公子当时是怎样一副伤心欲绝的表情。

梁佩兰在纳兰性德的祭文中说："黄金如土，惟义是赴。见才必怜，见贤必慕。生平至性，固结于君亲，举以待人，无事不真。"结合这首词来看，梁佩兰的话虽然不无溢美之词，然而用于纳兰性德却也绝不夸张。

》注释

①遥知：谓在远处知晓情况。

②分明：简单明了。沉香：熏香料名，又称沉水香、蜜香。

◎ 鹧鸪天 ◎ 咏史

马上吟成促渡江，分明间气属闺房①。生憎久闭金铺暗②，花冷回心玉一床③。

添哽咽，足凄凉。谁教生得满身香④。至今西海年年月⑤，犹为萧家照断肠⑥。

萧观音，史上著名的美艳多才的皇后。

一位玉般温润的公子，讽咏一位宛若姣花照水的传说中的皇后，不禁让人生出无尽的想象：他是要赞美她秋水盈盈的双瞳，还是要描绘她莹润蓬松的如云绿鬓？是要赞美她艳若三月桃花的脸颊，还是要描绘她婷婷袅袅的妖娆身姿？都不是。说起萧观音，他想到的是"马上吟成促渡江，分明间气属闺房"——我们忘记了，已悄然隐入历史烟尘的纳兰，是偶悦的词人，更是英武雄健的武者。他的祖先，海西女真的勇士们曾在辽远的北方大地上征战，铁马金戈，豪气干云。他自己是康熙帝"常佩刀鞬"的侍从，"值上巡幸，时时在钩陈豹尾之间"。（严绳孙：《成容若遗集序》）所以，他能从一幕香艳悲剧的女主角身上嗅出"英雄气"。

辽代皇后多姓萧，且多有被黜者，其中辽懿德皇后萧观音，颖慧秀逸，才色绝伦，娇艳动人，她善诗词、书法、音律，弹得一手好琵琶，称为当时第一。曾作诗《伏虎林应制》，其句云："威风万单压南邦，东云能翻鸭绿江。"讽谏皇帝之好猎。然而辽道宗正乐此不疲，根本听不进皇后的劝谏。帝后虽位在至尊，但其实只是皇帝的附属品，她们的命运大都操纵于皇帝之手，萧皇后也不例外，从此她便被道宗疏远，尝尽深宫孤寂。

萧观音作《回心院词》共十首，希望打动丈夫的心，重拾往日的欢乐。萧观音叫宫廷乐师赵惟一谱上音乐，以玉笛、琵琶演奏。萧观音与赵惟一丝竹相合，每每使听的人怦然心动，于是后宫盛传两人情投意合。

辽道宗长期打猎，当时的皇族耶律乙辛因为平乱有功渐渐大权独揽，野心日益增大，于是趁流言四起之时构陷萧皇后，暗中派人作《十香词》进献萧皇后，说是宋国皇后所作，萧皇后若能把它抄下来并为它谱曲，便可称为二绝，也好为后世留一段佳话。《十香词》遣词用语都十分暧昧，但这正合孤寂中萧皇后的心态，于是她便亲手用彩绢抄写一遍，此外，她还在末端又写了一首题为《怀古》的诗："宫中只数赵家妆，败雨残云误汉王；惟有知情一片月，曾窥飞燕入昭阳。"

耶律乙辛以《十香词》为物证到辽道宗那里诋毁皇后，更就《怀古》诗进行曲解："诗中'宫中只数赵家妆'，'惟有知情一片月'，正包含了'赵惟一'三字，此正是皇后思念赵惟一的表现。"至此辽道宗大怒，认定萧观音与赵惟一私通，敕令萧观音自尽，赵惟一凌迟处死。

作为美人，萧观音的悲哀在于宝珠入匣，空有绝世容颜却得不到丈夫的爱恋；作为皇后，萧观音的不幸在于处昏君身侧，非但不能以谏明君，更连性命也不能保全。

词人之讽咏，多有感而发，感同身受。纳兰性德，权臣明珠的儿子，康熙帝的贴身近侍，二十二岁赐进士，授三等侍卫，其后累迁至一等侍卫。若不是英年早逝，前途不可估量。这样一位含着金汤匙出生、人生一帆风顺的俊秀人物，又能在萧观音身上找到何种共鸣呢？

史书载，纳兰性德甚得康熙帝赏爱，"及官侍从……无事则平旦而入，日晡未退，以为常"。但是，他并未因此骄傲自得，"日观其意，惴惴有临履之忧"、"无几微毫发过"。（严绳孙：《成容若遗集序》）纳兰的性格中，有着极为敏感而矜持的成分，他处处小心，步步谨慎。他出身官宦世家，见多了朝廷倾轧、君臣故事，深知伴君如伴虎，一个不小心，一个不周全，就是踏上不归路，损毁自身，更会牵累全家。

但是，他的天性中又有那么多善的成分。他非常关心治乱民情、百姓疾苦，"而不敢易言之"。面对操纵一个泱泱大国命运的皇帝，他有满腹话语。这些话，说，会威胁到他的身家性命；不说，对不住受苦的天下苍生。他那颗诗人的敏感心灵所受到的压抑与煎熬可想而知。

也因而，他会抓住一切可能的机会在皇帝的视线之外让自己纯良的善与正义感萌发。

纳兰性德是王孙贵胄里的异类。他细腻谦和，却又饱含豪气。他不屑与趋炎附势之显贵结交，偏爱高洁之士，朱彝尊、姜宸英、顾贞观、严绳孙与之结交时皆是一介布衣。而当时的社会环境，满洲贵族是不屑与汉人结交的，更何况是些坎坷失意之士。

纳兰性德营救吴兆骞，至今传为佳话。吴兆骞，字汉槎，吴江人，江南才子，被称为"江左三凤"之一。他是顾贞观好友，为人恃才傲物，落拓不羁。顺治十四年丁酉（1657年），"科场案"大兴，吴兆骞含冤下狱。两年后，充军至宁古塔。吴兆骞的好友顾贞观激愤非常，作《金缕曲》两首。纳兰性德读后深深为之感动，认为西汉苏武和李陵的赠答诗、西晋向秀的《思旧赋》和顾贞观这两首以书信形式填的词，堪称文坛三件极品，并决心营救。

纳兰性德与朋友们筹集了一笔巨款，又用免除自己少府佐将的职务作为代价，赎免了吴兆骞的罪责，使吴得以在有生之年从边塞生还江南故里。为一个陌生人付出如此之多，需要何等的义气，何等的勇气！

袁枚在《随园诗话》中记载了纳兰性德的营救行动中的一个小插曲。他求他的父亲、武英殿大学士明珠帮忙。吴兆骞的事，说大不大，说小不小，至少在康熙的宠臣明珠面前，还算不得什么大事。明珠看到自己这个个性的儿子会为不相干的人向自己求情，禁不住想戏弄一下他，说："你把这杯酒喝了，我就帮你救吴兆骞。"——好大的一杯酒！纳兰平时任人怎样劝说，也是滴酒不沾的。此刻，他二话不说端起酒杯一饮而尽。

这样的纳兰，已经不仅仅是良善，更多的还有天真。良善的人存活于污浊世间已属不易，一个天真的人在这样的人世活着，会给自己增添更多的苦痛与折磨。

宝剑不能斩杀敌寇只能悬于贵胄的腰间，良驹不能驰骋千里沃野只能行走于豪贵门前。他是温柔多情的诗人，更是豪气冲天的少年，渴望着"会挽雕弓如满月"、"初随骠骑战渔阳"。然而，他不能选择，也没得选择。他身后矗立的，是父亲明珠一手维持的庞大家族。

有说法认为，纳兰去世时，三藩已平，海内生平，明珠与索额图为首的党争也达到了顶峰。纳兰作为康熙帝的近侍，明晰地看到了这场争斗的前景。而此时的明珠不听纳兰的劝告——他也确实是无法抽身。纳兰清楚地知晓，繁华背后的转弯，等待着他和他的家族的是怎样悲凉的终点。

古人爱以美人喻英雄。美丽，是美女的财富；才干，是英雄的财富。多少英雄美人，任天赐的珍宝腐化成灰，泪满衣襟，郁郁终了。他纳兰性德，与那美貌多才却凄苦的萧观音一样，有才不得以鸣，有志不得以酬——纵然"生得满身香"，其结局也不过是"添哽咽，足凄凉"。

世人多以为纳兰是多情人，三十一岁壮年为情消殒。怎不思量，纳兰马上英雄，抑郁而亡？

》注释

①间气：为无关紧要的事情而生的气，《春秋孔演图》谓："正气为帝，闲气为臣。"闺房：妇女的梳妆室、卧室或私人起居室，此处代指萧观音。

②生憎：最恨、偏恨。金铺暗：萧观音作有十首《回心院词》，其一有"扫深殿，闲久铜铺暗"之句。金铺，门户之美称。

③回心：指回心院。唐宫院名，高宗王皇后及萧妃被囚之所，词牌名为辽萧后作。玉一床：比喻满床清冷的月色。玉，指月色。萧观音《回心院词·其七》有"笑妾新铺玉一床"句。

④"谁教"句：萧观音《回心院词·其九》："若道妾身多秽贱，自沾御香香彻肤。"

⑤西海：本指传说中西方神海，此处指帝京中太液池。今北京之北海、中海、南海，元明时亦称太液池，因其在皇城之西，故又称西苑、西苑太液池、西海子。

⑥萧家：指萧观音家。

◎ 海棠春 ◎

落红片片浑如雾，不教更觅桃源路①。香径晚风寒②，月在花飞处。

蔷薇影暗空凝伫③，任碧阰、轻衫萦住④。惊起早栖鸦，飞过秋千去。

晋陶渊明在他的《桃花源记》中描写了一个与世隔绝、安居乐业的好地方，称之为桃花源。之后，桃花源似乎就成为了人们心目中的避世理想之所，可惜，这个地方不过是陶渊明的虚构，世间哪里会有这样美好的地方呢？

如果说有，那也只能是世人心目中的一个理想向往罢了。纳兰便是一心向往着这样的世外桃源。这首《海棠春》看似写景，实则抒情，纳兰的心在这首词里表露无遗，他想要逃离这纷繁的俗世，想要去一个清净的地方安度余年。

虽然，这样的愿望对于一般人来说，似乎并不难实现，但对于纳兰，这个天生就富贵的男人来说，却是无法实现的心愿。老天爷总是公平的，他给予你一样东西的时候，也会收走你的另一样东西。

在世间男子为了功名利禄、荣华富贵，舍弃自由，舍弃自我，奋力拼搏的时候，那个一生下来就什么都有了的纳兰，却偏偏想抛弃这些，去找寻自由。当然，

这份自由就如同那臆想中的桃花源一样无法触摸得到。

纳兰之苦，在于心苦，所以他的词里，大多是将这种无法言说的心苦表达出来，或者借景抒情，或者以物言志。

这首词勾画月夜下孤清寂寞的情景：春风吹过，落花纷纷，如烟似雾，叫人禁不住要去寻觅那世外桃源。花间小径，晚风伴着轻寒，将花瓣吹到月光底下。墙壁上蔷薇的倩影里，有人默默伫立凝望着眼前的一切，任凭风吹衣袂，花瓣萦绕。清风惊起早醒的晨鸦，使得它们扇动着翅膀飞过秋千去了。

"落红片片浑如雾"，开篇一句便是充满了诗情画意，叫人向往，但随后一句，则是将人从天堂拉入人间，"不教更觅桃源路"，如此美景，忍不住想要叫人去寻找那桃花源的踪迹，可是究竟入口何处呢？无人可知。

在看似美景之下，其实在美丽之外，心头更是藏着一份凄凉的情怀。这首词的总体基调是清冷的，"香径晚风寒，月在花飞处"。每一个字都流露出了不泯的深情，只是可惜，这份情怀无人可寄，故而越发显得凄冷。

清冷孤寂是纳兰心里头始终扣着的一道伤口，无法撼动，无论人生之路如何行走，世情如何变幻，纳兰心头的这道疤痕，都不会褪去。这是命运带给他的伤，而他无能为力，便将这伤带入了词中。

读着纳兰的词，感怀着他的伤，不禁泪流。"蔷薇影暗空凝伫，任碧飐、轻衫萦住。"一个孤寂的身影，任凭风将自己的衣衫吹起，身上感到些许的冷，但心里更冷，纳兰最苦的便是没有知己，在苏东坡的《怀渑池寄子瞻兄》说道："人生到处知何似？应似飞鸿踏雪泥。泥上偶然留指爪，鸿飞那复计东西。"

知己是一个男人最好的解忧酒，可惜纳兰没有，所以，任凭"惊起早栖鸦，飞过秋千去。"他也只能是在大片大片的忧伤中，沿着自己的轨迹，掉入灰暗的深渊，无法逃脱。这是一道美丽的疤痕，让纳兰一生都在写着绚烂孤寂的诗词。

这份情怀，延绵不绝，泅了千年。

》注释

①桃源路：桃源，即桃花源，晋陶渊明在《桃花源记》中描写了一个与世隔绝、安居乐业的好地方，用以比喻不受外界影响的地方或理想中的美好地方。

②香径：花间小路，或指满地落花的小路。

③蔷薇：落叶灌木。有单瓣、复瓣之别，色有红、粉红、白、黄等多种，很美丽，初夏开放。凝伫：凝望伫立，停滞不动。

④飐（zhǎn）：颤动、摇动。

◎ 添字采桑子 ◎

（按此调《词律》不载，《词谱》有《促拍采桑子》，字同句异。一本作《采花》。）

闲愁似与斜阳约，红点苍苔[①]，蛱蝶飞回。又是梧桐新绿影，上阶来。
天涯望处音尘断[②]，花谢花开，懊恼离怀。空压钿筐金线缕[③]，合欢鞋。

这首词写离愁：愁情仿佛是与夕阳有约，正当愁绪满怀之时，偏又逢夕阳西下，看那蛱蝶飞来落在了苍苔之上，点点红色，梧桐树的绿荫再次映上了台阶。花开花谢，望断天涯却音信全无，怎不让人懊恼满怀？开启螺钿筐，只剩下一双金缕绣织的鞋子，而鞋子的主人却不在身边了。

这首《添字采桑子》是纳兰写的词里的又一个谜团，许多人都在猜想，这首词，纳兰是为谁而作？参考大量史料，人们想要找出这首词背后的那个女子，她是否也如同这词一般美丽温婉呢？

这段故事终究因为时间太长，湮没在了历史尘埃之中，"闲愁似与斜阳约"，像是抒情，闲愁仿佛是与夕阳有约，当夕阳西下之时，愁绪便上来满怀。将愁绪与夕阳联系在一起，还拟人似的写闲愁与斜阳相约。既写出了闲愁，又体现出了情趣。

而后写道："红点苍苔，蛱蝶飞回。"青苔为何能成为红色呢？让人忍不住想过之后，纳兰才给出答案，原来是蝴蝶停落在苔面上，让绿色的青苔看起来，犹如红花点缀，片片落红。闲愁的人儿还有心情看这不引人注目的青苔，可见这份闲愁也并不是真的无药可解。

美丽的景色能够使人心旷神怡，这个观点应该是正确的。在上片最后，纳兰写道："又是梧桐新绿影，上阶来。"单纯的描述，看不出不好的情绪，就连一开始抒发的闲愁，在这景色中，似乎也被化解掉了。

绿色的树荫，映上台阶。山野情趣，有韵味，有雅致的味道。上片似在写愁，又不像在写愁。心绪与景色融合一起，一言以蔽之，是清冷中带着妙趣，妙趣中夹杂着孤寂，相得益彰，相互映衬。

在这个基础上就有了下片，于是下片开始一句便是"天涯望处音尘断"，字面上的意思是说，望断天涯，都得不到音信，全无音讯才是让词人产生闲愁的原因。但至于何人迟迟不给纳兰音信，纳兰又是在为什么人揪心，词中并无解释，人们也无从去猜测。

而后那句"花谢花开，懊恼离怀"更是写出了纳兰焦急的等待，想来那位女

子对纳兰很重要，否则，纳兰为何会等过花开花谢，依然翘首以盼呢？带着满腔的愁绪，等待着远方一个可能永远也不会到来的音信，词写到这里，闲愁的滋味再次涌出，比开篇更要浓厚，令人读后掩卷，不忍细读。

既然想念的人不在身旁，那只有睹物思人了。打开箱子，翻出那双金缕鞋，但是鞋子的主人而今身在何方呢？故事到这里便戛然而止。"空压钿筐金线缕，合欢鞋。"似乎是一个吸引人眼球的爱情故事，当刚刚讲到故事高潮时，却突然结尾。

人们意犹未尽，但故事却已经结束。纳兰一向是把情爱表达得十分优美，十分含蓄。他在词中从来都是将再浓烈的情感，也用淡雅的词汇写出。仿佛那些情爱与他无关，他不过是在讲述一个旁人的故事。

这首词照旧如此，甚至更甚。刚开始的思念在主人公看到旧物的时候，便断然停止，就好像生生地被切断，让看客都觉得心里犹如刀割般的疼痛。许多诗词中，写男欢女爱，总是恨不得大章篇地描述，唯恐读者看得不尽兴。

但纳兰偏偏不这样，他只要将自己想说的话写出来，便会搁笔。纵使还有万千想念，千言万语，也只是化作相思无尽处，飘落尘土，埋入深处。

》注释

①苍苔：青色苔藓。
②音尘：音信，消息。
③钿（diàn）筐：镶嵌金、银、玉、贝等物的筐。

◎ 荷叶杯 ◎

知己一人谁是？已矣。赢得误他生。多情终古似无情，莫问醉耶醒。
未是看来如雾，朝暮。将息好花天[1]。为伊指点再来缘[2]，疏雨洗遗钿[3]。

　　这首词为怀念亡妻而作：谁是那唯一的知己？可惜已经离我而去，只有来世再续前缘。多情自古以来都好似无情，这种境况无论醉醒都是如此。朝朝暮暮，如烟似雾，那大好的春色不要白白错过。雨中拿着你的遗物睹物思人，但愿能来世相见。

　　纳兰的诗词中，对荷花的吟咏，描述很多。以荷花来比兴纳兰公子的高洁品格，是再恰当不过的。"出污泥而不染"是文人雅士们崇尚的境界。它起始于佛教的有关教义，把荷花作为超凡脱俗的象征。

　　而在中国传统文化中，把梅、竹、兰、菊"四君子"和松柏、荷花等人格化，赋予人的性格、情感、志趣，使其有了特定的内涵。许多文人热衷寄托自己的情思到这些梅兰竹菊身上，例如郑板桥画竹，曹雪芹写石头，这都是代表了他们内心的某种情感图腾。

　　纳兰也不例外，纳兰就是认定了荷花，在许多词中，他都写到荷花，寄托自己无处可寄托的情感。在这首词中，虽然没有提到荷花，但可以看出纳兰将自己的情感都寄托在了那份景致中。

　　有人说这是一阕悼亡，是写亡妻，可也有人说是写恋人，怀念与恋人之间无法追回的情感。不论写哪种逝去的情感，都可以说得通。平心而论，无论是妻子还是恋人，纳兰从来都不会偏向哪一方，他将这些女子放在心中，她们各自有各自的位置。

　　开篇便问："知己一人谁是？""知己"二字，中国古时是十分慎用的，除非彼此之间非常了解对方的心意，不然是不可妄自称为知己的。纳兰的知己，便是那位离他而去的女子，但

他也明白，人生得一知己足矣，所以，他会在反问之后，自问自答地写道："已矣。"

的确是这样的，既然此生已经得到了知己，那么便足够了，至于今后独自行走的道路，有着之前的回忆，那还怕什么呢？"赢得误他生。"来生如果有缘，相信还是会走到一起的。多情不必神伤，"多情终古似无情，莫问醉耶醒"。上片在一片混沌中结束，纳兰似醉非醉地混迹人间，没有了知己，他还要继续走下去，如果不糊涂一点，如何能够应对这世间坚硬的种种？

纳兰的好朋友朱彝尊感慨常叹："滔滔天下，知己一人谁是？"可见并不是所有人都能得到知己，从这点来说，纳兰是幸运的。他爱的人不但爱他，更懂得他，就算这份懂得是短暂的，那也是曾经拥有过。

这上片直抒胸臆，真切极了。但是下片却是笔锋勒马，由刚转柔，不再明写，而是用铺垫，写起情感，尤其是最后一句"为伊指点再来缘，疏雨洗遗钿"。缠绵悱恻，诉尽心底伤痛悔恨。

"未是看来如雾，朝暮。将息好花天。"有景有情，全词情意盎然，让人读起来感到飞流直下，但丝毫没有什么不妥的感觉，反倒是让人泪下如雨。"海内存知己，天涯若比邻"，这句诗正好道出了纳兰的心声。

爱情固然是渴望地久天长的，但如果能够拥有一份连生死都无法阻隔的爱情，那也未尝不是一件幸事。正所谓在彼岸花开如初，才更能见到爱情的坚定。

》注释

①好花天：指美好的花开季节。
②再来缘：下世的姻缘，来生的姻缘。
③钿：指用金、银、玉、贝等镶饰的饰物。此代指亡妇的遗物。

◎ 南歌子 ◎

翠袖凝寒薄，帘衣入夜空。病容扶起月明中，惹得一丝残篆、旧熏笼。

暗觉欢期过，遥知别恨同。疏花已是不禁风，那更夜深清露、湿愁红。

古往今来，写男女相爱、离别苦情的词章不在少数。这些词，大多是你情我愿的甜蜜，或者是生死离别的怅然。总之就是生生死死，情情爱爱，并没有太大的新意。纳兰写词，也无法逃离这个怪圈，他的诗词，也大多是写此类，但纳兰却是能够写出千古情殇人的心事，写得让他们内心滴血。

这首词写离愁别恨：夜幕降临，帘幕里空空寂寂，他不在身旁，不免感到严寒凄冷。明月之下，支撑起这多病之躯，惹得将尽的残香烟雾缭绕。心里明白约定的欢会之日已过，想必你也跟我一样离恨难消。人已经病容满面，弱不禁风了，哪里还禁得起这夜来的愁苦相思呢！

人性最是复杂，从而也造就了文字的复杂。本来文字是反映人的内心所想，但因为人们常常不愿意那么轻易地就被旁人窥破心事，从而将简易的文字，变成了掌心中复杂的游戏。喜爱玩儿文字游戏的人，总能将几句诗词，写得云山雾罩，让人摸不到头脑，更摸不到这诗词中，想要表达何种意思。

其实，戳破文字伪装的一面，就可以看到隐藏在背后的真相。那些词人，总是将自己的心事包装完好，不愿意被别人看到。其实这不过是自欺欺人的一种方式罢了，谁能看不穿呢，唯有自己。

纳兰从不如此，他只要是写词，一向都是直来直去，爱恨情仇，从不隐晦，干脆利落得让人惊愕。这就是纳兰，仿佛孩童一般透明，他愿意将自己的喜怒哀乐通通拿出来与世人分享。

据清《赁庑笔记》载："容若眷一女，绝色也。旋女入宫，顿成陌路。容若愁思郁结，誓必一见，了此夙因。会遭国丧，喇嘛每日应入宫唪经，容若贿通喇嘛，披袈裟，居然入宫，果得彼妹一见。而宫禁森严，竟不能通一语，怅然而出。"之后，纳兰便写下一首《减字木兰花》，抒写当日的忧郁和感伤。"相逢不语，一朵芙蓉着秋雨。小晕红潮，斜溜鬟心只凤翘。待将低唤，直为凝情恐人见。欲诉幽怀，转过回阑叩玉钗。"

纳兰当时的心情、神态，在词中表露无遗。但后人谁又能去嘲笑他的痴情和哀怨呢？问世间情为何物，直教人生死相许。纳兰能够做到痴情不改，后人有多少可以拍着胸脯说自己也可以呢？

◎ 南歌子 ◎   古戍①

古戍饥乌集②，荒城野雉飞③。何年劫火剩残灰④，试看英雄碧血⑤、满龙堆。

玉帐空分垒⑥，金笳已罢吹。东风回首尽成非，不道兴亡命也⑦、岂人为！

纳兰作为清初的著名词人，一直都很受世人的关注，他天资早慧，好学不倦，博通经史，虽然是一代权相明珠的长子，在二十三岁的时候，成为了康熙皇帝最器重的侍卫。可以说是平步青云，他的人生是当时许多人梦寐以求的，古人十年寒窗苦读，就是为了一朝中第，能够在朝为官，领取俸禄。而这些，纳兰轻而易举地就都得到了，可以说，他走的是一条同时代知识分子做梦都想走的路。

可是，纳兰却并不为此感到欣喜，他反倒觉得这条道路对他是一种拘束，是一种束缚，他总是想要挣脱束缚，自由离去。所以，他许多的词中，表达出的意向都是抑郁愁苦、烦闷不得志的。

当然了，纳兰大部分的词作都是风雅之作，只讲风月闲愁，很少关于怀古之作。或许这是纳兰躲避现实的一种方式，只谈风月，不说世事。在这首《南歌子》中，纳兰让人们见识到了他隐藏很深的高尚人格追求，让人们看到了他对历史、对现实、对人生的许多感悟和追求。

纳兰年轻的心负载了许多沉重的感情和理想，在与现实纠缠不清、逃离未果之后，纳兰沉醉在他的诗词创作中，将一腔热情都化为词章，将他的人格魅力，永远地定格在了历史的长卷中。

这首词是纳兰出使西域途中所作，康熙命纳兰率团出使西域，目的是安抚西北边郡地区的一些少数民族。走在西行古道途中，纳兰以悲悯的心态看待这片土地。唐代有许多边塞诗歌，例如"大漠孤烟直，长河落日圆""醉卧沙场君莫笑，古来征战几人回"等，都是描写边塞的荒凉与寂寞的。

而如今，真正踏在这一方土地上，纳兰才是更真切地感受到了古人诗歌中的意境，他忍不住也题词一首，不过比起古人的豪迈，纳兰的这首怀古之作，更显得有些寂寥和落寞。

古老的营垒，成了乌鸦聚集之地，荒凉的城堡中野鸡恣意飞舞。这是什么时候的战火留下来的遗迹？曾经骁勇善战的英雄们，他们的碧血丹心如今都被沙漠淹没了。主帅的帐篷，曾经的胡笳，如今都已作古。千年悲叹，回首相望，古今多少是非，说来兴亡都是天定，岂是人为！

清代曹寅在《山矶》中写道："婆娑自比小山桂，寂寞甘同苦行僧。"纳兰此时看着眼前的山川，就有此般感受。大自然的鬼斧神工造就了这片土地，而今那些山川河流依旧在，但往事中的人却早已经随着时光流逝了。

古诗中所描绘的那些金戈铁马、落日长河都已不见，留下的只有这片寂静的土地，仿佛什么事情都没有发生过似的，那样平静。古往今来，是非成败都是天注定的，人力究竟能起到多少作用呢，只怕是一点点罢了。

纳兰在大自然的浩渺中，更加看到了自身的渺小，加之内心本就存在的抑郁心情，这首词作，便更显得忧伤无奈。虽然是怀古，但何尝不是谈己？

英雄迟暮，名将白头，这些无可奈何的悲哀让纳兰更加感受到天地万物沧桑变幻的无奈，所以他便发出了这般物是人非、家国兴亡的感叹。

》注释

①古戍：边疆古老的城堡、营垒。

②饥乌：饥饿的乌鸦。

③荒城：荒凉的古城。野雉：野鸡。

④劫火：佛教语，谓坏劫之末所起的大火，后亦借指兵火。

⑤碧血：为正义死难而流的血，烈士的血。

⑥玉帐：主帅所居的帐幕，取如玉之坚的意思。

⑦兴亡：兴盛与衰亡。

◎ 忆江南 ◎　宿双林禅院有感①

心灰尽，有发未全僧。风雨消磨生死别，似曾相识只孤檠②，情在不能醒。

摇落后③，清吹那堪听④。淅沥暗飘金井叶⑤，乍闻风定又钟声，薄福荐倾城⑥。

纳兰著有《通志堂文集》二十卷，但是他最大的成就还是在词上。他的词清新婉丽，独具品味，而且还能够直指本心。这或许是他能够写出令人动容、耐人寻味的好词的缘由。

在纳兰生前，他的书做成刻本出版后就产生过"家家争唱"的轰动效应。而在他身后，他更是被誉为"清朝第一词人""第一学人"。清代词话家和学者对他评价都很高。

到了民国时候，纳兰作为出名很早却英年早逝的才子，被人写进了书里。张恨水的《春明外史》中写到过一位才子，死于三十一岁的壮年。其友恸道："看到平日写的词，我就料他跟那纳兰容若一样，不能永年的……"

《春明外史》当时刊登在报纸上，作为连载的小说，会被许多人看到，而张恨水之所以要将纳兰写入文中，想来也是想借助纳兰的人气，为自己的小说增添几分魅力。

后人十分敬仰和推崇的纳兰，其实和普通人无异，虽然他有着过人的才华，却也有着寻常人不曾有的烦恼。纳兰有一个红颜知己叫做沈宛，是他在江南认识的。沈宛诗词歌赋、琴棋书画样样精通，而且和纳兰心意相通，二人感情甚笃。

不过让人惋惜的是，纳兰那时已经有了妻子官氏，虽然说男人三妻四妾在那时是很平常的，但沈宛是汉家的平民女子，这一点让纳兰的父亲纳兰明珠很不能接受。他认为男人风流可以，但如果把一个汉家女子娶进家门则是万万不能的事情。

于是纳兰无法将沈宛接进家门，只能在京城其他地方为沈宛安置一处别院，二人就这样开始了艰辛却又幸福的夫妻生活。但好景不长，沈宛在怀孕后，决定回到江南，独自将纳兰的骨肉抚养成人，她不想因为自己影响纳兰与家族的关系。

沈宛走了，正如她来一样，毫无声息。这样一个善良却又卑微的女子在纳兰的生命中来过又离去，为纳兰留下了不可磨灭的记忆。这首《忆江南》就是纳兰在沈宛走后，一个人百无聊赖时所作的。

心如死灰，除了蓄发之外，已经与僧人无异。只因生离死别，在那似曾相识的孤灯之下，愁情萦怀，梦不能醒。花朵凋零之后，即使清风再怎么吹拂，也将无动于衷。雨声淅沥，落叶飘零于金井，忽然间听到风停后传来的一阵钟声，自己福分太浅，纵有如花美眷、可意情人，却也常在生离死别中。

沈宛走了，一同带走的还有纳兰的希望和幸福。虽然冬去春来，但这姗姗来迟的春意对纳兰来说，已是毫无意义。没有了一同看春的人，就算这春风再温柔，这春日再明媚，又能怎么样呢？

"心灰尽，有发未全僧。"纳兰此刻的心情果真也是如此，虽然蓄发，内心却依然是如灰烬一般，毫无生气，对红尘丝毫不再留恋了，如同僧人一般。只不过是等着死去，消磨时光罢了。既然是这样的生活状态，下一句"似曾相识只孤檠，情在不能醒"也便是在情理之中了。

"孤檠"是孤灯的意思，夜晚一个人守在似曾相识的孤灯下，怀念往昔，真想沉浸在过往的美梦中长睡不醒。可惜梦总有做完的时候，等醒来时，更发现了现实的冰冷与残酷，就好像凋零的花朵，淅淅沥沥的雨声，怎么看都是寂寞。

纳兰在最后感慨自己是"薄福荐倾城"。在这里，"荐"的意思是进献，送上，而"倾城"则是指那些容貌艳丽的女子，这里指的是沈宛。纳兰福薄，无法消受上天馈赠给他的美好礼物，只能在失去之后独自叹息。

这首词写尽离别辛酸泪，却又不失清新雅淡，实属佳作。中国历代的文人都追求将对物质理性的认识与人生观、世界观联合起来，从而指导生活、艺术等。纳兰却不是如此，他超脱于任何一种形式，无论他的抒情还是描写都是有感而发，从心底迸发的热情让理性的禁锢荡然无存，纳兰写词，重在写心。

》注释
① 双林禅院：指今山西平遥西南七公里处双林寺内之禅院。双林寺内东轴线上有禅院、经房、僧舍等。
② 孤檠（qíng）：孤灯。
③ 摇落：凋残，零落。
④ 清吹：清风，此指秋风。
⑤ 金井：井栏上有雕饰的井。一般用以指宫庭园林里的井，也指墓穴或骨瓮。
⑥ 荐：进献、送上。倾城：形容女子艳丽，貌倾全城。

◎ 浪淘沙 ◎

紫玉拨寒灰①，心字全非②。疏帘犹是隔年垂③。半卷夕阳红雨入，燕子来时。

回首碧云西④，多少心期，短长亭外短长堤。百尺游丝千里梦，无限凄迷⑤。

本篇是纳兰词中的代表作之一。上片写少妇于闺房之中无聊思春，"紫玉"、"寒灰"可以看出这名少妇的家境似乎不错，而"拨"通"扒"，用玉去扒灰，似乎难以理解，但加上之后一句，便可以迎刃而解了。"紫玉拨寒灰，心字全非"，所谓的"心字"便是心字香烧完后，灰烬落在地上，构成了心字的形状。词中的这位少妇，手持紫玉，拨弄着香燃烧后留下的灰烬，一地混乱，正如少妇那颗无处收拾的芳心。

"疏帘犹是隔年垂"，再看那竹帘，常年未动，去年便是这样垂挂着，而今依旧如此，或许明年也仍旧这样，毫无变化吧？少妇感慨时光如梭的心情在这个句子中赫然呈现，纳兰将一个已过韶华的女人心理描写得淋漓尽致。"半卷夕阳红雨入，燕子来时。"这句话初看显得有些情理不通，夕阳如何能够半卷，而雨又怎么能是红色的呢？

其实承上启下来看，便能理解了，少妇将帘子半卷起来，夕阳透进来，真的就是半卷夕阳了，而在夕阳下的雨，因为映衬，果真便看似红色。纳兰在这里用的词语结构十分巧妙，似乎平淡无奇，但却禁得住回味，能让人隐约感觉到一种美好的意境，但却是无法再用词语去表达。

词中的这位少妇像是在怀念故人，但词意却在此刻又显得格外扑朔，耐人寻味。而到了下片，词意又有了转变，开头便直言"回首碧云西，多少心期"，"回首"便是回望过去，重看往昔的岁月，而"心期"则是指心愿，妇人思念着与故人往昔的美好岁月，也感慨着重新相守，希望故人能够如同燕子归来一样，重回家乡，回到她的身边。不过从下一句"短长亭外短长堤"可以看出，这个愿望有多么渺茫，即便望断碧云，也是难以实现了。在诗词中，亭子和堤坝通常有两个意向，一是送别，二是思念。在这句话中二者同时出现，大概是纳兰为了表现少妇焦急不安的内心故意设置的，为了能够有足够的力量去表现诗词的意境。

词写到这里，一直都是少妇自怨自艾的个人情绪表达，语言真挚感人，令人为之动容。接下来这句"百尺游丝千里梦，无限凄迷"结束了全篇，也让人体会到思而不得的痛苦有多深，就如美梦一场后，醒来忽然发现，头顶依然是破瓦蛛丝盘结，身边依然是空空荡荡，一无所有。

纳兰的这首词似真非真，极富浪漫色彩，全词曲折跌宕，通篇情景浑融，凄迷动人，读起来让人黯然销魂，内心潮湿。写春怨可以有多种，但纳兰选择了从对方落笔写起，通过少妇在闺中的无聊举动和室外的景象，写出一派伤春伤情的形象。

纳兰是最懂得相思之情的人，他能够准确地描写出少妇于闺中寂寞无聊的伤春情思也是因为他经历过这种感情。问世间情为何物，最是相思无奈何，纳兰明白世间的一切相思皆是苦中带甜，虽然绝望，但却还是有着希望。

正如晏几道《虞美人》词中所写的："去年双燕欲归时，还是碧云千里锦书迟"，相思之中的人都盼望着能够重逢相见，但无奈的是，长亭之外更短亭，相见之路千山万水，思念之人不知道身处何方。纵使千种思念，最终也不得已，只能化作笔下的词句，化作梦中的期盼，希望能犹如百尺游丝，飘至千里之外，让思念的人知道。

苏东坡写道"梦随风万里，寻郎去处"，而纳兰则吟道"百尺游丝千里梦，无限凄迷"，纳兰甚至梦过后便是凄凉的现实，在梦的衬托下，现实更显得凄迷万端。这首词布局清晰，脉络顺畅，词意虽苦，但写法上却是清秀俊逸，格调高雅，不失为一首可以反复吟诵的好词佳篇。

》注释

①紫玉：指紫玉钗。寒灰：犹死灰，灰烬，这里喻指心如死灰。《三国志·魏志·刘传》："扬扬止沸，使不烂，起烟于寒灰之上，生华于已之木。"
②心字：心字香，古人将盘香制成心字形。
③疏帘：指稀疏的竹织窗帘。
④碧云：青云，碧空中的云。
⑤凄迷：怅惘，迷惘。

◎ 浪淘沙 ◎

野店近荒城，砧杵无声[①]。月低霜重莫闲行[②]。过尽征鸿书未寄[③]，梦又难凭[④]。

身世等浮萍，病为愁成。寒宵一片枕前冰[⑤]。料得绮窗孤睡觉[⑥]，一倍关情[⑦]。

纳兰性德虽然只有短短三十一年生命，但他的名气却是很大，他是清代享有盛名的词人。在当时词坛并不是很兴盛的时候，纳兰与阳羡派代表陈维嵩、浙西派掌门朱彝尊鼎足而立，并称"清词三大家"。

但要论起这三人的成就，只能是说纳兰更胜一筹，因为作为满族人，纳兰能够对汉族文化做到掌握得如此精深，不得不让人称奇。

这首词抒发的是相思相念之情：上片描述野店孤寂，一片荒城，听不到思妇的捣衣之声。月夜相思，霜华凝重。虽然鸿雁过尽，然而书信未至，纵有好梦，仍是愁怀难遣。下片写身世之感和孤独情怀，身世如同浮萍飘浮不定，愁苦成病。寒夜无眠，枕边一片冰冷凄清。料想此时闺中思妇也是孤枕独眠，更加伤情，加倍动情。

野外荒城，孤寂小店，一片凄凉，以这样的情景开篇，似乎与纳兰一贯的风格有些不符，过于戚悲，甚至还有些鬼魅。在这样荒芜的野外，自然是无法听到妇人捣衣的声音。开篇的这一句话，仿佛是毫无关联的两句废话，"野店近荒城，砧杵无声"，用这样一句脱离现实，有些荒诞主义的词句起篇，纳兰在接下来却并不是写得更超脱现实，而是回归到了现实之中。

"月低霜重莫闲行。"月夜之下，霜露凝重，相思无尽处，这孤寂的野外，渺小的店铺，满眼放去，尽是孤寂的影子。虽然这是写相思之情的词，但是纳兰却用了一个全新的情境去诠释，十分鲜有。

"过尽征鸿书未寄，梦又难凭。"虽然鸿雁早已飞过，但想要等到的信件却没有送来，就算是今夜能够做到好梦，也仍有满怀愁绪。鸿雁传书，一向是代表古代男女之间相互传情的典故。纳兰善于用典，众所周知，他总是能轻而易举地化典，将其为己所用，看似天衣无缝，恰到好处。

这里也是如此，前一句的孤寂情境，配合这一句的锦书未到。情景交融，更显得动人，揪动人心。相思之人没有捎来音信，在万籁俱寂的夜晚，无法入眠，不由得开始胡思乱想，便想到了自己的一生，从而变得更加惆怅。

"身世等浮萍，病为愁成。"想到自己的一生，如同水中浮萍一般，漂泊无依，无法找到一个想要停留的地方，生生世世，永不离开。人生最大的悲哀并非是穷困和潦倒，而是失去生活的方向，无法找到人生的目标。

纳兰要为大清国尽职尽责，这是他与生俱来的义务。他要为父母尽职尽责，这是他必须担负的义务。这种种他无法推卸掉的义务，让他只能留在一个他不愿意停留的地方，踟蹰不敢离开。尽管在他的灵魂深处，无时无刻不在呐喊着远离，可是人生岂是说走就能走开的局面？进无法进，退无法退，在进退两难的人生夹缝中，纳兰乏味、厌倦地立于宫门之内，理想之外。

"寒宵一片枕前冰。"夜色如水，寒冷刺骨，枕前一片冰凉，孤枕难眠，想来那位被相思之人此刻也是对窗感叹，夜不能寐吧？"料得绮窗孤睡觉，一倍关情。"两地相思，两处闲情，更加重彼此之间的感情。

这首词并不知道纳兰是写给哪位女子，这世上还有哪个女子能让他如此牵肠挂肚，不能放下。其实，其中种种，也不必太认真地去计较，只要能够从过去的美好中吸取养分，让自己的回忆不再单薄，那便足够了。

》注释

①砧杵：捣衣石和棒槌，亦指捣衣。
②闲行：微行，此处为闲步之意。
③征鸿：远飞的大雁，即征雁。
④难凭：不可凭信。
⑤寒宵：寒夜。
⑥绮窗：雕刻或绘饰得很精美的窗户，代指闺人、思妇。
⑦关情：动心，牵动情怀。

◎ 浪淘沙 ◎

闷自剔残灯，暗雨空庭^①，潇潇已是不堪听^②。那更西风偏著意，做尽秋声^③。

城柝已三更^④，欲睡还醒，薄寒中夜掩银屏^⑤。曾染戒香消俗念^⑥，怎又多情。

纳兰的寂寞，无人能懂。他的寂寞犹如天空上的流星，一闪而过，不留给任何人捕捉的机会。人们只能从流星划过后的影踪，去妄自推测纳兰内心的凄凉与寂寞。

独坐灯前，秋夜空庭，风雨潇潇，已是令人愁闷，偏那西风又于此时送来了秋声，好像是专意要将愁人的烦恼加重。柝声传来，已是三更，身感寒凉袭人，遂将屏风紧掩。本来告诫自己要远离尘世烦恼，如今偏生又开始陷入情里不可自拔。

"闷自剔残灯"，让人想到纳兰是个容易亲近的人，在灯前独坐，百无聊赖，只得面对残灯，自娱自乐。这样的男子，虽然性情忧郁，但却在骨子里有着让人喜爱的部分。开篇一句正是其心情困顿，无可抒发的无奈写照。

到了"暗雨空庭，潇潇已是不堪听"已经是痛到极致的一种状态了，风雨潇潇而落，空气清冷，在晦暗的夜空下，这雨声还有风声是如此不堪入耳，听到耳朵里，仿佛都是刺在心头，针扎一般，让人难以忍受。

"那更西风偏著意，做尽秋声。"可是秋风不解人意，偏偏刮个不停，将凄凉的秋意刮遍人心。在纳兰的词中有很大一部分都是悲伤欲绝的词，相当凄切，所谓"观之不忍卒读"，字字句句情真意切，有着无法宽宥的自责与责他。

正是因为内心有着无法解开的悲伤情结，纳兰的词章里便总是凄凄切切，悲悲惨惨。无法想象，纳兰这样一个锦衣玉食的贵公子，他不在自己舒适的环境里安享幸福，却偏偏要将自己放置在一个凄苦的氛围内，犹如苦行僧一样，不断前行，不断折磨自己。

人们无法理解的纳兰，并非摈弃生活，恰恰相反，正是因为他太爱生活，太热爱自己的生命，所以才会特别重视这份深沉的爱。多数人猜测纳兰是富贵公子无聊时抒发闲情，不过是打发无聊日子罢了。可是，谁能真正懂得纳兰内心的情伤？想来就是纳兰自己，也会迷失在自己的情伤中，无法看透。

"城柝已三更，欲睡还醒"，已经是三更天了，夜深人静，自己却还是难以入眠。

纳兰在孤寂的夜色中，看着天色一点点变明亮，眼看着第二天的白日就要升起来了，可是自己却还是似睡非睡，似醒非醒。

无聊的夜间，独坐桌旁，守着一盏孤灯，看着窗外寒夜中的星空，心早已苦成了一个又一个黑洞。在这个深夜中，"薄寒中夜掩银屏"。纳兰在为什么愁思呢？是为女子，还是为友人？难以说清。

这突如其来、绵绵不绝的愁绪，让纳兰自己也对自己产生了嘲讽之意，他暗叹道："曾染戒香消俗念，怎又多情。"就此结束了整首词。不需要什么冠冕堂皇的理由为自己的愁苦开脱。

夜深了，风起了，落叶萧萧，纳兰在房间里轻叹，身旁没有可以倾诉的人，这是多么深的孤独。从前种种，是永远的痛。而今一切，是无奈的人生。

》注释

①空庭：幽寂的庭院。
②潇潇：形容风雨急骤。
③秋声：秋天西风起而草木摇落，其肃杀之声令人生情动感，故古人将万木零落之声等称为秋声。
④城柝（tuò）：城上巡夜敲的木梆声。柝，古代巡夜时敲击的木梆。
⑤银屏：装有银饰的屏风。
⑥戒香：佛家说戒时所燃之香。

◎ 菩萨蛮 ◎

窗间桃蕊娇如倦，东风泪洗胭脂面。人在小红楼，离情唱《石州》[①]。夜来双燕宿，灯背屏腰绿[②]。香尽雨阑珊[③]，薄衾寒不寒？

东风始来，三月的桃蕊初绽，不胜娇美，慵懒如同刚刚睁开睡眼的少妇。初上绣楼，凭依窗子，远眺之时，"忽见陌头杨柳色"，想起久久未归的游子，苦涩的离情溢满心头，泪水湿了新妆。唇齿之间，这一首《石州》曲，吟遍了古今多少离情别绪。忽而想起昨夜那来宿的双燕，"落花人独立，微雨燕双飞"，形只影单的少妇备觉凄凉，灯烛背对屏风，回首处，昏暗不明。春意料峭，微雨将尽，那远方的人是不是只有一张薄衾，又是温，是寒呢？

短短四十来字，上片写尽了春闺情愁，下片写尽了销魂之感。

这首词写的是游子思妇的离别之情，在古典诗词中极为常见。早在初唐张若虚的笔下，就有了"谁家今夜扁舟子，何处相思明月楼"的春闺情怀。丈夫离家，日复一日，思念并没有因时间而成为习惯。某日初上翠楼，忽见桃红，心底多少愁思，涌上心头，难下眉头。"窗间桃蕊娇如倦"，看似写"桃花"，其实写"人面"。"桃之夭夭，灼灼其华"，"桃花"自古便是红颜的象征，都是一种脆弱的美。"人面桃花相映红"，是写花的美，也是写人的美；是写人对桃花的欣赏，更是写人对自己的怜惜。人见桃花烂漫，不由联想到自己也是青春如许，却春闺独居，难以与心中思念的人共相朝夕。春日本多情，"泪洗胭脂面"便知闺中人心中的愁苦，非窗前的一缕薄烟，也非耳际的一阵轻风，它的厚重也许根本没有什么事物可以用来比拟，也不需要用什么来比拟，既无它诉，便只得轻吟一首哀婉的《石州》曲。

"夜来"二字起首，便知漫漫长夜中闺中人的凄婉心境。南唐亡国词人李煜说，"寂寞梧桐深院锁清秋"，正是如此；南宋女词人李易安说，"莫道不销魂，帘卷西风，人比黄花瘦"，正是如此；温庭筠说，"过尽千帆皆不是，斜晖脉脉水悠悠，肠断白蘋洲"，也正是如此。一夜料峭春雨不止，人也久久难以入眠，双燕因深夜寒冷而借宿檐下，相依相偎，触动了闺中人的心事。灯烛背对着屏风，因而昏暗不明，似也困乏欲睡，此时此刻，已至深夜，唯有人独醒着。"薄衾寒不寒"的设问中，其实早已预设了回答：闺中人"半夜凉初透"，凄凉境地下，不由想到远在异乡的人是否能禁得住这番春寒？由物（燕）及己，由己及人，才有了"寒"的意蕴。

一面是春愁如许，一面是凄婉销魂，都是对于闺中人痛楚心理的刻写，在这个过程中间，还有着景致之间的鲜明对照——一明一暗。总体看来，上片"明"在"桃"字，下片"暗"在"背"字。如果不是春日风和日丽，明媚如新，又怎能一推窗而见桃红一点，娇蕊动人？如果不是背向屏风，又怎知闺中人听闻燕声时，回首间，"屏腰"昏暗不明。但无论是"明"，还是"暗"，无论是白天所见，还是夜晚所闻，所投射的都是闺中人的离情别绪。在一明一暗的对照中，更加凸显了闺中人心绪的低沉。

》注释

①《石州》：乐府商调曲名。
②绿：昏暗不明。
③雨阑珊：微雨将尽。

◎ 木兰花 ◎ 拟古决绝词

　　人生若只如初见，何事秋风悲画扇①？等闲变却故人心②，却道故人心易变。

　　骊山语罢清宵半③，泪雨零铃终不怨④。何如薄幸锦衣郎⑤，比翼连枝当日愿。

　　这是一首拟古之作，纳兰借汉唐典故，以一失恋女子的口吻谴责负心的男子，词情哀怨凄婉，屈曲缠绵。

　　起句"人生若只如初见"，短短一句胜过千言万语，刹那之间，人生中那些不可言说的复杂滋味都涌上心头，让人感慨万千。开篇一句起到统领全词的作用，其余七句都是为了迎合这一句而存：人生如果总像刚刚相识的时候，那样甜蜜，那样温馨，那样深情和快乐，该是一件多么美好的事情。

　　但梦想终归是梦想，如果真能实现，又怎会"何事秋风悲画扇"。在这句中，纳兰提到了班婕妤的故事。

　　汉成帝时，一代才女班婕妤被选入宫中，由于她文学造诣极高，而且擅长音律，所以深受成帝的宠爱。但这一切在赵飞燕姐妹进宫后就画上了休止符。聪明的班婕妤知道，只要赵氏姐妹在，她就永无出头之日，所以她自请去长信宫侍奉太后，悄然隐退在淡柳丽花之中。

　　然而，在长信宫的岁月里，班婕妤仍然对成帝念念不忘，因此她发挥自己的才情，写下著名的《团扇诗》：

　　新裂齐纨素，鲜洁如霜雪。
　　裁为合欢扇，团团似明月。
　　出入君怀袖，动摇微风发。
　　常恐秋节至，凉飙夺炎热。
　　弃捐箧笥中，恩情中道绝。

　　在这首诗中，团扇被抛弃的命运，恰是班婕妤自身的真实写照。

　　"等闲变却故人心，却道故人心易变"，这句的意思是说，两个人在一起本应相亲相爱，但今日却为何要相离相弃？你如今轻易地变了心，反而却说我的心本来就是容易变的。前句的"故人"指的是负心的男子，后句的"故心人"指的

是无辜的女子，仅一词之差，就生动地刻画出男女双方的形象。

在下片中，词人提到唐明皇与杨贵妃的典故。"骊山语罢清宵半"是指唐玄宗与杨贵妃在昔日游宴的行宫里缠满悱恻。"泪雨零铃"是指平定安史之乱后，唐玄宗北还，在路上因思念杨贵妃，于是做了一首《雨霖铃》以悼之。"终不怨"则是指唐玄宗迫于三军众怒，无奈将杨贵妃赐死马嵬坡，杨临死前云："妾诚负国恩，死无恨矣。"

相传唐玄宗与杨贵妃曾于七月七日夜，在骊山华清宫长生殿里盟誓，愿世世为夫妻，因此全词以"何如薄幸锦衣郎，比翼连枝当日愿"结束，纳兰在这里谴责薄情郎虽然当日也曾与心爱之人订下海誓山盟，如今却背情弃义。

对于这首词，有些词评家认为这首词是以男女情事的手法来描写友情，这种说法也有一定的道理，在这里就不再一一赘述。

》注释

①何事：为何，何故。画扇：有画饰的扇子。此处用班婕妤典故。班婕妤为汉成帝妃，被赵飞燕谗害，退居冷宫，后有诗《怨歌行》，以秋扇为喻抒发被弃怨情，后人遂以秋扇喻女子被弃。
②等闲：无端，平白地。故人：指情人。
③骊山：在陕西临潼东南，因山形似骊马，呈纯青色而得名，是著名的游览、休养胜地。清宵：清静的夜晚。《太真外传》载，唐明皇与杨玉环曾于七月七日夜，在骊山华清宫长生殿里盟誓，愿世世为夫妻。白居易《长恨歌》："在天愿作比翼鸟，在地愿为连理枝。"后安史乱起，明皇入蜀，于马嵬坡被逼赐死杨玉环。杨死前云："妾诚负国恩，死无恨矣。"
④"泪雨"句：唐郑处诲《明皇杂录补遗》："明皇既幸蜀，西南行初入斜谷，属霖雨涉旬，于栈道雨中闻铃，音与山相应。上既悼念贵妃，采其声为《雨霖铃》曲，以寄恨焉。"
⑤薄幸：薄情，负心，也指负心的人。锦衣郎：指唐明皇。

◎ 鹊桥仙 ◎

梦来双倚，醒时独拥，窗外一眉新月。寻思常自悔分明，无奈却、照人清切[1]。

一宵灯下，连朝镜里，瘦尽十年花骨[2]。前期总约上元时[3]，怕难认、飘零人物。

纳兰本人在精神气质上与贾宝玉颇为相似，就连乾隆看过《红楼梦》之后也不禁说道："此盖为明珠家事作也。"纳兰就是贾宝玉原型的可能性并不大，但是从《红楼梦》的遣词造句中，多多少少还是能看到些《饮水词》的影子。

人们常把纳兰当作贾宝玉，不仅是由于相似的身世经历，还有一点就是"身居华林而独被悲凉之雾"的心性气质。情路上的甜蜜与悲伤也是两人相同的体验，宝黛之恋从欢愉走向破灭，纳兰的爱情也随着妻子卢氏的去世成了不可触碰的伤痕。悼亡是纳兰词作的重要主题之一，也是最能展现他内心的作品。

古代悼亡的诗词文章众多，据说纳兰是古代词史上写悼亡词最多的词人，他每每追忆起妻子的温柔体贴，又想到那一份柔情自己已经永远失去了，不免肝肠寸断，这一番痛苦倾注于笔端，令人动容的词作便产生了。

"容若词一种凄婉处，令人不忍卒读，人言愁，我始欲愁。"这是纳兰的好友顾贞观对他的评价，也恰好表明了纳兰悼亡词的主要特点：凄清婉丽。这一首《鹊桥仙》诉说的正是哀婉的怀思和对身世的隐怨。

在梦中与妻子相偎相依，醒来却形单影只，这种从温馨到孤寂的感觉恰如从云端坠落谷底、从暖春跌入寒冬，从头发丝到脚趾尖都摔得疼痛、冰得刺骨，唯有望着窗外的一弯新月思念旧人。

想来月亮大概是古代的伤心人最不应见的物事，李白抬头望了望明月，低下头便开始黯然"思故乡"；范仲淹在高楼独倚观赏明月，哪知几杯酒入了愁肠，就"化作相思泪"；吕本中的《采桑子》里的女子看着那时盈时亏的月亮，忍不住怨念："恨君却似江楼月，暂满还亏，暂满还亏，待得团圆是几时？"

伤心人看到月亮只会更加伤心，纳兰也是如此。那弯新月让他想起了与妻子相伴的时光，月亮依旧，夜风如初，只是佳人已逝，空留思念。物是人非之感顿生，即使月光再分明、再美丽，也只能徒增心中的伤感，悔恨当初竟不懂得珍惜相守的幸福。

又逢照人清切的明月，但已经人事全非，旧日里曾与爱人在镜前画眉挽鬓，如今镜子里就只有自己的影子了。思念之情让人消瘦憔悴，只怕即使再有机会与她相见，她也辨认不出这衰老的人儿就是昔日的情郎了。

像这样的"飘零人物"并非只有纳兰一个。只要不是为了嘴上便宜、头顶虚名，那些同样有着失去至亲至爱遭遇的飘零人往往都有传世佳作，如元稹的"曾经沧海难为水，除却巫山不是云"，除你之外世上再无人能令我动情，这般生死之恋可谓刻骨铭心；又如潘岳的"之子归穷泉，重壤永幽隔"，生死殊途的遗恨五字足矣；再如贺铸的"空床卧听南窗雨，谁复挑灯夜补衣"，看似平白叙述，却满腔悲痛，贤妻已去，还有谁记挂着自己的饥饱冷暖呢？这些悼亡词或者语气平淡，或者悲怆难耐，字里行间都是剪不断的爱意幽思、道不尽的柔肠悲歌。

说到悼亡，就不能不提苏东坡的《江城子》，后人多将这首词奉为"千古第一悼亡词"。这首词以记梦的形式写阴阳相隔之苦、夫妻永别之悲。夫妻梦中相会，生者死者重逢，这比起生者单方睹物思人、悲吟苦叹似乎更能打动读者，因为不论梦中的重逢是怎样惊喜与温馨，梦醒之后只会是一枕孤寂、两行清泪。

从这一点来说，苏东坡的《江城子》委实比纳兰的这首《鹊桥仙》多了几分妙处。

》注释

①清切：清晰准确，真切。
②花骨：花骨朵，这里形容人的容貌优美俏丽。
③前期：从前的约定。

鹊桥仙 七夕①

乞巧楼空②，影娥池冷，说著凄凉无算。丁宁休曝旧罗衣③，忆素手、为余缝绽④。

莲粉飘红⑤，菱花掩碧，瘦了当初一半。今生钿盒表予心⑥，祝天上、人间相见。

当我怀念你的时候，不说美貌，不说风情，甚至不提才华。你只是我的妻，朴实、平淡、深情的妻，我忆起你最浪漫的时候，不过是"忆素手、为余缝绽"，用柔软温暖的手为我缝补破旧的衣衫。这便是纳兰性德的爱。苏东坡悼念发妻写"十年生死两茫茫，不思量，自难忘"，沉甸甸的相思让人心疼。而纳兰性德一句"今生钿盒表予心，祝天上、人间相见"，让人悲从中来，禁不住说声：悲哉，纳兰！

叶芝曾对爱人呓语："当你老了，头白了，睡意昏沉 / 炉火旁打盹，请取下这部诗歌 / 慢慢读，回想你过去眼神的柔和 / 回想它们昔日浓重的阴影。"这些平实而温厚的爱情啊，无论是叶芝爱人炉火边的小憩，还是纳兰的妻子亲手缝纫的旧衣，莫不印证了《诗经》中的旧句：宜言饮酒，与子偕老；琴瑟在御，莫不静好。

从古至今，无论何方何地，男男女女所求的不过是一句烂俗的吉利话：白头偕老。这话听来实现起来不难，却也不易，只因人人都不是命运的对手。

纳兰性德的妻子卢氏，是锦绣丛中长大，豪门大户中的一朵富贵花。她与纳兰相亲，相爱，却在婚后三年去世。老人们传说，夫妻感情不要太好，太好遭天妒。也许这就是为什么吵吵嚷嚷一辈子的夫妇，倒能携手共赴人生残境；彼此怜爱非常的夫妇，却往往福寿不长，两隔阴阳。

七夕是古代女子的心水节日。《荆楚岁时记》载："七月七日为牵牛织女聚会之夜。是夕，人家妇女结彩缕，穿七孔针，或金银石为针，陈瓜果于庭中以乞巧。有喜子（蜘蛛）网瓜上，则以符应。"每到七夕，女子们便准备精洁果品，焚香拜月，为自己一双巧手，求一段美满的爱情，嬉嬉闹闹，欢乐非常。去年今日，卢氏楼上拜月的身形犹在，荡舟赏月的波痕却已消隐得无迹可寻。当别人家的楼阁间飘逸着女子的欢声笑语时，纳兰家的亭台池榭间飘逸出的，是诗人忧愁的叹息。

七月正是夏末秋初，池中藕花开了又谢，谢了又开，层层叠叠，新花旧朵次第而生。本是正常的新旧交替，年年若此，诗人却品评说"莲粉飘红，菱花掩碧，瘦了当初一半"。

今人知道"瘦"可形容花朵凋残，多是从"知否，知否，应是绿肥红瘦"开始的。李清照与丈夫赵明诚感情极好，都喜爱诗词歌赋、金石印章，琴瑟和鸣，很有共同语言。赵明诚出去做官，女词人为离别的相思苦痛折磨，写下"红藕香残玉簟秋。轻解罗裳，独上兰舟，云中谁寄锦书来？雁字回时，月满西楼"。红藕凋残的季节，是思念离人的季节吧。无论是李清照还是纳兰，都被坠落的莲瓣勾起了愁思。也许纳兰伤情更甚，他在这满眼残蕊的季节吟诵诗篇时，妻子已是亡人；李清照的丈夫至少身在世间——至少，在诗人写作那首词时，还身在世间。

林语堂为《浮生六记》作序时禁不住暗想："这位平常的寒士（沈复）是怎样一个人，能引起他太太这样纯洁的爱"。纳兰不是平常寒士，若是如沈复一样的寒士，也一定会像沈复一样得到妻子真挚的、深切的爱恋。看"丁宁休曝旧罗衣"一句，王孙公子，家中锦衣轻裘无数，他竟会记得一件旧衣，且反复嘱咐仆人不要将那件旧衣拿出来曝晒，无比珍爱。只因"忆素手为余缝绽"。那件旧衣上载满关于你的回忆，不愿让你逝去之后时光的尘埃将其沾染。更畏惧的是，衣衫上细碎的针脚牵起我对你痛入骨髓的思恋。

喜鹊能在天河间搭建一条爱的桥梁，却不能在阴间与阳世间搭就一条相思路。生不能执子之手，幸好我们还有生生世世的约定。"钿盒"一句，典出《长恨歌》。纳兰擅化用前人词句，"今生钿盒表予心，祝天上、人间相见"脱胎自"惟将旧物表深情，钿合金钗寄将去。钗留一股合一扇，钗擘黄金合分钿。但教心似金钿坚，天上人间会相见。"古人有风俗"定情之夕，授金钗钿盒以固之"。（陈鸿《长恨歌传》）白居易在《长恨歌》中为明皇与贵妃杜撰了一个美丽的约定："七月七日长生殿，夜半无人私语时。在天愿作比翼鸟，在地愿为连理枝。"白居易的长诗偏向叙事，略显拖沓而情不浓足。到纳兰性德处，字字哀伤，声声泣血，所有压抑的相思与苦痛喷薄而出——既然完不成"执子之手，与子偕老"的爱情宣言，就让我衷心祈祷，祈祷一个情比金坚的爱情诺言的实现——我们，天上人间相见！

问世间情为何物，直教生死相许？情，使红莲花瘦，佳节凄凉，使一件薄而软的旧衣能在心头割裂新痕旧伤。平淡的岁月中积淀下的醇醇情谊，让失去爱人后独自行走的人生路变得拖沓冗长。如果爱一个人，一定要让他知道，尽力用真挚的爱情填满你们相处的每一寸时间。命运是河流，生命是不系缆绳的小舟，谁知道下一刻会向哪一个方向漂流？爱，就爱了，深深爱，狠狠爱。"天上人间相见"，不是人人都能承担得住的凄丽哀婉。

》注释

①七夕：农历七月初七的晚上，神话传说天上的牛郎、织女每年在这个晚上相会。

②乞巧楼：乞巧的彩楼。乞巧，旧时风俗农历七月七日夜（或七月六日夜）妇女在庭院向织女星乞求智巧称为"乞巧"。《荆楚岁时记》载："七月七日为牵牛织女聚会之夜。是夕，人家妇女结彩缕，穿七孔针，或金银石为针，陈瓜果于庭中以乞巧。有喜子（蜘蛛）网瓜上，则以符应。"又，《东京梦华录·七夕》云："至初六、初七日晚，贵家多结彩楼于庭，谓之乞巧楼，铺阵磨喝乐、花瓜酒炙、笔砚针线。或儿童裁诗，女郎呈巧，焚香列拜，谓之乞巧。妇女望月穿针，或以小蜘蛛安合子内，次日看之，若网圆正，谓之得巧。"

③丁宁：同"叮咛"，反复地嘱咐。罗衣：轻软丝织品制成的衣服。

④缝绽：缝补破绽，这里是缝制的意思。

⑤莲粉：即莲花。

⑥钿盒：镶嵌金、银、玉、贝的首饰盒子。相传为唐玄宗与杨贵妃定情之物，泛指情人间的信物。

◎ 红窗月 ◎

（按《词律》作《红窗影》，一名《红窗迥》。）

燕归花谢，早因循①、又过清明。是一般风景，两样心情。犹记碧桃影里誓三生②。

乌丝阑纸娇红篆③，历历春星④。道休孤密约⑤，鉴取深盟⑥。语罢一丝香露湿银屏⑦。

这首词写的是离情，有人说是纳兰为其亡妻所作，有人说是为他那选入宫中的表妹所作，为谁而作，我们姑且不去研究，但是，我们可以确定的是，这首词都应该算是一首悼亡词，悼念亡妻或者自己与表妹那段有缘无分的感情。

词的上片主要是写景与追忆往昔。"燕归花谢，早因循、又过清明"，燕子归来，群花凋谢，又过了清明时节，首句交代了时令，即暮春时节。纳兰用"燕归"来暗指世间一切依旧，可是自己所爱之人却不能再回来，所以才会"是一般风景，两样心情"。

风景与往年没有什么区别，然而心境却大不相同，只因为伊人不在，所以纳兰很自然地回忆起往事：当是春光正好之时，两人在桃花树下情定三生。这就是"犹记碧桃影里、誓三生"。纳兰在这里用到了"三生石"的典故。相传唐朝名士李源与洛阳惠林寺的圆泽和尚是非常要好的朋友，有一次，两人同游峨眉山，途中圆泽辞世，在临终前他与李源约定十三年后的中秋之夜相见于杭州的天竺寺外。十三年后，李源信守诺言，专程赶往杭州践约，去赴圆泽的约会，在寺外见一牧童骑牛而至，口中吟唱："三生石上旧精魂，赏月临风不要论，惭愧情人远相访，此身虽异性常存。"唱罢，牧童拂袖隐入烟霞而去。纳兰在此处用李源与圆泽的友情来比喻自己与恋人的爱情，极言两人爱情之深厚。

词的下片，纳兰睹物思人，发出了旧情难再的无奈慨叹。"乌丝阑纸娇红篆，历历春星"，在丝绢上写就的鲜红篆文，如今想来，就好像那天上清晰的明星一样。那么，丝绢上到底写的是什么呢？纳兰在"道休孤密约，鉴取深盟"这句中给出了答案，原来记载的是当初二人的海誓山盟，这些文字作为凭证，见证了不要相互辜负的密约。但是，纳兰没有想到，誓言也会有无法实现的一天，如今回忆起往事，情景仍然历历在目，眼泪止不住流了出来，打湿了银屏。词到"语罢一丝香露、湿银屏"时戛然而止，留给人们无限的想象空间。

三生，流露出纳兰对美好爱情的向往，然而往往事与愿违，从小青梅竹马的表妹面对皇权的压力，不得不进入深宫，昔日恩爱的妻子，在天意的安排下，过早逝去。这位文武全才的多情公子，难道真的命中注定得不到一份完美的爱情吗？

》注释

①因循：本为道家语，意谓顺应自然。清明：二十四节气之一，在此节日里人们扫墓和向死者供献特别祭品。

②碧桃：一种供观赏的桃树，花重瓣，有白、粉红、深红等颜色。三生：佛家所说的三世转生，即前生、今生和来生。

③乌丝阑纸：指上下以乌丝织成栏，其间用朱墨界行的绢素，后亦指有墨线格子的笺纸。

④历历：一个个清晰分明。春星：星斗。

⑤孤：辜负，对不住。密约：秘密约会，秘密约定。

⑥鉴取：察知了解。深盟：指男女双方向天发誓永结同心的盟约。

⑦香露：花草上的露水。银屏：银饰装饰的屏风。

◎ 蝶恋花 ◎ 出塞

今古河山无定据①。画角声中②，牧马频来去③。满目荒凉谁可语？西风吹老丹枫树。

从前幽怨应无数。铁马金戈④，青冢黄昏路⑤。一往情深深几许，深山夕照深秋雨。

据《吹剑录》记载：东坡在玉堂日，有幕士善歌，因问："我词何如柳七？"曰："郎中词，只合十七八女郎，执红牙板，歌'杨柳岸、晓风残月'；学士词，须关西大汉，铜琵琶，铁绰板，唱'大江东去'。东坡为之绝倒。"这个典故常常被引用来说明豪放词和婉约词的区别。自从豪放与婉约被人们当做划分词风的标志之后，除了李煜、苏东坡、辛弃疾这寥寥几人之外，能够将豪放之情寄寓在婉约之形中的，也就只有纳兰性德了，以至于王国维都评价纳兰词是"北宋以来，唯一人尔"。

从词题中我们能够知道，这是一首出塞词。首句"今古河山无定据"，即是纳兰发出的感叹，同时也道出了自古以来，权力纷争不止、江山变化无常这一无法改变的客观事实。

接下来纳兰用白描的手法为我们描绘了一幅生动的边塞秋景图，"画角声中，牧马频来去"，由于战事连年不断，所以战马在画角声中频繁往来。

因为不停的纷争、不息的战火，所以行走在边塞道路上的纳兰，看到的是西风吹散落叶这样荒凉萧索的景色，那飘荡在空中的叶子，似乎在向他诉说着无穷

的幽怨。

汉元帝时，昭君奉旨出塞和番，在她的沟通和调和下，匈奴和汉朝和睦相处了六十年。她死后就葬在胡地，因其墓依大青山，傍黄河水，所以昭君墓又被称为"青冢"，杜甫有诗"一去紫台连朔漠，独留青冢向黄昏"，纳兰由青冢想到王昭君，问她说："曾经的一往情深能有多深？是否深似这山中的夕阳与深秋的苦雨呢？"

作为康熙帝的贴身侍卫，纳兰经常要随圣驾出巡，所以他的心中也充满了报国之心，但他显然不想通过"一将功成万骨枯"的方式来成就自己的理想抱负，所以在尾句中纳兰又恢复了多情的本色，他以景语结束，将自己的无限深情都融入到无言的景物之中，在这其中，既包含了豪放，又充满了柔情，甚至我们还会体味到些许的凄凉与无奈。

》注释

①无定据：没有一定。宋毛开《渔家傲·次丹阳忆故人》词："可忍归期无定据，天涯已听边鸿度。"

②画角：古管乐器，传自西羌。形如竹筒，本细末大，以竹木或皮革等制成，因表面有彩绘，故称。发声哀厉高亢，古时军中多用以警昏晓，振士气，肃军容。帝王出巡，亦用以报警戒严。

③牧马：指古代作战用的战马。

④铁马金戈：形容威武雄壮的士兵和战马。代指战事，兵事。

⑤青冢：指汉王昭君墓，在今内蒙古自治区呼和浩特南。

◎ 蝶恋花 ◎

准拟春来消寂寞①。愁雨愁风，翻把春担搁②。不为伤春情绪恶，为怜镜里颜非昨。

毕竟春光谁领略③。九陌缁尘④，抵死遮云壑⑤。若得寻春终遂约，不成长负东君诺⑥。

"准拟"一词的意思是料想，打算。纳兰开篇写道："准拟春来消寂寞。"他本来是打算要在这大好的春光下消遣寂寞的。春光美好，本该出去游玩，或是怀着愉悦的心情欣赏春日美景，但纳兰却偏偏要去消遣寂寞。

寂寞如影随形，伴随纳兰一生。这种情绪让纳兰成为伤情的公子哥，但同时也让他留给后世众多优美的诗词。寂寞的纳兰本想在春光下消遣，却没想到运气如此不好，偏偏赶上了春雨，这不合时宜的雨打扰了纳兰消遣的念头，纳兰觉得这是辜负了春光。故而他写道："愁雨愁风，翻把春担搁。"

这首词表现词人厌于侍卫生涯、蹉跎日老的感慨：本来打算在大好的春光下消遣寂寞，无奈愁风愁雨辜负了春光。情绪不好并不是因为伤春所致，而是因为对镜顾影自怜，形容已日渐憔悴。那繁华的闹市总是将幽僻的山谷遮蔽，有谁来领略这美好的春光？怎样才能不辜负春光，遂我心愿呢，难道总是让我有负春神吗？

无法过上自己想过的生活，难怪纳兰总是会心情烦愁。他自己心里也清楚，自己的烦闷并非是天气原因造成的，而是由于其他外在因素。故而他会忧伤地在上片结尾处写道："不为伤春情绪恶，为怜镜里颜非昨。"

侍卫的工作磨平了纳兰的心性，他每日进宫当值，或者陪同皇帝出游，在这单调无聊的岁月里，生活如何能够丰富多彩？纳兰是有这样一颗浪漫自由的心的，但他却必须要学着压抑自己的天性，学着要像他的父亲那样，去当好一个官，能够在仕途上越走越远。

这样的心情，如何能够在这大好的春光里寻觅到快乐。纳兰只能顾影自怜，看着镜子里的自己的样貌，感慨日益的消瘦，只能是心境的郁结造成的。写完自己为何抑郁之后，纳兰在下片中依然自问："毕竟春光谁领略。"看到外面春雨阵阵，迷蒙了这春的大地，纳兰不禁想到，除了自己之外，还有谁会在这个时候，想到要去感受春光呢？"九陌缁

271

尘，抵死遮云壑。"这里说的"九陌"是指汉朝时候，长安城里的九条大道，在《三辅旧事》云：长安城中八街、九陌。而在这里，纳兰是指都城大道和繁华闹市。

纳兰认为繁华的闹市总是将清幽之地遮蔽，让他无法寻觅得一丝安宁。"若得寻春终遂约，不成长负东君诺。"在这首词的最后，纳兰无奈而又向往地写道，怎样才能不辜负春的美意，怎样才能遂了自己的心愿，在这春光中好好地享受片刻安宁呢？

看似一首叹春的词，其实是纳兰表达内心哀怨的一首词，词中的字字句句都是纳兰内心的真实写照。他渴望有自由单纯的生活，还希望能够远离尘嚣，可是世事总是不遂人愿，让他在这里借词抒发情感。

》注释

①准拟：料想、打算。

②担搁：耽搁、迟延、耽误。

③毕竟：终归，终究，到底。领略：欣赏，晓悟。

④九陌：汉长安城中的九条大道，《三辅黄图·长安八街九陌》："《三辅旧事》云：长安城中八街、九陌。"泛指都城大道和繁华闹市。

⑤抵死：经常，总是。宋晏殊《蝶恋花》："百尺楼头闲倚遍。薄雨浓云，抵死遮人面。"云壑：云气遮覆的山谷，此处借指僻静的隐居之所。唐于鹄《过凌霄洞天谒张先生祠》诗："乃知轩冕徒，宁比云壑眠。"

⑥东君：传说中的太阳神或指司春之神。《史记·封禅书》："晋巫祠五帝、东君、云中、司命之属。"

◎ 月上海棠 ◎ 瓶梅①

重檐淡月浑如水②，浸寒香、一片小窗里③。双鱼冻合④，似曾伴，个人无寐。横眸处⑤，索笑而今已矣⑥。

与谁更拥灯前髻，乍横斜、疏影疑飞坠。铜瓶小注，休教近，麝炉烟气。酬伊也，几点夜深清泪。

词的上片通过写闺中人的相思之苦，来抒发伤逝之情。这首词借瓶梅抒发相思和伤逝之情。纳兰写词，总是充满离愁哀怨，这首词的基调也是如此，但却又有些不同，整首词虽然弥漫着一些孤寂之感，但总的来说，还是比较温暖清淡，犹如淡淡的白月光，从窗口轻柔地洒下，让人心头明亮。

月光如水洒在屋檐上，瓶中的梅花开了，小窗里沉浸在一片清香当中。天气寒冷，双鱼洗已经结冰，孤单的人儿不能入睡。回想当时的眉目传情，而今都已一去不返。当初与谁一起在灯下花前，看那梅花的疏影？如今，又是铜瓶花开，麝烟缭绕，而你却不在身旁了，唯有以这几滴相思之泪寄托我的深情。

"重檐淡月浑如水，浸寒香、一片小窗里。"月光是古往今来，众多词人抒发思念之情的最佳选用之物。纳兰说淡月如水，月光如水一样清澈，也如水一样冰凉。洒下的月光在屋檐下形成一道冰冷的帘子，隔开了窗内与外面的景物。

而此时，屋子里的梅花开放了，绽放的花朵散发出幽香，小屋内一片暗香，屋外月光冰凉，屋内清香四溢。乍一看来，这首词的意境十分清淡，并无相思之苦，也无伤逝之情，只是对景物的一种白描，可是继续读下去就能发现，原来淡然未必就是平静，不说并不代表不在乎。

"双鱼冻合，似曾伴，个人无寐。"这里一个需要解释的是"双鱼"，是指双鱼洗，镂刻有双鱼形象的洗手器，宋张元干《夜游宫》词："半吐寒梅未坼，双鱼洗，冰澌初结。"这里是说洗手器皿中的水都已经冻成了冰，凝结在了一起，天气的寒冷程度可想而知。这样的天气，钻进被窝，美美地睡上一觉，是再舒服不过的了。可是满心愁绪的纳兰，却是无论如何也睡不着的。

"横眸处，索笑而今已矣。"睡不着的原因自然是内心有所牵挂，那美丽的眼眸，那动人的微笑，而今看来，都是无法忘怀。在深夜里，独自躺在床上，孤枕难眠，想到恋人的容颜，清晰如昨，可是眼下却是天涯海角，无法相见，这怎能不叫人悲伤！

纳兰这首伤逝词，写到上片，悲伤过度。到了下片的时候，纳兰似乎沉思了许久，慢慢提笔写道："与谁更拥灯前髻，乍横斜、疏影疑飞坠。"回忆往昔，当日与谁一起相拥灯前，与谁一起看花飞花落，与谁一起海誓山盟，与谁一起想着如何去天长地久？

往日的美好，却都早已在岁月的流逝中一同不见了，"铜瓶小注，休教近，麝炉烟气。"如今，又是铜瓶花开的时候，可是檀香冉冉升起的烟雾中，再也看不到你笑颜如花的脸庞了。"酬伊也，几点夜深清泪。"我只能在此刻，用泪水祭奠我们共同拥有的过去。

纳兰的这首词以悲情结尾，结束全词，整首词清新自然，虽然是悲切，但却读起来让人没有压抑之感，是首好词。

》注释

①瓶梅：插在瓶中以供观赏的梅花。

②重檐：两层屋檐。

③寒香：清冽的香气，形容梅花的香气。

④双鱼：双鱼洗，镌刻有双鱼形象的洗手器。冻合：犹言冰封。唐李益《盐州过胡儿饮马泉》诗："从来冻合关山路，今日分流汉使前。"

⑤横眸：流动的眼神。

⑥索笑：犹逗乐，取笑。

◎ 念奴娇 ◎

人生能几？总不如休惹、情条恨叶①。刚是尊前同一笑，又到别离时节。灯灺挑残，炉篆烟尽②，无语空凝咽③。一天凉露，芳魂此夜偷接④。

怕见人去楼空，柳枝无恙，犹扫窗间月。无分暗香深处住，悔把兰襟亲结⑤。尚暖檀痕⑥，犹寒翠影，触绪添悲切。愁多成病，此愁知向谁说？

不只曹操这样的大枭雄会一声喟叹："对酒当歌，人生几何？譬如朝露，去日苦多"，多情的风流公子也时常感慨岁月的短暂和无情，唱一曲"人生几何"的无奈悲歌。不过曹操饮酒饮出的是一腔豪气，纳兰"尊前一笑"，涌上心头的却是无奈和寂寞。

张秉成先生在《纳兰词笺注》中用了八个字评价这首《念奴娇》："语浅率露，真挚感人。"其实这也算得是纳兰词的整体风格之一，不过在这一首词中表现得格外明显罢了。这首词开篇就直言人生苦短，本不该坠入情恨的纠葛之中，却又欲罢不能，词人对自己的"多情"似有一股悔意，虽悔却又无意去改，当真是率性之至。

上片写幽会，既像实写，又像因思念亡妻而产生的幻觉，读来便有了几分缥缈迷离的感觉，更加耐人寻味。"刚是尊前同一笑，又到别离时节"，这两句是在写两人刚刚对饮一杯，相视而笑，离别的时间就到了。就好像灰姑娘必须在午夜十二点前抽身一样，"离别"二字是个魔咒，纵然相爱却不能长相厮守的现实有着强烈的宿命感。

残灯摇曳，炉烟燃尽，两人只能默默无语暗自垂泪，就连道别的话也不忍心说出口，似乎说过"再见"之后就会瞬间海角天涯。读到此处，我们或许还可以将这当做词人与意中人暗夜偷接的相会，但"芳魂"二字一出心里便了然了，这更像一首悼念卢氏的词。纳兰大概是深夜辗转反侧，难以成眠，勾起了旧日与卢氏相守的点滴回忆，或者是期待在梦中能与佳人的芳魂相聚。

与亡人魂梦相接的桥段，最有名的当出于《长恨歌》，结尾几句动人心魄："临别殷勤重寄词，词中有誓两心知。七月七日长生殿，夜半无人私语时。在天愿作比翼鸟，在地愿为连理枝。天长地久有时尽，此恨绵绵无绝期。"爱美人也爱江山，李隆基在马嵬坡含泪舍了杨玉环，此后就陷入了绵绵不休的相思中。仕途前程于纳兰来说是无所谓的，他心中在意的似乎只有那一段情爱，然而天不怜悯，卢氏离去后，纳兰心里的恨当真是"绵绵无绝期"了，"凉露"二字既可指现实中的深夜露水，也可理解为是纳兰这腔怨恨的无限悲凉。

下片从回忆或梦境回到了现实，纳兰怕见"人去楼空"，现实却正是如此。柳枝如丝，犹自拂过她曾经住过的阁楼，明月照旧，照着纳兰一人孤独的身影。纳兰长叹：你我有缘无分，不能同居共处，真悔恨当初那样亲昵。这般悔恨着，却仿佛看见了她满脸泪痕、身影绰绰，自己那无边的愁绪就被触动开了。愁苦交叠，以至于相思成病，这一番寂寞哀愁又能向谁倾诉呢？

全词就在散溢开来的孤独感、无力感中戛然而止，更加令人九曲回肠，添悲增恨。

有人说爱情是天下最没道理可讲的，其实不然，时光才是。它既能让人朝朝暮暮、长相厮守，也可让人一别难见、天人永隔，时光催白了头发，也凋零了爱情。人之感慨，大凡多情，曹操、恒温如此，纳兰更是。

虽一生郁郁，但纳兰并不可怜，他不过是比普通人更执著了些，比深情者更痴狂了些。在人生的这场赌局中，纳兰败给了过去的命数，竟就不肯再抬眼看前面的风光了，可敬因此，可叹亦是因此。

》注释

①情条：指纷乱的情绪。
②爇：燃烧。
③凝咽：犹哽咽，哭时不能痛快出声。
④芳魂：谓美人的魂魄。
⑤兰襟：芬芳的衣襟，比喻知心朋友。
⑥檀：即檀粉。

◎ 水龙吟 ◎ 再送荪友南还①

人生南北真如梦，但卧金山高处②。白波东逝③，鸟啼花落，任他日暮。别酒盈觞，一声将息，送君归去。便烟波万顷，半帆残月，几回首，相思否。

可忆柴门深闭，玉绳低、窎灯夜雨④。浮生如此，别多会少，不如莫遇。愁对西轩，荔墙叶暗，黄昏风雨。更那堪几处，金戈铁马⑤，把凄凉助。

纳兰曾留严绳孙住府邸二年，彼此诗词唱和，"闲语天下事，无所隐讳"。在清康熙二十四年（1685 年）四月，严绳孙请假南归，临去"入辞容若时，（傍）无余人，相与叙平生之聚散，究人事之终始，语有所及，怆然伤怀"。（《致纳兰哀词》）二人之交厚及意气相投可见。

严绳孙长纳兰三十二岁，如此忘年之谊，在纳兰一生中并不少见。本篇是为严绳孙南归所赋的赠别之作，其实在填写这首词的同时，纳兰还有四首诗词赠别绳孙，故此处说"再送"。

此词牌又名《龙吟曲》《庄椿岁》《鼓笛慢》《小楼连苑》《海天阔处》《丰年瑞》等。据《填词名解》说，调名采自李白"笛奏龙吟水"之句，又有说来自李贺"雌龙怨吟寒水光"之句。此调有不同体格，俱为双调，本首为其一体。上、下片各十一句，共一百零二字。上片第二、五、八、十一句，下片第一、二、五、八、十一句押仄声韵。

纳兰起笔不凡，"人生南北真如梦"一句抛出了"人生如梦"这等千古文人常叹之语，其后接以他总挂在嘴边的归隐之思，令全词的意境在开篇时便显得空远阔大。"白波东逝，鸟啼花落，任他日暮"，白描勾勒出的情景或许是此时，也或许是想象：看江水东流，花开花落，莺歌燕语，任凭时光飞逝，这是何等惬意。

在这样逍遥洒脱的词境中，纳兰叹道，"别酒盈觞，一声将息，送君归去"，点出了别情。自古送别总是断肠时，古时不比如今，一别之后或许就是此生再难相见，因而古人或许在自己的生死上能豁达一些，却也总对与友人的离别无可奈何。像苏东坡那样旷达的人，在别离时高唱："醉笑陪公三万场。不用诉离觞。"

也无非是因为"痛饮从来别有肠"，"别有肠"是怎样一种心情，苏东坡没有说，也不消说，古往今来多少离别伤感，人们自能体会。

眼前你我离别之情充满了酒杯，只能一声叹息，送你离去。而离去之后，天地便换了风光，"便烟波万顷，半帆残月"，岂止是送行人，远行人自身亦是满腔悲愁，的的确确就像纳兰说的，"几回首，相思否"。

下片首句转入了回忆，玉绳是星名，通常泛指群星，这里的意思是说忆起柴门紧闭、斗转星移、夜雨畅谈的时光。之后的一句，多少可以看出纳兰的一些悲观情绪。他说，"浮生如此，别多会少，不如莫遇"，这话说得实在悲凉，纳兰似乎总在相遇时间的问题上自寻烦恼，他曾说"人生若只如初见，何事秋风悲画扇"，但人在时间面前终归是渺小的，时间不可逆转正是种种迷惘痛苦的根由。

"愁对西轩，荔墙叶暗，黄昏风雨。"转笔又是白描写景，如今离别，又兼愁风冷雨，四字小句将气氛层层渲染开去。倒是篇末一句，有种不同于前面词句的雄浑苍凉的味道，"更那堪几处，金戈铁马，把凄凉助"。将国事与友情融为一体，使得这首词境界扩大了不少。

纳兰填完此词一个月后，便溘然长逝了。这次离别之后，两人也便真的没有了再次相见的机会。隔着时间的长河，凝聚在词句中这种怆然伤别的深挚友情依旧令人感叹不已。

》注释

①苏友：即严绳孙，自号勾吴严四，又号藕荡老人、藕荡渔人。江苏无锡人。清初诗人、文学家、画家。

②金山：山名，在江苏镇江西北。古有氏父、获苻、伏牛、浮玉等名，唐时裴头陀获金于江边，因改名。这里代指严绳孙的家乡。

③白波：白色波浪，水流，此处喻指时光。

④玉绳：星名，常泛指群星，北斗七星之斗勺，在北斗第五星玉衡之北，即天乙、太乙二星。

⑤金戈铁马：金属制的戈，配有铁甲的战马。指战争。

◎ 齐天乐 ◎ 塞外七夕

白狼河北秋偏早，星桥又迎河鼓①。清漏频移，微云欲湿，正是金风玉露②。两眉愁聚。待归踏榆花，那时才诉。只恐重逢，明明相视更无语。

人间别离无数。向瓜果筵前③，碧天凝伫。连理千花，相思一叶，毕竟随风何处。羁栖良苦④。算未抵空房，冷香啼曙⑤。今夜天孙⑥，笑人愁似许。

这首词大概作于清康熙十五年（1676年），这一年纳兰第一次随圣驾出巡塞外，因此远离亲人，独过七夕。天上的相聚与人间的分离恰好形成鲜明的对比，多情善感的纳兰自然也就生出许多感慨。

"白狼河北秋偏早，星桥又迎河鼓"，一开篇，词人就直入主题，白狼河的秋天来得格外早，又到了牛郎织女鹊桥相会的日子，而自己此时却离家远行，羁留塞外，这种强烈的反差让纳兰的心中顿生愁苦。"秋偏早""又迎河鼓"都是说时间过得飞快，其实，四季更迭，周而复始，鹊桥相会，一年一次，没有丝毫快慢之分，纳兰之所以会感到时间过得快，只不过是主观感受而已。

接下来词人紧接"星桥又迎河鼓"所述的神话故事，描写了牛郎织女相会的环境，时间在不知不觉中流逝着，天空的白云似乎也沾上了一丝湿气，这秋风白露相逢的初秋时节，牛郎织女又一次相聚在一起。"金风玉露"曾多次出现在前人的诗词中，秦少游《鹊桥仙》中有"金风玉露一相逢，便胜却人间无数"的句子，李商隐《辛未七夕》中也有"由来碧浪银河畔，可要金风玉露时"，纳兰在这里借用过来，增加了全词的意境美。

上片最后五句词人转说自己，天上的神仙已经相聚，可是人间的自己呢？想到自己独自一人羁留塞外，纳兰不禁双眉紧锁，心中也升起了一缕乡愁。但词人知道，面对这种现状他无力改变，他不可能违抗圣命，悄悄回到家中，所以他就把希望全寄托在来日："待归踏榆花，那时才诉。"纳兰希望等到来年春天能够踏上回家的路，见到妻子后再向她诉说衷肠。随后词人又进一步想象到见面时的情景：只怕相逢的时候，明明四目相对，却仍旧相顾无言。在这里并不是说纳兰与妻子的关系不好，以至于重逢后却无话可说，而是"此时无声胜有声"这种意境的真实写照，也只有真正恩爱的夫妻，才会有这种"只可意会无法言传"的无声沟通。

下片首句"人间别离无数"起到了承上启下的作用，晋代周处《风土记》中记述七月七乞愿有祈福、乞寿、乞子等内容，而"向瓜果筵前，碧天凝伫"写的就是乞愿这一仪式，在七夕之夜，人间女子陈瓜果于庭前，举头仰望碧天，那么，这些女子乞求的愿望是什么呢？纳兰在词中并没有点明。

"相思一叶"化用了红叶题诗的典故，这一典故有不同版本的记载，但最常见的版本是唐范摅《云溪友议》中所记载的："宣宗时，舍人卢渥偶临御沟，得一红叶，上题绝句一首，后帝出宫人，其归渥者，恰为题叶之人。"在这里，纳兰悲观地认为像连理枝一样的恩爱夫妻，像红叶题诗一样的佳缘都只是传说，就如同随风飘转的事物一样，不可捉摸。

接着纳兰又联想到自己，发出"羁栖良苦。算未抵空房，冷香啼曙"的感慨。羁旅虽苦，想来也抵不上家中伊人独守空闺，相思成灾之苦，这里两苦相比较，强化了一苦，从而表现出纳兰对独守空房的妻子的关怀。

全词的结尾又重新写到天上，"今夜天孙，笑人愁似许"，通过一年只能与牛郎相见一次的织女也笑话人间有如此的离愁别绪做对比，进一步凸显人间夫妻分离的忧愁痛苦，我们读到此处，恐怕也会被词人所感动而潸然泪下。

》注释

①星桥：神话中的鹊桥。北周庾信《舟中望月》诗："天汉看珠蚌，星桥似桂花。"河鼓：星名，属牛宿，在牵牛之北，一说即牵牛。

②金风玉露：秋风和白露，亦借指秋天。秦少游《鹊桥仙》："金风玉露一相逢，便胜却人间无数。"

③瓜果筵：七夕夜食瓜果的习俗。

④羁栖：滞留他乡。

⑤冷香：指花、果的清香或清香之花，代指女子。清侯方域《梅宣城诗序》："'昔年别君秦淮楼，冷香摇落桂华秋。'冷香者，余栖金陵所狭斜游者也。"

⑥天孙：星名，即织女星，指传说中巧于织造的仙女。

◎ 金缕曲 ◎ 赠梁汾①

德也狂生耳②。偶然间、缁尘京国，乌衣门第③。有酒惟浇赵州土④，谁会成生此意⑤。不信道、竟逢知己。青眼高歌俱未老⑥，向樽前、拭尽英雄泪。君不见，月如水。

共君此夜须沉醉。且由他、蛾眉谣诼⑦，古今同忌。身世悠悠何足问，冷笑置之而已。寻思起、从头翻悔⑧。一日心期千劫在⑨，后身缘、恐结他生里。然诺重，君须记。

　　这首词是词人与顾贞观相识不久的题赠之作，表达了诚挚的友情，顾贞观在此词的后记中记云："岁丙辰，容若年二十有二，乃一见即恨识余之晚，阅数日，填此曲为余题照。"

　　词一开篇，纳兰就写道："德也狂生耳。偶然间、淄尘京国，乌衣门第。"意思是说：我天生痴狂，生长在豪门望族之家，又在京城里供职，这一切实属偶然，并非我刻意追求。在友人面前，纳兰并没有以贵族公子自居，而是自诩"狂生"来打消友人的顾虑，使其不至于因为身份、地位上的悬殊而不敢接近自己，而且纳兰还用"偶然间"三字来表明自己如今所取得的荣华富贵纯属"偶然"，言外之意是希望出身寒门的顾贞观能够理解他，以常人对待他。

　　接下来纳兰用李贺《浩歌》"买丝绣作平原君，有酒惟浇赵州土"成句，进一步表明自己仰慕平原君的人品，并有平原君那样礼贤下士、喜好交友的品格，但是纳兰感到并没有人能够理解自己的这一片苦心，因此发出"谁会成生此意"的感慨，其中所透露出孤寂之情，也就不言而喻了。

　　词到此，纳兰的笔锋突然一转，"不信道、竟逢知己"，正当纳兰深感知音难觅时，想不到竟然遇到了顾贞观，"不信"与"竟"的连用，表现出纳兰意外得到知己后的狂喜之情。随后，纳兰开始写两人相逢时的情景。"青眼高歌俱未老，向樽前、拭尽英雄泪"，相传阮籍能"青白眼"，碰到他尊敬的人，则两眼正视，露出虹膜，为"青眼"，碰到他厌恶的人，则两眼斜视，露出眼白，为"白眼"，这句中，纳兰用到了"青眼"的典故，是说自己与顾贞观彼此青眼相对，互相器重。

上片尾句以景结尾，那一夜，月色如水，照彻晴空，这不仅象征着两人纯洁的友谊，也营造了一种高洁的氛围。

下片首句中的"沉醉"，表明纳兰要和顾贞观一醉方休，甚至要醉得不省人事。之所以要这样做，一是因为"酒逢知己千杯少"，二是因为"且由他、蛾眉谣诼，古今同忌"。在这里，纳兰劝慰顾贞观不要把小人的造谣中伤放在心上（顾贞观在此前三年曾遭人陷害而被罢官），因为这种卑鄙的事自古以来就屡见不鲜，不合理的现实既已无法改变，那为什么不与知己一醉方休，以求解脱？

接下来纳兰由好友想到了自己，"身世悠悠何足问，冷笑置之而已"，纳兰认为，在这个污浊的社会中，自己显贵身份完全不值得一提，只需冷笑置之即可，这也就照应了上片的"偶然间、缁尘京国，乌衣门第"。正是因为对荣华富贵的蔑视和对现实社会的不满，纳兰才会产生"寻思起、从头翻悔"的想法。

在激动之余，纳兰把笔锋拉回，与友人开始正面订交。"一日心期千劫在，后身缘、恐结他生里"，纳兰对顾贞观郑重地承诺：我们一日心期相许，成为知己，即使横遭千劫，情谊也会长存的，但愿来生我们还有交契的因缘。

尾句"然诺重，君须记"，紧承前两句之意，纳兰表明自己一定会重信守诺，不会忘记今天的誓言。

相传纳兰去世之后，顾贞观回到故里，一天晚上梦到纳兰对他说："文章知己，念不去怀。泡影石光，愿寻息壤。"当天夜里，妻子就生了个儿子，顾贞观就近一看，发现长得跟纳兰一模一样，知道是其再世，心中非常高兴。一月后，再次梦到纳兰与自己作别。醒来后连忙询问别人，听说孩子已经夭折，这段传说足见两人友情的深厚和生死不渝。

》注释

①梁汾：即顾贞观。

②德：作者自指。

③京国：京城，国都。乌衣门第：指世家望族。

④赵州土：平原君好养士，死后虽未葬赵州，但他是赵国公子，又是赵相，故称他的墓为"赵州土"。

⑤成生：纳兰性德自指，纳兰原名成德，故云。

⑥青眼：黑色的眼珠在眼眶中间，青眼看人则是表示对人的喜爱或重视、尊重。相传晋阮籍为人能作青白眼，见愚俗之人为白眼，见高人雅士、与己意气相投者则为青眼。

⑦谣诼（zhuó）：造谣诽谤。

⑧翻悔：对先前允诺的事情后悔而拒绝承认。

⑨千劫：佛教语，指旷远的时间与无数的生灭成败，现多指无数灾难。

◎ 浣溪沙 ◎

肠断斑骓去未还①，绣屏深锁凤箫寒②。一春幽梦有无间。

逗雨疏花浓淡改③，关心芳草浅深难④。不成风月转摧残⑤。

痛至肠断的送别场景又如期而至，浮于眼前，久不散去；斑骓马走走停停，徘徊向前，最终留下了一个寂寥的繁春。到如今，斑骓马再也没有出现。从此，丝绸织就的绣屏就再没被打开；往日与情郎恩爱相伴的凤箫也因久未吹奏，而愈来愈让人觉得寒气逼人。躲在深闺的她，也只偶尔地依栏而望。

不识人情的春雨依旧霏霏，掉在稀疏相间的花瓣上，浓如泼墨的花叶好不显眼；打在浅疏且略带有香气的野草上，让人顿生怜惜之心。本该享受春日风光的时节，竟让它令人惋惜地消逝：经受风雨滋润的疏花渐渐地由浓变淡，散发香气的野草也渐由浅到深，茂密地长起来了。一春的风月，也只偶尔地有几番春梦，风月的殒失也渐至令人只有叹息的感慨，难道不由人生出一种怨恨么？

这首词描写的是一位闺中女子在家思念在外出行的情人的生活画面。通篇情感的表达由浅入深，由淡入浓，总体上可由一字来括，即"寒"。此"寒"，非独竹箫的物理属性，更多的是闺中女子的一种心理活动的表现。斑骓马一去不复返，"绣屏深锁"，昔日的双双欢娱，如今只能温馨地刻在还不曾忘却的记忆中，所谓睹物思情，对于这位闺中女子来说，怕是家常便饭，然而这背后却是无尽地重复"肠断"的苦楚。闺中女子尝着这苦楚，却仍抱着等待情郎春日归来的希冀。不过，这希冀也是一种带着淡淡哀伤的期盼。

但自然的无情，一如既往。春雨依然如故地下着，似乎还带着一种挑"逗"的情分。此"逗"非彼平常之"逗"，此"逗"乃是一种以乐写伤的表现，借自然之春之"逗"，来表现自然春雨的活力、青春，而这恰恰又鲜明地与闺中女子青春的凝滞形成鲜明对比。此际，春雨之"逗"，实写了"寒"情，不由让人想起李

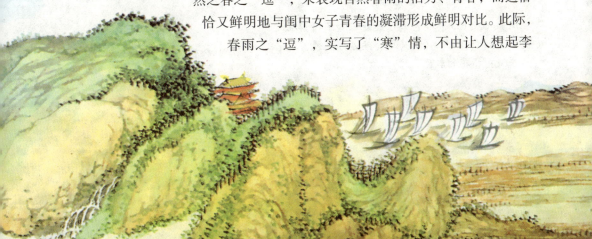

贺的"石破天惊逗秋雨"，秋雨的"逗"也含有一分"寒"意，这不得不让人见识词人的借用之功。另外，这"逗"雨也表明了春雨的非勇猛如夏雨，丝丝滴下，更让闺中女子愁上更添愁。丝雨似的愁绪，又让人忆起秦少游《浣溪沙》中："无边丝雨细如愁"的感慨。的确，这情感是相通的。

再往下，春日时光消逝，带着疏花的由浓变淡、芳草的由浅入深，春色易逝，立即被凸显出来。闺中女子的春日幽梦"有无间"，更难堪这稍纵即逝的春光风月。由此可见，闺中女子的愁更浓，多年的等待渐成一种心"寒"：情郎何时再骑斑骓出现在面前，成了她心中的主题。在这里，"芳草"本身就是一个含愁的意象，自然中的芳草很早就被先人引为一种愁绪的象征，如《楚辞·招隐士》里："王孙游兮不归，芳草生兮萋萋"，还有诸如"芳草萋萋鹦鹉洲"的表达，大都一理。芳草由浅入深，愁绪又少变多，契合恰当，所谓情景交融，也不过如此，令人清晰地感觉到闺中女子的愁生渐盛。

末句"不成风月转摧残"则是女子胸中情感的一个变化，情至深处，愁至多处，无处排泄，生成一种怨，也是自然，而这又恰当正常地刻画了闺中女子的情感世界。这怨，也实是心内"寒"的一种外露，从这里，不得不让人起了探究情郎因何而去的猜想，是从军行役，还是赶赴科考？不得而知，给读者留下谜团，令人生出无尽的遐想。

纳兰性德的这首闺怨词，很有特色，从词中人角度写思念在外的情郎。这在纳兰词中有呼应的词作，即同属《浣溪沙·古北口》一首："杨柳千条送马蹄，北来征雁旧南飞，客中谁与换春衣？终古闲情归落照，一春幽梦逐游丝，信回刚道别离时。" 此词写作角度与《浣溪沙·肠断斑骓去未还》相反，从行人思念家中人角度出发，兼有"一春幽梦"，一在"逐游丝"，一在"有无间"，形成对照。从此推测来看，二词似乎作于同一时期。二词相照来读，给人无穷意味。从这里，又不得不让人佩服纳兰性德词作的魅力，一种同而不腻的魅力，令人折服。

》注释

①斑骓（zhuī）：杂色马。此处以骏马代指征人。
②凤箫：即排箫。比竹为之，参差如凤翼，故名。
③浓淡：指花的颜色。
④芳草：香草。
⑤不成：犹难道。风月：风和月，泛指景色，亦指男女恋爱的事情。

◎ 浣溪沙 ◎

容易浓香近画屏^①，繁枝影著半窗横^②。风波狭路倍怜卿^③。

未接语言犹怅望，才通商略已蓦腾^④。只嫌今夜月偏明。

　　这首《浣溪沙》为爱情词，与大多数纳兰词的冷清凄迷不同，此首词主要描绘恋人初逢的场景，细腻柔婉，缠绵悱恻。

　　上片前两句写景，"浓香""画屏""繁枝"，后一句由景转到人，写的是男子看到恋人时微妙的心理变化。画屏透迤，浓香扑鼻，树影横斜。窗半开着，女子露出头来，微风过处，杏花微雨，不禁让窗外的人、急切赶来的人更生怜爱。

　　此处，纳兰并没有对女子的容貌进行描写，而是通过描写周围的景物，让我们展开想象，窗后的女子，该是宝钗笼髻，红棉朱粉，或轻颦，或浅笑，或娇嗔，可谓梨花一枝春带雨，薄妆浅黛总相宜，如此那般，不可方物。

　　再说相逢的场面，"风波狭路倍怜卿"。作者没有用动作描绘，而是从心理入手，看到小轩窗后面焦急等待自己的恋人，在恋情面前不顾险阻的恋人，让前来赴约的纳兰更生怜爱。

　　风未必大，夜未必冷，但是看到有人在等着自己，窗半开着，香静静燃，女子在枝干的那头隐隐可见，安静或者焦急地等着纳兰前来赴约，所有的东风恶，世情薄，雨送黄昏，都是两个人一同走过。日子天天过，比流水的消逝、落花的凋零更快，但是有几对恋人能够怀着热切的爱情与期盼，一直并肩走下去？

　　纳兰与恋人虽情投意合，且密有婚姻之约，而他的父母也许不赞成。他们恋爱形迹落在他们眼里，引起他们的嫉妒，遂硬将他的恋人报名入宫，来断绝

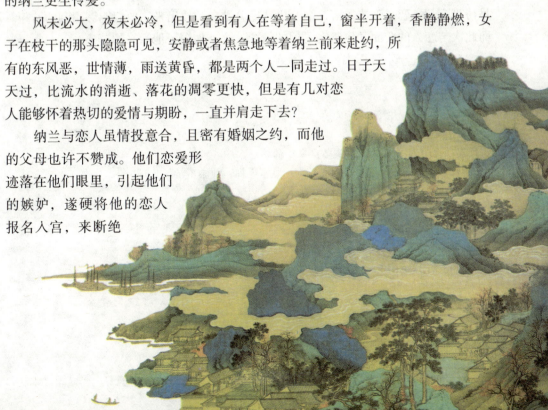

他的念想。但我们通过前文得知，在那之后，纳兰也曾偷偷混入宫中与恋人见面。

也许我们可以相信即便是入宫，纳兰与恋人仍然是抱着微渺的希望，认为他们依然有前路可走，爱情的力量最后会战胜一切。所以当见到等候自己的恋人，勇敢和自己一起追求真爱、对抗"风波"的恋人，纳兰的心里边对她更加怜爱。

下片紧接上片。对相逢场景进行描绘。"未接语言犹怅望"，可以想象是女子从树影中看见我已经到来，轻声唤我。或者两人是太久没有见面了，或者沉迷在这幅美丽的图画中不能自拔，忘记了怎么说话，要说什么话，只是呆呆地望着。"才通商略已瞢腾"，才刚刚开始交谈，纳兰就已经沉迷陶醉，忘乎所以了。

末句"只嫌今夜月偏明"，将描写的视角由叙事转到场景上。"月偏明"，月亮稍稍亮了一点，月亮偏偏是亮的。这小小的抱怨，让纳兰内心深处的欢心喜悦更加暴露无遗。

但是正是因为月明，才需要更加小心，这又造成了纳兰内心提心吊胆的情绪。心理的几重复杂，生动传神。

或者天不从愿者太多，在爱情里波折的纳兰，连见恋人一眼都需要扮成僧人偷偷入宫。其实曾经的两小无猜、兰窗腻事，都因鸳鸯零落不复存在了。但是情难忘却，恋人被选入宫，纳兰仍然抱着她会被放出来、他们能够团圆的希望。而此次与恋人的会面又更坚定了他的信念。这就加深了他后来的苦痛。

正是，往事不可再来，袖口香寒。

》注释
①画屏：绘有彩色图画的屏风。
②繁枝：繁茂的树枝。
③风波：比喻纠纷或乱子。狭路：窄小的路。
④商略：商讨、交谈。瞢（méng）腾：形容模糊，神志不清。

◎ 忆桃源慢 ◎

　　斜倚熏笼①，隔帘寒彻，彻夜寒如水。离魂何处②，一片月明千里。两地凄凉多少恨，分付药炉烟细。近来情绪③，非关病酒，如何拥鼻长如醉④。转寻思、不如睡也，看道夜深怎睡。

　　几年消息浮沉，把朱颜、顿成憔悴⑤。纸窗淅沥⑥，寒到个人衾被。篆字香消灯烬冷⑦，不算凄凉滋味。加餐千万，寄声珍重，而今始会当时意。早催人、一更更漏⑧，残雪月华满地。

　　这首词为塞上思亲、念友之作：斜倚在熏笼边上，寒气透过帘子袭进来，彻夜如冰水般寒冷。远游他乡的人身在何处，只在明月千里之外。天各一方，两地相思，都交付给了这药炉细烟。近来极坏的情绪不是由于饮酒太多，又怎能暗自吟咏，仿佛酒后沉醉呢！辗转寻思还不如早早睡去，否则到了深夜更无法入睡。

　　几年来你的消息断断续续，沉浮不定，把相思的人儿都折磨得形影消瘦了。窗外风雨声淅沥，屋内人单衾薄寒冷。篆字形的香都燃尽了，灯烛的余烬也变得凄冷了。千万要记得照顾好自己，寄去一声珍重，如今才能体会到你当时的心意。更漏一遍遍催人入睡，窗外此时已是月光遍地了。

　　"斜倚熏笼"，自己斜倚在暖炉上，暖炉传递来的热量传遍全身，此刻想到远方的你，是否能够与自己一样，也有暖流在身旁。如果你没有在屋内，那么外面寒风阵阵，你又是如何驱寒呢？纳兰想着远在他方的人，内心不禁一阵纠结，"隔帘寒彻，彻夜寒如水"。此时隔着门帘望去，外面天寒地冻，这样的天气，想着离人孤身在外，夜里该在哪里过夜呢？夜晚的寒冷将会是白日的百倍，不知道离人如何安置自己。

　　叹息阵阵，纳兰虽然担忧，但他自己却是无能为力的，只能给予关心和问候，希望远方的人平安健康。想到这里，纳兰似乎安慰了些，虽然远隔千里，但毕竟是在一轮明月下，看到月光，此刻离人也能看到这月光，这样，他们似乎又没有离那么远了。

　　"离魂何处，一片月明千里。两地凄凉多少恨，分付药炉烟细。"话虽如此，但两地分隔，还是多少会难过，长久的思念，终于成疾，在煎药的炉子上，冒起烟雾阵阵，看去，让人思绪缥缈，仿佛回到过去。

"近来情绪，非关病酒，如何拥鼻长如醉。转寻思、不如睡也，看道夜深怎睡。"但在上片最后，纳兰却并不承认，自己的病是因为思念过度引起的，他说这病并非是思念而起，而这愁绪也并非是因为生病而起。但他骗得了别人，却骗不过自己，夜晚时候，大家都安然入睡，他却是辗转反侧，无法入眠。

上片悲苦，下片淡然，既然无法相聚，那就期望各自都过得好吧。"几年消息浮沉，把朱颜、顿成憔悴。"长期的打探彼此的消息，结果只能是让各自憔悴，这又何必呢？"纸窗渐沥，寒到个人衾被。"窗外淅淅沥沥的雨声，带来阵阵寒意，这寒意仿佛穿透棉被，侵入骨髓，这是寂寞的寒。

"篆字香消灯灺冷，不算凄凉滋味。加餐千万，寄声珍重，而今始会当日意。"檀香熄灭，烟尘落满一地，这比起自己内心的凄惶来说，不算什么凄凉的，此刻想到身在外地的人，只希望他能够珍重。这首怀人的词在最后，也只是以祝福与哀伤融合结尾，"早催人、一更更漏，残雪月华满地。"祝福外地的朋友，但想到自己，也只能独自一人待在家里，看到月光满地，愁绪再次涌上心头。

》注释

①熏笼：一种覆盖于火炉上供熏香、烘物和取暖用的器物。

②离魂：指远游他乡的旅人或游子的思绪。

③情绪：心情，心境。

④拥鼻：掩鼻吟的省称。《晋书·谢安传》："安本能为洛下书生咏，有鼻疾，故其声浊，名流爱其咏而弗能及，或手掩鼻以效之。"后以此指雅音曼声吟咏。

⑤憔悴：黄瘦，瘦损。

⑥纸窗：纸糊的窗户。

⑦灯灺（xiè）：谓灯烛将熄，灯烛余烬。

⑧更漏：古时夜间凭漏壶表示的时刻报更，所以漏壶又叫更漏。

◎ 湘灵鼓瑟 ◎

（按此调《谱》、《律》不载，疑亦自度曲。一本作《翦梧桐》。）

新睡觉，听漏尽、乌啼欲晓。屏侧坠钗扶不起，泪浥馀香悄悄。任百种思量，都来拥枕，薄衾颠倒。土木形骸①，自甘憔悴，只平白、占伊怀抱。看萧萧、一翦梧桐②，此日秋光应到③。

若不是、忧能伤人，怎青镜、朱颜便老④。慧业重来偏命薄，悔不梦中过了。忆少日清狂⑤，花间马上，软风斜照。端的而今，误因疏起⑥，却懊恼、误人年少。料应他，此际闲眠，一样百愁难扫。

纳兰的可爱之处在于他对情感没有半分的掩藏和羞涩，即便是他的词中略有修饰，那也是艺术的效果。在纳兰的内心深处，时刻涌动着真挚的情感，无论是对朋友，对爱人，还是对其他事物，他都尽可能地将这份情感告诉他们知晓，或许在纳兰看来，含蓄并非是矜持，而是阻隔爱蔓延的一道门。

这首词同样如此，这首词以赋法铺叙，表达幽婉深意，是纳兰词中较为普遍，也较为常见的一种表述方式。但这并不妨碍这首词的精妙之处。写刚刚睡起，所看所想所念的景物。"新睡觉，听漏尽、乌啼欲晓。"刚刚睡醒，听到漏声断绝，乌鸦啼鸣，天快要亮了。可惜自己却是久病缠身，无法起身。

虽然头脑清醒，但身体却好似不属于自己一般，这样的状态，总是难免心灰意冷的。"屏侧坠钗扶不起，泪浥馀香悄悄。"想着这些，就觉得眼泪上涌，病身难起，不胜愁苦，默默无语，泪痕未消。

梦里一定是有着凄苦的梦境，不然为何眼角还有未干的泪痕，醒来之后，慢慢清醒，万种愁绪便奔涌而来，"任百种思量，都来拥枕，薄衾颠倒"。于是任各种愁绪都来侵袭，只在这衾枕间颠倒辗转，挥之不去。

纳兰从不扭捏作态，他的苦便是苦，他从不隐瞒，也从不遮掩，他的苦与乐都是他自己最真实的感受，而他写入词章中，也为读者提供了最真实的感受。"土木形骸，自甘憔悴，只平白占伊怀抱。"纳兰却不是惺惺作态，他只是为了得到爱人的温暖宠爱，所以才憔悴如此。

"看萧萧、一翦梧桐，此日秋光应到。"看那秋风将梧桐吹落，便知道秋天已经到了。年华已逝，容颜易老，纳兰不想在大好的年华便虚度过去，他想要抓紧时光，好好享受，上片的愁思，到下片便是开始自醒了。

"若不是、忧能伤人，怎青镜、朱颜便老。慧业重来偏命薄，悔不梦中过了。"如果不是忧愁能够伤人，那么镜子里面的容颜怎么会日渐衰老？命运真是弄人，想当初年少轻狂，花间马上，意气风发。如今憔悴，疏懒落寞，却怪被愁闷困扰耽误了大好年华，料想他此刻也一样闲来寂寞，愁绪难平吧！

当日的意气风发，与今日的愁绪满怀，满面病容真是两个极端，"忆少日清狂，花间马上，软风斜照。端的而今，误因疏起，却懊恼、误人年少。料应他，此际闲眠，一样百愁难扫。"但是只能接受，谁也无法改变既定的现实，纳兰躺卧在病床之上，看到自己憔悴的容颜，想到往昔美好的岁月，除了哀叹，还能做什么呢？

》注释

①土木形骸：形体像土木一样自然，比喻人不加修饰的本来面目。南朝宋刘义庆《世说新语·容止》："刘伶身长六尺，貌甚丑悴，而悠悠忽忽，土木形骸。"

②萧萧：风声。一翦梧桐：谓梧桐叶被秋风吹落。

③秋光：秋日的风光景色。

④青镜：即青铜镜。唐李峤《梅》诗："妆面回青镜，歌尘起画梁。"

⑤清狂：放逸不羁。晋左思《魏都赋》："仆党清狂，怵迫闽濮。"

⑥疏起：疏懒而贪睡。

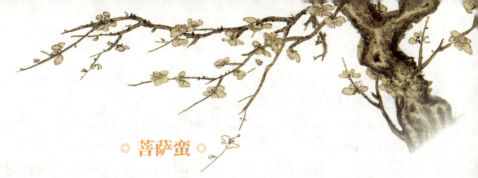

◎ 菩萨蛮 ◎

榛荆满眼山城路[①]，征鸿不为愁人住[②]。何处是长安，湿云吹雨寒[③]。
丝丝心欲碎，应是悲秋泪。泪向客中多，归时又奈何。

　　此词乍看之下，便让人想起大多边塞之作。我国台湾著名学者李敖曾说，唐诗里有一半都是思乡的诗。想必，词从范仲淹《渔家傲》一出，苏辛开创豪放词风以来，表达羁旅行役之苦、怀远思乡之情的词作也是词题材中一个重要组成部分。

　　有人说，人类文明都是在血与火的洗礼中进步的，自从有了人类社会，战争就像它的附带品，中国历史的发展也不能例外。但战争对于战士们来说，他们首先要面对的是两种残酷的现实：一种是与亲人、家乡的远别；另一种是最终的流血与死亡。而当这两种愁思或恐惧同时占据他们的思想时，他们对亲人和家乡的怀念也就分外强烈。因而，在中华民族几千年的历史中，从《诗经》中的《国风·陟岵》、《邶风·击鼓》到唐朝李益的《从军北征》、宋代范仲淹的《渔家傲·秋思》，我们无不可以看到征战所引起的与亲人、家乡的远别，在读者的心灵上引起多么强烈的震撼。

　　伟大诗人屈原曾说"悲莫悲兮生别离"。在古代，人生最大的悲伤莫过于与亲友远别。而对于战乱诗词来说，"生别离"却是恒久以来重要的表达内容之一。纳兰这首《菩萨蛮》便是在这种文化背景中产生的。

　　词的上片，开篇纳兰便展现出一派荒芜之境，"榛荆满眼山城路"说的是行役途中所见，榛荆，犹似荆棘，此处便是荒蛮之地了。料想当时应该为纳兰出行途中所作。

　　山城遥遥，满眼荒芜颓败之景，荆棘一样的植物在这城边的行军道上显得格外刺眼。忽然从远天传来断断续续的几声嘶哑的雁鸣，在丝丝雨声中，它们只顾前进，倏忽间就飞向远方去了，像那断雁前来，却不为愁人暂住片刻，那为何还有"鸿雁传书"的古语呢？想必不过是自己一厢愁情，更无处安放罢了。前路未知，雨还是丝丝缕缕，越加觉得寒冷，但归处何在？

　　纳兰发此感叹，极易让人想到清朝史事，当时清廷准备与罗刹（今俄罗斯）交战。军情机密一切需要人去打探，康熙于是派出八旗子弟中精明强干之人，远赴黑龙江了解情况，刺探对方军情。正是因为纳兰等人的辛苦侦察和联络，清廷得以在黑龙江边境各民族的支持下，顺利完成了反击沙俄侵略的各种战略部署。想必此

291

词就是途中所作。而另一首同词牌的词作中，纳兰提到"明日近长安，客心愁未阑"，想来则是归途中所作了。

下片抒情，承转启合中纳兰表现出不凡的功力，把上片末句中"寒雨"与自己的心绪结合起来，自然道出"丝丝心欲碎，应是悲秋泪"的妙喻。俗话说："触景生情""睹物思人"。出门在外的行役之人、游客浪子，眼中所见、耳中所闻、心中所感都包含着由此触发的对遥远故乡的眺望，对温馨家庭的憧憬。李白《春夜洛城闻笛》中有："此夜曲中闻《折柳》，何人不起故园情！"说的便是诗人听到《折柳》曲，生发出思乡之情的佳句。纳兰此处也是如此，看到那断雁远征，奔赴远地而不知暂住。寒雨丝丝，想来自然成了悲秋之泪，凡所苦役沿途所遇景物，都被蒙上了一层浅浅诗意的惆怅。想到此处，不觉黯然泪下，发出"泪向客中多，归时又奈何"之叹。

纳兰一生虽然没有经历战乱之祸，但此期间宫廷政治斗争却一直没有停息，由此纳兰作为御前一等侍卫，不免卷入宫廷的政治祸乱中，早是心生疲倦。

那塞上满眼荆棘顽强生存着，昭示着在人间，而自己却只剩一腔怅意结于胸中。呼之不出，是故郁郁。

》注释

①榛荆：犹荆棘，形容荒芜。山城：依山而筑的城市。

②征鸿：即征雁。

③湿云：谓湿度大的云。

◎ 菩萨蛮 ◎

萧萧几叶风兼雨，离人偏识长更苦[①]。欹枕数秋天，蟾蜍早下弦[②]。
夜寒惊被薄，泪与灯花落。无处不伤心，轻尘在玉琴[③]。

风也萧萧，雨也萧萧，窗外秋叶凋零破碎，人却辗转反侧，久久难眠。异乡漂泊，经年不归，只因那难抑的孤独，故而独独品出了长夜漫漫的痛楚。辗转反侧，忽而望见深秋的月，半月当空，凄冷如水，正如此时的心境。

不知何时已昏昏睡去，也不知道醒来又是何时，只是忽然倍感夜里透骨的寒冷，灯烛摇晃明灭，灯花也随着脸颊上的泪滑落下来。此时此景，处处勾连起心中的伤感，尽付与琴声。

这首词写一位"独在异乡为异客"的离人，适逢深秋之夜，孤枕难眠的凄惶心境。

上片，先展开一幅凄凉萧条的秋夜图卷。"秋风秋雨愁煞人"，秋叶、秋风、秋雨、"秋天"、"蟾蜍"，营造萧索、凄凉的意境。"蟾蜍"代指月亮，"羿请无死之药于西王母，娥窃之以奔月……娥遂托身于月，是为蟾。"这个带着传奇色彩的典故也给月亮增加了离别与相思的蕴意。在这个凄清的深秋之夜，"离人偏识长更苦"，只有处于某种境地的人才懂得特定事物的特定含义。"长更"就是"长夜"的意思，长夜何以"苦"呢？只因心中孤寂难耐，"欹枕"却久久难以无眠。这与范仲淹的"黯乡魂，追旅思，夜夜除非，好梦留人睡"颇有同感。一个"数"字反映词人百无聊赖，无所寄托，唯有无意识地遥望长空残月，更加耐人寻味。

从"数秋天"到下片"夜寒惊被薄"之间存在着一个时间的跳跃。这个空

隙中所留下的是词人无意识地昏
昏睡去和被夜寒突然惊醒的凄惶境地。设
身处地想来，一个"惊"字形象地描绘出了这种半夜醒来、无
所依托的孤苦心境。"寒"不仅仅是身体的寒冷，长年别离，孤身在外，心里也
生出无尽的寒意。

　　下片对"情"的经营也是恰到好处。全词上下无一字半言着落在"孤"、"独"
之类的字眼上，却透着一份刻骨的孤单之感。"泪与灯花落"一句，有着别样独
特的含义。泪珠与灯花相对簌簌落下，营造出人与灯烛相对而泣的情景，人怜灯花，
灯花却不知怜人。"泪眼问花花不语，乱红飞过秋千去。"因而生出无限的惆怅，
一声悠长的叹息也暗含其中。因而觉出无限的伤心，付与瑶琴，然而，却无人听。
一声琴音，一腔愁情，孤寂的色彩也显得更加浓厚。

　　词人的笔法流畅，仅仅据着眼前所见、心中所感，而一一道来，却在朴素中
营造出凄美绝伦的意境。这一点丝毫不亚于李煜在《相见欢·无言独上西楼》中
绘出的"寂寞梧桐深院锁清秋"，二者相通之处在于景中融情，上片与下片的连
接和互通，情与景的交融也正是本词取胜的关键。

　　除此之外，本词中从景的描绘到情的抒发是有着一个渐入的过程的。起初词
人只觉出长夜漫漫的寂寥，但被深秋之夜的寒冷惊醒后，心底的忧伤被"惊"动，
无限伤心被莫名触动，独自对着灯花，泪水相伴而落，自而凄惶不堪，本词的情
感在这里也就达到了高潮。继而写"玉琴"，赋予词更加悠长不绝的深刻意味。

　　有人说，"纳兰多情而不滥情，伤情而不绝情"，他一生有过不少的"悼亡之吟"、
"知己之恨"，"家家争唱饮水词，纳兰心事几人知"。那些不幸的爱情经历为
他的创作植入了影影绰绰的凄凉情怀。这首词就是表达心中寂寞之情、孤苦之意
的一首代表作，字里行间，景中意外，都是纳兰性德无限孤寂、忧伤的情思。

》注释

①长更：长夜。

②蟾蜍：指月亮，《后汉书·天文志上》"言其时星辰之变"，南朝梁刘昭注："羿请无
死之药于西王母，娥窃之以奔月……娥遂托身于月，是为蟾。"后用为月亮的代称。

③玉琴：玉饰的琴。亦为琴的美称。

◎ 菩萨蛮 ◎

晶帘一片伤心白^①，云鬟香雾成遥隔^②。无语问添衣，桐阴月已西。

西风鸣络纬^③，不许愁人睡。只是去年秋，如何泪欲流。

"晶帘一片伤心白，云鬟香雾成遥隔。"水晶帘子寂寞地晃出一片凄白孤清之景，而思念的人已是生死两茫茫，香消玉殒，芳踪杳然。"云鬟香雾"化自杜甫《月夜》诗："香雾云鬟湿，清辉玉臂寒。"纳兰用此指代自己深深思念的妻子。结合杜诗意境，此词更添一番相思离别之痛。

纳兰遥想当年，玉兔西沉，夜语深深之时，妻子软语温柔，轻轻为自己披上温暖的衣袍，两人依在梧桐的阴影中相谈甚欢，如葡萄架下牛郎织女的私语。此情此景，是如此温馨闲适，"胜却人间无数"。而今独立寒露，听着纺织娘在瑟缩的西风中鸣得凄切，却没有了红袖添衣。"寻寻觅觅，冷冷清清，凄凄惨惨戚戚"，相思成灾，辗转难眠，往事历历，伊人独去，清泪在眼中翻滚欲出。直合李易安《武陵春》："物是人非事事休，欲语泪先流。"此欲彼欲，都是无限惆怅哀恸缠绵心中，诉无可诉，只任柔肠百转，无限思量欲化成泪。

"只是去年秋，如何泪欲流。"风姿卓绝、多情温柔的纳兰，想着曾经美好的时光，终是泪流如雨。此处"只是"、"如何"二词形象地表达出世事难料、无可奈何之感。仅仅过了一年，却是天人永隔，让沉浸在幸福中的纳兰一时不能接受这残酷的现实，而周遭寒冷的空气，眼眶中晃荡的水汽，都在残忍地诉说着事实。纳兰只能被迫接受现实，而又心有不甘，只能伤痛地低语："只是去年秋啊……"

此词意境哀婉，字里行间灼灼真情天然流动，用极简之语平常地道眼前之景，直率地抒胸中之情。纳兰运笔如行云流水，毫不沾滞，任由真纯充沛的感情在笔端自然流露，出色地用自己的感受来感动读者，让人置身其中仿佛自己就是那个惆怅客，心间万种凄婉百转千回。

纳兰词就是如此动人，因为他的用情至深而又用情至真，如"清水出芙蓉，天然去雕饰"。纳兰词善用白描手法，鲁迅说白描法"有真意，去粉饰，少做作，勿卖弄"。

此词就完美地用了白描，用语朴素，情真意切。

　　清代词人况周颐曾说纳兰词"一洗雕虫篆刻之讥"，"纯任性灵，纤尘不染"。纳兰真情得人如此推崇，并由此交得知己顾贞观、陈维崧，"自古文人相轻"这句话在此却是不适用了。由此也可见纳兰的不一般。

　　纳兰的头衔甚多，与曹贞吉、顾贞观合称"精华三绝"，被誉为"大清第一词人"，有人甚至把他同"千古词帝"李煜相提并论，"或谓是李煜转生"。中国词坛悼亡词甚多，唯纳兰独树一帜，还形成了"家家争唱饮水词"的局面，毫不逊色于那个一赋引得洛阳纸贵的左思。如此成就，个中缘由从此《菩萨蛮》词中可略见一二，重要的还是"真切"二字。

》注释

①晶帘：水晶帘子。形容其华美透亮。
②云鬟香雾：形容女子头发秀美。
③络纬：虫名。即莎鸡，俗称络丝娘、纺织娘。夏秋夜间振羽作声，声如纺线，故名。

◎ 采桑子 ◎ 九日①

深秋绝塞谁相忆②，木叶萧萧。乡路迢迢③。六曲屏山和梦遥④。
佳时倍惜风光别，不为登高。只觉魂销。南雁归时更寂寥。

所谓九日，即农历九月九日重阳佳节。这佳节之词，多是写离情的愁苦抑郁之词。

说到重阳佳节，脑中逃不过王维的《九月九日忆山东兄弟》：

独在异乡为异客，每逢佳节倍思亲。
遥知兄弟登高处，遍插茱萸少一人。

作这首诗时，王维正于长安谋取功名。帝都是繁华之地，时值佳节，一片欢愉之景，他却独自一个人流落在外地，人群越是熙攘，游子在外愈是觉得寂苦，因而更想念亲人。王维家乡在华山之东，所以题称"忆山东兄弟"。寥落孤独之中，想象此时家乡亲人旧友，定是登上了旧时时常同去之山，身带茱萸，轻叹"唯独却是少我一人"。

王维此诗影响甚广，自它感动世人起，登高、饮菊花酒、插茱萸、与亲人团聚已然不仅习俗，进而演变成为一种思乡的情结。其后，文人常有重阳思亲友的感叹。

写这词时，纳兰也正是出塞离家，自然是佳节倍思亲。形单影只，内心孤苦寂寞，故为寄乡情而写下这首词。

上片由景入。深秋，边塞偏远之地，落叶萧萧，一片萧索肃杀之气，清冷寥然。还乡之路迢迢，似是只能在梦里才能见到。这里的"六曲屏山"释义为曲折之屏风六曲，由李贺《屏风曲》"团回六曲抱膏兰"而来。因屏风曲折若重山叠嶂，称为"屏山"，这

里指代为家园。

下片道"风光别"，谓逢此佳节，故园风光正好，却觉得与平时有别，不难理解纳兰此时的心情，杜甫有言"露从今夜白，月是故乡明"，异乡之景，再美不如家乡的田舍。亲友团聚之佳节，独自在外，今日心情，自是与平日有异。也难怪，再好的风光，也不能入眼，再美的景致，也不似故土。应了那王维的"每逢佳节倍思亲"。

只能叹道："不为登高。只觉魂销。"此言着实令人动容。寥寥数语，写尽内心彷徨凄苦。期盼团圆之日，它却迟迟不来，这本该其乐融融的日子，落为一人看风雨凄迷。魂销，魂销。

结句承之以景，借以雁南归来反衬出此刻的寂寥伤情的苦况。苍穹莽莽，归雁看着尤其动人，这平凡的景致也有别于平日。一片自然风景就是一种心境，纳兰之思，便是这大雁所指代。故人常以雁表达思乡怀人，有李清照《一剪梅》的"云中谁寄锦书来？雁字回时，月满西楼"，又有"乡书何处达，归雁洛阳边"，都是对故土的牵念。纳兰结句，思乡之切，离乡之愁，也就表达得十分鲜明。

这天涯羁客，飘零于此，只叹，何时才可再见到故土的熟悉欢愉啊！

》注释

①九日：即农历九月九日重阳节。逢此日，古人要登高饮菊花酒，插茱萸，与亲人团聚。纳兰此时正使至塞外。
②绝塞：极远的边塞。
③乡路：指还乡之路。
④六曲屏山：曲折的屏风。

◎ 鹧鸪天 ◎ 离恨

背立盈盈故作羞，手挼梅蕊打肩头①。欲将离恨寻郎说，待得郎来恨却休。
云澹澹，水悠悠，一片横笛锁空楼②。何时共泛春溪月，断岸垂杨一叶舟③。

纳兰这首小词，借女子的形象和心态抒写"离恨"，通篇都用白描，不加雕饰，显得朴素而清丽。

上片是在追忆往日的幽会，纳兰用轻盈笔触描画了女子娇嗔伴羞的形象，情意婉转但遣词造句间并不让人觉得刻意雕琢。

"背立盈盈故作羞"的"盈盈"二字的确是灵动精巧，将词中女主角的风姿、仪态之美妙动人浓缩在其中。《古诗十九首》之二有这样的诗句：

青青河畔草，郁郁园中柳。
盈盈楼上女，皎皎当窗牖。
娥娥红粉妆，纤纤出素手。

形容词叠字"青青""郁郁""盈盈""皎皎""娥娥""纤纤"被顾炎武《日知录》誉为和《诗经·卫风》"河水洋洋"一样连用叠字"亦极自然下此即无人可继"。这里用"盈盈"二字，让人不免想起《古诗十九首》中这位娇美、轻盈、光彩照人的女子。

"手挼梅蕊打肩头"是极能体现纳兰词风的一句化用。女子纤纤素手揉碎了梅蕊，抛向情郎肩头，嗔怪之情与娇羞之态相融，此情此景必是旖旎万分。北宋晏几道《玉楼春》一词中有"手挼梅蕊寻香径"，明代诗人王彦泓诗中则有"大将瓜子到肩头"。

纳兰词这句中七字，可以说均是化自他人诗句，但比小山词多了分娇羞风情，比彦泓诗多了些静好端庄，不偏不倚正是纳兰境界。赵秀亭在《纳兰丛话》（续）中便这样评价：

"性德词多用王彦泓诗中语，而每能化污为洁，转浊成清。其'手挼梅蕊打肩头'，即自次回'大将瓜子到肩头'出，然一雅致，一俗恶；一写闺中静好，一状楼头倡女，情趣高下，了然可见。性德偶有绮腻语，如'一晌偎人'云云，亦袭用前人而已，就其总体看，则有挚情而无滥欲，词品高华，固非彦泓可及。"

说得刻薄，确是实话。单就这篇而言，上片四句，酷似李煜词"绣床斜凭娇无那，烂嚼红茸，笑向檀郎唾"（《一斛珠》）所描绘的情景，而在香艳中更觉清新，在婉丽处又现俊逸。

下片转笔写眼见耳闻之景，淡淡之云与悠悠之水，伴和着耳畔的笛声，更烘托出离恨的凄苦。"一片横笛锁空楼"写笛声萦绕在空寂的阁楼中。一个"锁"字形容笛声不绝，仿佛凝滞。笛声与梅花，向来是诗词中道尽凄清的意象，观梅闻笛，便勾起古往今来多少人的愁情。唐朝崔道融就有《梅花》一诗：

数萼初含雪，孤标画本难。香中别有韵，清极不知寒。
横笛和愁听，斜技依病看。逆风如解意，容易莫摧残。

笛声总是清冷空幽，而此时又是离别在即，相见无期，让人怎能不满心愁绪。

结句以虚笔勾画了一幅月夜春泛的美妙图画，并以此虚设之景，进一步抒发了离恨的心曲。"何时共泛春溪月，断岸垂杨一叶舟"，想象中的良辰美景，更衬得当下的离别之苦不堪忍受。

古时不比如今，车行不便，一别之后有可能就是余生难再相见，时间，距离，生死，再如何情比金坚在这样的刁难前也都只能面对。纵是帝王，李煜也要说"离恨恰如春草，更行更远还生"，放之纳兰，又能奈它何。

》注释

①手按：用手揉弄。梅蕊：梅花蓓蕾。
②横笛：笛子。即今七孔横吹之笛，与古笛之直吹者相对而言。
③垂杨：垂柳，古诗文中杨柳常通用。